倒商、坐商和网商

中俄边境地区商人群体的行动策略研究

刘雪菊 著

本书受北华航天工业学院博士科研启动金项目（课题编号BKY—2018—27）资助出版

知识产权出版社

全国百佳图书出版单位

—北京—

图书在版编目（CIP）数据

倒商、坐商和网商：中俄边境地区商人群体的行动策略研究/刘雪菊著. —北京：知识产权出版社，2022. 11
  ISBN 978 - 7 - 5130 - 8139 - 9

  Ⅰ.①倒… Ⅱ.①刘… Ⅲ.①边境贸易—商人—决策行为—研究—中国、俄罗斯—现代 Ⅳ.①F718

中国版本图书馆 CIP 数据核字（2022）第 065150 号

责任编辑：邓　莹　　　　　　　　　　责任校对：潘凤越
封面设计：北京麦莫瑞文化传播有限公司　责任印制：孙婷婷

倒商、坐商和网商

中俄边境地区商人群体的行动策略研究

刘雪菊　著

出版发行：	知识产权出版社 有限责任公司	网　址：	http：//www.ipph.cn
社　　址：	北京市海淀区气象路50号院	邮　编：	100081
责编电话：	010－82000860 转 8346	责编邮箱：	dengying@cnipr.com
发行电话：	010－82000860 转 8101/8102	发行传真：	010－82000893/82005070/82000270
印　　刷：	北京建宏印刷有限公司	经　销：	新华书店、各大网上书店及相关专业书店
开　　本：	880mm×1230mm　1/32	印　张：	7.75
版　　次：	2022 年 11 月第 1 版	印　次：	2022 年 11 月第 1 次印刷
字　　数：	202 千字	定　价：	48.00 元

ISBN 978-7-5130-8139-9

序

    雪菊是我的学生。她是我的硕士和博士研究生，在我门下学习了六年。如今她已经学成毕业，成为一名高校教师。前不久她告诉我，她的博士学位论文已经整理好，准备出版，请我为她的书作序。我为她感到高兴并欣然接受。

    雪菊作为在黑龙江省出生长大的人，从十几岁开始学习俄语，一直没有间断，读硕士研究生期间的研究方向是苏联、东欧民族研究，工作后相当长的一段时间从事俄罗斯民族学教学和研究，其间两次赴俄罗斯圣彼得堡大学学习。因此，她对俄罗斯一直有很深的情结。

    1990年我在研究生实习期间，曾途经当时中苏边境最大的口岸城市——黑龙江省黑河市。当时正值中苏边境贸易刚刚开始，国内大批商人涌到这里进行贸易活动。中国商人从内地带来大批服装等轻工业产品，经过黑河口岸到对岸城市布拉戈维申斯克出售，再从那里购买望远镜等商品带回中国出售。当时中苏边境贸易如火如荼，每天往来于中苏边境口岸的商人络绎不绝。站在黑河边境口岸的出入境处，看到"倒爷们"肩扛手提各种商品往来于中苏两国之间，好不热闹，给我留下了深刻印象，这为我以后从事这方面的研究埋下了种子。

    2015年我参加了国家卫生与计划生育委员会的科研项目，调研我国边境地区人口流动问题，我负责东北、内蒙古地区，项目名称是"东北、内蒙古边境地区民族人口流动状况研究"。我让我的博士研究生刘雪菊和硕士研究生张帅参与了这个项目。他们两个人非常努力，连续两年暑假都到此地进行调研。后来，他们两个人都以此地为田野调查地点，完成了学位论文的写作，并顺利通过毕业论文答辩。

雪菊是以黑河口岸的商人群体为研究对象，对自20世纪80年代以来中俄（苏）边境地区商人群体的演变过程作了一个历时性的社会学研究，试图回答中俄（苏）边境地区商人群体在不同社会历史时期，依托于国家边境贸易政策变化的行动策略和实践逻辑，研究他们从"倒商"到"坐商"再到"网商"演变的动因和过程，从而揭示出中俄（苏）边境地区商人群体的生存策略。

由于中俄（苏）两国自然人文资源的差异性、产业结构的互补性，以及受双边国家在不同历史时期政治经济政策的不断变化等因素的影响，使中俄（苏）边境地区商人群体的经营模式不断发生变化，经历了从背包流动式贩卖的"倒商"，到在当地开实体店经营的"坐商"，再到电子商务模式交易的"网商"的三种形式的转变。研究发现，依附性和跨国性是中俄（苏）边境地区商人群体的基本特征，而"适应性调整"是边境地区商人群体行动策略的内在逻辑。具体而言，中俄（苏）边境地区商人群体的身份变迁，是他们在适应宏观社会经济结构变化，对自身行动策略进行不断调整的结果。不过，宏观社会经济结构对商人群体来说并非都是不利因素。因此，"适应性调整"中的"适应性"既包含了商人群体在宏观社会经济结构面前的主动"归顺"，也有他们对宏观社会经济结构无法改变的被迫"服从"；而所谓的"调整"是商人群体适应现存的宏观社会经济结构后自身能动性的发挥，进而寻找到与当下社会经济环境相适应的生存之路。

　　本书对中俄（苏）边境地区商人群体身份变迁的研究，一方面丰富了国内外学者关于商人群体的研究成果，另一方面将学者的研究视野从内地转向边疆、研究区域从国外转向国内。在批判地继承前人研究成果与实地研究的基础上，努力从中国经验的研究中获得社会变迁背后的逻辑，让我们从中发现商人群体的创造性和未来发展的无限可能性。雪菊在中俄（苏）边境贸易方面的研究作了社会学视角下的探索性研究，具有一定的创新性。

　　雪菊是一位年轻的学者，这是她的首部著作，我为她所取得的学术成绩感到高兴。未来的学术道路还很长，希望她再接再厉，不断进步。谨以此为序。

任国英
2021 年 10 月 10 日

目　　录

第一章　导　　论 ……………………………………… 001

第一节　研究缘起：中俄边贸发展与商人的经营转型 ……… 001

第二节　文献脉络：被忽略的领域和商人的"神秘性" …… 004

第三节　主要内容与研究意义 ……………………………… 023

第二章　理论、方法与田野 …………………………… 031

第一节　理论视角与核心概念 ……………………………… 031

第二节　研究方法与具体运用 ……………………………… 045

第三节　田野图景：黑河及其大岛国际商贸城 …………… 053

第三章　中俄（苏）民间贸易的发展历程 ………………… 061

第一节　清政府时期中国东北与俄国贸易概况 …………… 062

第二节　民国时期由繁荣走向衰落的民间贸易 …………… 067

第三节　新中国成立初期中苏边境贸易新篇章 …………… 071

第四章　从限制到恢复：新时期商人群体的形成 ……… 074

第一节　体制政策与个体经济 ……………………………… 075

第二节　新时期商人群体的人员构成 ……………………… 081

第三节　黑河地区商人群体的入行渠道与经商动机 ……… 087

第五章　改革开放初期国际倒商群体的淘金之途 …………… 098

　第一节　特殊的时代背景与国际倒商的产生 …………… 099

　第二节　政府"搭台"与个体倒商"唱戏"的民贸初始

　　　　　格局 ………………………………………………… 104

　第三节　边境贸易步履艰难与倒商谋利方式的转型 ……… 115

　第四节　流动的贸易与个体商人财富聚集的策略 ……… 126

第六章　世纪之交国货坐商群体的经营之道 ……………… 130

　第一节　边境发展新政策与商人群体的新角色 ………… 131

　第二节　经济活动的开展与经营策略的运用 …………… 138

　第三节　坐商经济的式微 ………………………………… 151

　第四节　市场秩序与个体商人经济行动的策略性调整 …… 169

第七章　"互联网 +"时代网商群体的新生之路 …………… 173

　第一节　俄货热的推力 …………………………………… 174

　第二节　俄货微商——信息传送和货物中转功能的执行者 … 181

　第三节　跨境电商"俄品多"——一种独树一帜的自主

　　　　　经营方式 ……………………………………………… 188

　第四节　信任：俄货网商的运作逻辑 …………………… 198

　第五节　网络社会的大发展与商人群体的新型行动策略 …… 205

第八章　结论与讨论 ………………………………………… 209

　第一节　结　　论 ………………………………………… 209

　第二节　讨　　论 ………………………………………… 216

参考文献 ……………………………………………………… 225

原博士学位论文后记 ………………………………………… 236

后　　记 ……………………………………………………… 239

第一章 导 论

第一节 研究缘起：中俄边贸
发展与商人的经营转型

中国地域辽阔，陆地边境线长 2.28 万公里，与 14 个国家接壤，有 9 个陆地边境省区，90 多个陆地边境口岸。这些沿边区域构成了东北、西北和西南三个边境经商贸易区，是我国面向东北亚、中亚、东南亚及南亚开放的重要门户。❶ 其中，中俄边境是最大的边境贸易区，主要分布在我国的新疆维吾尔自治区、内蒙古自治区和黑龙江省的边境地区。多年来，边疆优势促进了中国和俄罗斯❷两国在经贸、能源、科技、教育、文化等多领域的合作与交流。仅在经贸方面，中俄贸易总额整体上不断增加，自 2010 年起，中国

---

❶ 李青. 我国边境贸易的历史回顾与"十三五"发展的新特征［J］. 区域经济评论，2015（2）：92.

❷ 俄罗斯指 1991 年苏联解体后独联体中最大的政治实体。针对不同历史时期，本书分别使用"俄国"或"沙俄"（1917 年以前）、"苏俄"（1918—1921 年）、"苏联"（1922—1991 年）和"俄罗斯"（1992 年以后）等称谓。

已连续多年是俄罗斯的第一大贸易伙伴，中俄经贸合作正在向高质量发展目标持续迈进。除了受到边疆优势的影响，中俄两国的经贸合作还存在另外一个优势，即经济上的互补性。例如，俄罗斯远东地区轻工业的生产能力不足，而中国在轻工业产品上具有很强的竞争优势，这种互补性为中俄两国多领域的合作与交流，特别是中国与俄罗斯远东地区的经贸合作提供了现实基础。俄罗斯已经成为黑龙江省"一带一路"主要伙伴国。

东北地区中俄边境贸易发展由来已久，多年的贸易发展也经历了若干个曲折发展的阶段。清政府时期，中俄两国边境民间贸易的发展经历了卡座贸易、定点集市贸易和过江贸易三个发展阶段。民国初期，中俄在恰克图等地的边境贸易继续稳定发展，而1922年远东共和国重新合并到苏俄实行计划经济之后，中俄民间贸易在政府层面被禁止，但两国边民以"跑私江"方式在暗地里的交易十分火热。新中国成立以来，中苏边境贸易主要表现为国家间的易货贸易。后因中苏关系破裂，两国间的边境贸易逐渐衰落，直至20世纪60年代中期完全停止。

20世纪80年代以来，中苏边境贸易迎来新的发展阶段。中苏关系正常化、边境地区国家级贸易口岸的开放，以及边境城市间边境小额贸易的发展，共同推动了两国民间贸易的恢复。特别是1992年国家沿边开放战略的实施，黑河、绥芬河、满洲里等14个城市成为首批沿边开放城市，边境地区也逐步变成我国对外开放的前沿阵地。而在中国所有的边境城市中，黑龙江省黑河市是较早对外开放并开展中俄（苏）民间贸易的。20世纪80年代末90年代初，在"一日游""二日贸"等旅游、参贸活动的带动下，全国各地各行各业的人参与中俄（苏）民间贸易中，两国商品实现了互通有无，参与商品交换的倒商获得十分丰厚的利润，赚到了第一桶金。中俄（苏）民间贸易的发展迎来了黄金时代，而且影响极其深远。

2016 年暑假，笔者有幸参与了任国英教授主持的课题"东北、内蒙古边境地区民族人口流动状况调查"，深入东北边境城市黑河开展实地调查工作，这是笔者第一次有机会了解中国东北边境城市的发展概况。在没去黑河之前，笔者对那里的想象是：会有很多外地人在那里做边贸生意，那个地方应该是人口流入地。可到达实地之后笔者才发现，早些年虽有很多外地人在黑河做生意，但后来由于生意不景气，很多外地人便离开了，而且近几年黑河的人口变动情况与东北人口外流的状况一致。让笔者感到诧异的是，与 20 世纪 80 年代末 90 年代初中俄（苏）民间贸易发展的黄金时代相比，现阶段中俄民间贸易的发展状况却不容乐观。由于想象与现实的落差，使笔者的研究兴趣逐渐转向了对中俄民间贸易发展状况的关注，而民间贸易中最重要的参与主体——商人群体便随之进入了笔者的研究视野。

黑河市大黑河岛是中俄民间贸易发生的主要区域，岛上建有中俄边境线上最早的互市贸易载体——国际商贸城，以及大黑河岛上最大的边贸市场——自由贸易城。就国际商贸城的经营状况而言，大楼里透露着衰败的景象，主要表现在以下几个方面：一是前来购物的俄罗斯人数量较少；二是除南一楼商铺全部有商户经营以外，二楼、三楼有大量商铺闲置；三是商人群体近几年每年的年收益与 2013 年之前的收益差距悬殊，特别是二楼经营服装、鞋生意的商人收入甚微；四是商品少有新款，款式陈旧，多为积压货等。更为夸张的是，自由贸易城作为边贸市场的使命甚至已经结束，在 2011 年关门停业之后，目前只有一间面朝国际商贸城的销售俄罗斯工艺品的门店处于营业中。

经过初步调查，笔者发现了一个与经营中国商品、面向俄罗斯顾客的坐商发展情况不同的现象，即最近几年借助于移动互联网来实现俄罗斯商品交易的新型商人群体——"网商"在黑河迅速崛起。新型商人群体中有的原来就是在实体店销售俄货的商人，有的是国货坐商转型而来，还有的是新加入的。在"互联网＋"时代背景下，黑河还出现了跨境电商的自主品牌——"俄品多"，意在搭建中国最大的俄罗斯商品 O2O、B2B、B2C 跨境商品批发交易平台，以及推动黑龙江省外贸转型升级。"俄品多"跨境商品交易中心于2016 年 5 月 22 日正式开业，它改变了中俄边境贸易的传统形式，也创造了俄罗斯商品在边境地区"线下＋线上"销售的新模式。

联想到 20 世纪 80 年代中苏边境贸易刚刚恢复时，中国倒商手拎肩扛大包小包到苏联换货的场景，笔者发现，中俄（苏）民间贸易中商人群体的经营方式发生了很大的变化：从 20 世纪 80 年代末90 年代初的国货倒商到 20 世纪 90 年代末期以来的坐商，再到近几年新出现的俄货网商，边境商人根据不同的社会经济背景不断进行着经营模式与行动策略的调整。

基于这些经验事实，笔者思考的问题是：同样是销售中国商品，为何 20 世纪 80 年代末 90 年代初中苏倒商贸易发展是十分繁荣的，而当下阶段国货坐商的生意却十分萧条？为何在国货坐商生意萧条之时，销售俄罗斯商品的网商发展却十分迅速？边境商人的市场经营模式为什么会经历从倒商到坐商再到网商的演变？在此背后更为关键的问题是，中俄（苏）边境地区的商人群体在不同历史时段中分别面对着怎样的社会经济结构与社会关系网络，他们又运用了哪些适应性调整的行动策略来作出应对的呢？上述基于经验事实提出的问题是本研究的起点。

第二节　文献脉络：被忽略的
领域和商人的"神秘性"

中俄经贸关系历史悠久，源远流长。在中俄经贸问题的研究

中，不可缺少的是对贸易中的商人群体的关注。在过去四个世纪的
时间里，不同学科均积累了大量关于中俄经贸问题及参与其中的商
人群体的相关文献。不过以往研究多集中在经济学、历史学和政治
学等学科，侧重于对历史上的中俄经贸往来及其参与主体作概括性
介绍，而对中俄边境贸易中的商人群体，特别是中国东北地区与俄
罗斯远东地区经贸往来中商人群体的研究则更为缺乏。另外，由于
商人群体及其经济活动所具有的"神秘性"特征，这个被定义为
"很难被研究的群体"也就很少引起学者的关注，导致中国社会主
义市场经济发展背景之下的中俄边境贸易的研究，陷入了只见贸易
本身、不见参与主体的尴尬境地。

本研究将 20 世纪 80 年代以来中俄（苏）边境贸易发展状况作
为研究背景，以不同社会发展阶段下边境地区商人群体的行动策略
为主要研究内容。根据研究需要，本部分围绕商人群体及其行动策
略、中俄（苏）边境贸易及其参与主体两方面展开文献梳理。对笔
者来说，正因有了这些既有研究成果，才使本研究建基于必要的历
史张力之中，给研究以一定的纵深感与延展力，从而进一步明确本
研究在社会学视域中的行动策略研究、中俄边境地区商人群体研究
中的学术谱系，以及可能具有的社会价值。

一、商人群体及其行动策略的相关研究

（一）近现代社会中的商人群体研究

本书的研究对象是 20 世纪 80 年代以来中俄（苏）边境地区的
商人群体，不包含近现代社会中的商人群体。尽管他们所处时代的
具体境况大相径庭，毕竟仍有着一定的相通的历史记忆，甚至可以
说有着一种"记忆共同体"，所以仍有必要简略梳理近现代社会中

关于商人群体的相关研究。❶ 这些成果主要见诸历史学及部分社会史的研究中，研究对象多集中在徽商、晋商等影响较为深远的商帮，以及广义上的近现代社会中的商人。

商帮是商人以地缘为纽带组合而成的松散群体。明清时代，较为著名的商帮有山西商帮、徽州商帮、陕西商帮、山东商帮、福建商帮、洞庭商帮、广东商帮、江右商帮、龙游商帮、宁波商帮等。关于商帮的研究，十大商帮中尤以曾饮誉海内外的晋商研究居多。早在 20 世纪 30 年代，学术界就对晋商进行了比较丰富的研究，如陈其田《山西票庄考略》一书对票号的关注。20 世纪 80 年代以来，晋商研究又回到中国学者的学术视野，甚至还吸引了国外特别是日本学术界对晋商的关注。❷ 近三十年来，晋商研究再度升温，研究成果也十分丰硕。张海鹏、张海瀛主编的《中国十大商帮》，专门探讨了山西商帮的形成、发展、衰落的过程及其经营范围、资本流向及历史作用。其他综合研究晋商的代表性著作有张正明、孙丽萍、白雷主编的《中国晋商研究》，孙丽萍的《人物·晋商·口述史研究》，木萱子的《晋商之死》等。通过文献梳理笔者发现，已有研究既论述了晋商物质层面的问题，也兼及精神方面的内涵；既有宏观概述，亦有微观层面的展现。尽管成绩斐然，但仍不难发现其研究不足：一是相关研究多集中在中国近现代史领域，学界其

---

❶ 董明．新兴商人群体形成与社会的转型：以义乌为例［D］．上海：上海大学，2010：14.

❷ 国内研究如张正明和薛慧林主编的《明清晋商资料选编》（1989 年）一书，该书收集了 20 余万字的第一手资料，按"明清时期的山西社会"、"活动范围与经营行业"、"经营方式和政治态度"、"会馆碑刻"和"资本积累和利润流向"五大类编排，对晋商进行了专门研究。国外研究如日本学界寺田隆信的《山西商人研究——明代的商人和商业资本》（1986 年）。在书中寺田隆信首先就山西商人产生的历史背景和条件进行论述，并就山西商人的形象、特点及历史性质进行探讨。另外，关于山西商人如何看待商业，并以怎样的态度去经营商业，他们是怎样建立自己的营业组织的，他们和封建政权结合的途径、后果，他们获得的高额利润的去向等问题，在书中都进行了具体分析。

他学科的渗透相对较少；二是通常将晋商看成独立的个体，而其与周围其他社会主体的互动较少得到关注。因此，从社会学学科的视野出发，研究商人群体及其社会互动状况具有一定的学术价值。

关于广义上的近现代社会中的商人群体的著述比较丰富，主要以朱英、唐力行和马敏三位学者的研究为代表。朱英在《近代中国商人与社会》一书中，以近代中国商人与社会变迁这一命题为核心，既讨论了晚清商人的群体意识、教育思想和尚武精神等，又探讨了商人在地方自治、慈善公益事业、抵制美货运动和拒俄运动中的作用，亦对商会的活动进行关注。朱英认为，晚清时期的商人已经萌发了合群思想与时代使命感，而且近代商人成立的商会、商团以及商办地方自治组织等各种新型团体与传统的商人组织也有着不同的结构和功能。❶ 唐力行的研究认为，传统社会的商人面临两难困境，一是统一与抑制的两难境地，二是财富与地位的两难境地；近世商人所面临的选择或是专制的大一统政权，或是军阀割据，与传统社会商人面临的困境相似。❷

与前两者主要关注商人群体的生存处境不同，马敏关于辛亥革命前后中国商人的研究，主要关注的是中国商人（包括企业家）的主观精神世界。他从"韦伯式问题"出发，在批判"纯经济史"式和"纯思想史"式研究的基础上，试图回答在本位儒家文化环境下中国近代资本主义经济伦理的发生及其内在构成。同时他认为由于地区性差异的存在，必须对商人群体进行多维探索，才能真正呈现中国近代商人真实的精神世界。❸ 可见，马敏是遵循韦伯式的思路，将经济研究和文化研究相结合，探讨商人精神与商人行动之间

---

❶ 朱英. 近代中国商人与社会 [M]. 武汉：湖北教育出版社，2002：前言2.

❷ 唐力行. 商人与中国近世社会 [M]. 北京：商务印书馆，2017：12－13，284.

❸ 马敏. 商人精神的嬗变——辛亥革命前后中国商人观念研究 [M]. 武汉：华中师范大学出版社，2011：19.

的内在关联。

综上，无论是对近现代社会中商人的生存困境，还是对商人精神世界的研究，都对本研究具有启发意义。一是任何一项研究都不能脱离研究对象所生存的政治、经济、文化等社会背景，因此对边境地区商人群体的研究就无法脱离对中国与周边国家经贸关系的历史性考察；二是对商人精神世界的展现，离不开社会史和心态史的结合，直到现在对商人群体心态的研究依然薄弱，亟待加强。

（二）行动策略与商人群体的"神秘"面纱

新中国成立后，商人群体的成长与发展经过了一段曲折的历程。社会主义改造时期，小商小贩主动或被动地并入"合作社"，从"自由身"变成"公家人"，这一时期对小商小贩改造问题的研究便被提上日程。社会主义改造给小商小贩带来的影响是什么，国家出台的相关政策为何会发生改变，恢复性发展阶段他们在城市社会结构分化与整合中又起到什么样的作用呢？❶ 这些研究能够看到社会结构的改变与个体能动性之间的互相影响，也能够看到学界对社会中"小人物"的关注。

社会学研究有以"社会底层"为研究对象的传统，"底层"概念强调"底层"的被排斥、被剥离特征，特别是在政治、经济上处于弱势的群体在社会结构中的位置特征。❷ 在中国古代，商人地位

---

❶ 相关研究参见冯筱才．"社会主义"的边缘人：1956 年前后的小商小贩改造问题 [M] //华东师范大学中国当代史研究中心．中国当代史研究．北京：九州出版社，2011；冯筱才．政治生存与经济生存：上海商人如何走上公私合营之路？（1949—1957）[M] //谢国兴．改革与改造：冷战初期两岸的粮食、土地与工商业变革．台湾："中央研究院"近代史研究所，2010；时宪民．个体户发展的社会学思考 [J]．中国社会科学，1993（2）．

❷ 秦洁．重庆棒棒：都市感知与乡土性 [M]．北京：生活·读书·新知三联书店，2015：341．

低下，直到宋朝时才有所转变，因而有文献专门讨论宋、明、清时商人的社会地位。在当前阶段，由于商人群体很少被认为是"社会底层"，所以与其他社会实体群体如农民工、留守儿童、老年人等汗牛充栋的研究成果相比，关于商人群体的研究并没有得到学者更多的关注。随着我国经济体制改革和社会的全面发展，从农村到城市、从国内到国外的人口流动成为社会中的新现象，流动人口、移民群体的研究也就成了社会学学科中备受关注的新议题。处于地域变换中的、以经商为谋生手段的商人群体，大多是流动人口、移民群体中的一员，因此关于商人群体的研究往往嵌套在流动人口、移民群体的研究之中，缺乏以商人群体行动策略研究为主题的专门著述。

　　对相关文献进行梳理后发现，现代社会中关于商人群体的研究多集中在浙商身上，包括浙商社会流动的方式、浙商精神、浙商转型的研究等。浙商是浙江籍商人的统称，因其所取得的巨大成就和广泛的影响力而被人们所熟知。因地域的不同，又可划分为温州商人、义乌商人、台州商人、湖州商人等，所以关于浙江籍商人的研究并不都以浙商命名，而是具体到以某市县的商人命名。对不同地域中浙商行动策略的分析尤以项飚北京"浙江村"的研究和王春光巴黎温州人的研究最为著名。

　　项飚对北京"浙江村"的研究，其关注的核心议题是"浙江村"这个"新社会空间"是怎样形成的，而笔者更关注的是项飚分析"浙江村人"经济行动的部分。项飚认为"浙江村人"在做生意的最初阶段，亲友圈和生意圈的重合范围比较大，1988年"皮夹克热"的兴起和外贸生意的突然来临，"浙江村人"的合作范围突破了原来的亲友范围，单独的生意圈出现，而且1992年之后二者间的重叠逐渐减少，"核心系"成为人们在生活中交往频率最高，也最为重要的社会关系。❶"核心系"中的"系"与亲友圈、生意圈中的"圈子"不同，"圈子"应该属于初级群体，而"系"是以初级群体的面目，承担着很多次级群体的功能；"系"的特征在于它是多种关系的综合，具有社会建构能力，即它在内部能衍生出新的关系，在外部能通过不同系的重叠生成更大的社会单位。❷

　　在经济活动开展的过程中，"浙江村人"发展出了应对一系列社会区隔和客户的不同的策略。由于体制和身份的区隔，"浙江村人"发展出的策略就是"老乡一起干"，充分利用原有的组织资源和社会基础；而在持续的经营中，他们还运用了"交换"、"表达"与"合作"的策略，实现与国家的良好互动。❸ 在维系客户关系方面，"浙江村人"的独特策略是，以亲友关系来"锁住"生意关系，也就是用非经济关系对经济行为的"锁住"。项飚认为，整个经济体系得以维系的基础不是"信任"，而是"锁住"，即对对方超出预期的行为的惩罚和纠正的现实能力。锁住能力包含两个要素，一是方便对对方进行监督，二是能及时调用一定的资源对对方加以制裁。❹ 当然，也不排除在必要时使用除亲友关系外的更丰富的"锁住"策略。

　　王春光在《巴黎的温州人——一个移民群体的跨社会建构行

　　❶ 项飚. 跨越边界的社区——北京"浙江村"的生活史 [M]. 北京：生活·读书·新知三联书店，2000：449.
　　❷ 项飚. 跨越边界的社区——北京"浙江村"的生活史 [M]. 北京：生活·读书·新知三联书店，2000：82－483.
　　❸ 由于体制和身份的区隔，"浙江村人"不能取得充分的，至少是平等的"市场进入权"，导致他们更多的是做商品的加工，而无法走进商品的流通领域。而进行商品的加工，他们也面临着一系列限制性因素，比如成本高、规模受限的问题。在持续的经营中，特别是1992年之后，"浙江村人"在和国家的互动中发展出了新的策略，如与正规商业部门合作等。
　　❹ 项飚. 跨越边界的社区——北京"浙江村"的生活史 [M]. 北京：生活·读书·新知三联书店，2000：462－463.

动》一书中关注的核心问题是：温州人在不同的流动和移民环境中是不是有着相同或相似的行为逻辑和方式。通过对北京"浙江村"温州人与巴黎温州人的比较，王春光认为，与国外相比，亲戚关系在社会关系网络中的影响和作用并没有国内那么强，反而出现减弱势头，这与当时条件下中国和法国对外来人口的管理方式有直接关系。因为在巴黎的温州人只要能拿到居留证就能享受与当地人同等的管理服务和有关政策待遇，而在北京的"浙江村"居民却难以享受到北京提供的管理服务，而且还要应付外部社会的压力。❶ 所以，在巴黎与在北京的温州人便出现了不同的构建社会关系网络的行动。通过上述分析，能够看到制度因素对不同地域中温州人社会行动的影响。

在巴黎的温州人大多数都是经济移民，因而经济活动也就成了绝大多数移民从事的最重要的活动。王春光的分析认为，无论是在巴黎的温州人还是在北京"浙江村"的温州人，他们的经营行为都有着非常相似甚至相同的做法，一是敢闯市场，选择销路比较稳定但利润较低的项目；二是以民间借贷筹措市场经营所需的资金；三是同质性的生存技巧，包括延长劳动时间、雇用廉价劳动力、以家庭管理模式为主来降低管理成本和减少流通环节，以模仿手段紧跟市场变化。❷ 但是，由于温州与北京的市场要求、社会环境和制度规定等的不同，温州人的生产经营行为也有所不同。无论如何，20

---

❶ 王春光. 巴黎的温州人——一个移民群体的跨社会建构行动 [M]. 南昌：江西人民出版社，2000：85－87.

❷ 王春光. 巴黎的温州人——一个移民群体的跨社会建构行动 [M]. 南昌：江西人民出版社，2000：182.

世纪 90 年代在申根协定国❶之间的免签护照和欧共体内部的市场一体化的影响下，巴黎的部分温州人充分利用各种制度和优惠政策为他们的经济活动服务，实现了跨国经营。而"浙江村人"构建出的是一个覆盖全国乃至辐射国际的"流动经营网络"。可以说，温州商人在不断的行动调试中选择了与时代发展特征相适应的生存之路，而他们的选择无不受到社会关系网络和制度因素的影响。

通过上述的对比分析可以看到，王春光与项飙研究的均是现代社会中的商人群体，但他们更多的是将温州人、"浙江村人"纳入20 世纪八九十年代的移民群体和流动人口的研究中，讨论的主题更偏向于外来人口的社会融入和新社会空间的生成。❷ 不过，他们在研究中也关注了商人群体之间及其与客户社会关系构建、社会互动的内容，还有商人群体在不同情境下的行动策略，王春光还对巴黎温州人与北京"浙江村"温州人的行动策略进行了比较分析。这些细节的描述与分析，特别是对商人群体经济行动中社会关系网络和制度因素的考察，为笔者的研究提供了分析问题的新视角。

对商人群体进行研究，实际上一直是社会学研究中的难点。刘

---

❶ 1995 年 3 月 26 日，德国、法国、西班牙、葡萄牙、荷兰、比利时、卢森堡 7 国正式实施《申根协定》；1996 年 12 月 19 日，瑞典、芬兰、丹麦、挪威和冰岛五国正式签署加入《申根协定》的协议；截至 2011 年 12 月，申根的成员国共有 26 个。《申根协定》的主要内容有：在协定签字国之间不再对公民进行边境检查；外国人一旦获准进入"申根领土"内，即可在协定签字国领土上自由通行；设立警察合作与司法互助的制度，建立申根电脑系统，建立有关各类非法活动分子情况的共用档案库。

❷ 王春光在《巴黎的温州人———个移民群体的跨社会建构行动》中说："我更关注从移民进入、定居到适应这个过程，把这个过程称为融入。"因此，他研究的切入点是移民与当地社会的相互构建的过程。项飙在《跨越边界的社区》结尾部分所讨论的，"浙江村"的发展既不同于周敏对唐人街发展趋势的看法，"浙江村人"也不同于新中国成立初期从上海调到北京的技术工人和 20 世纪 90 年代珠江三角洲的民工群体，他们在自己所创造的经济体系和社会空间里，构建了既是与社会的各个部分紧密相关的，又是在既定的总体社会秩序之外的"跨越边界的社区"。

世定先生曾在评价陶庆关于"商人部落"与政府关系的研究时说："在以市场经济为基础的社会中，商人是一个既为人们所知又不为人们所知的群体。在当代中国的经济发展和社会变迁中，这个群体活动的神秘性似乎又被增添了几分。对当代中国社会的研究者来说，这是个特别需要研究但又很难研究的群体。"❶ 笔者对中俄边境地区商人群体的行动策略进行分析，这在一定程度上体现了本研究的价值所在。

二、中俄（苏）边境贸易及其参与主体的研究

（一）关于中俄（苏）边境贸易的相关研究

中俄（苏）边境贸易历史悠久，为了阐述具体的研究问题，学者们常常将中俄（苏）边境贸易的发展历程进行时段划分，进而分别讨论每一时段下中俄（苏）边境贸易的发展概况。杨昕沭认为，学界已经对中俄边境贸易发展的历史分期达成了基本共识：第一，清代主要以中俄《尼布楚条约》《瑷珲条约》为划分标志，民国时期主要以中俄两国身份名称的变化为划分标志，而清末及民国时期的关于中俄边境贸易的研究，多注重记述由俄国侵占我国黑龙江流域而引发的中俄早期贸易接触；第二，大部分学者普遍认为，20世纪 80 年代以来的中俄（苏）边境贸易的发展经历了恢复、高涨、低潮、平稳四个阶段。❷

除了对中俄（苏）边境贸易发展阶段的历史性考察，相关研究还集中在中俄边境贸易的发展现状和中俄边境贸易中存在的问题两

---

❶ 资料来源于陶庆《福街的现代"商人部落"：走出转型期社会重建的合法化危机》一书的封底评语。

❷ 杨昕沭 . 20 世纪黑龙江地区中俄边境贸易史国内研究述评 [J]. 西伯利亚研究，2014，41（5）：93 - 94.

个方面。就中俄边境贸易的发展现状而言，翟立强等人分析了2000—2011 年满洲里、绥芬河和黑河三个城市的中俄边境贸易的发展状况。他们认为，21 世纪以来，在中俄双边政治互信不断升温、经贸合作不断加强的背景下，中俄边境贸易处于平稳增长趋势，贸易方式由以边民互市贸易和边境小额贸易逐步转向为一般贸易。❶陈泊昊的研究认为，最近几年俄罗斯经济"向东看"战略的实施给中俄经贸关系的发展带来了新形势、新机遇与新挑战。❷ 上述研究的共同点在于，它们都强调了中俄两国政治或外交关系对经贸往来的影响，而两国不断调整的政策又对两国未来的经贸合作产生影响。

　　关于中俄边境贸易中存在的主要问题的研究，多集中在俄罗斯的"灰色清关"问题上。从 20 世纪 90 年代初到 2006 年左右，俄罗斯清关公司盛行。"灰色清关"是指出口商为了避开复杂的通关手续，将各项与通关有关的事宜交由专门的清关公司处理的一种通关方式，"清关公司"帮助进口商品以低于法定水平的关税进入某国市场。宿丰林等人的研究认为，"灰色清关"之所以能够从 20 世纪 90 年代兴起后长时间存在而没有受到"打击"，至少有两个方面的原因：一是因为"灰色清关"曾帮助处于危机中的俄罗斯度过了商品短缺的困难期，养活了一个庞大的靠"灰色清关"生活的人群；二是因为"灰色清关"对在俄华商来说也有一定的好处，就是

　　❶ 翟立强，刘漫与，丁振辉. 中俄边境贸易发展的现状、问题及建议——基于满洲里、绥芬河和黑河三地的分析 [J]. 经济问题探索，2013（10）：114 - 115. 这里的"一般贸易"是指在进出环节征收货物进出口税费，办结各项海关手续后可以直接进出口货物的贸易方式。"一般"一词是海关业务习惯用语，其本身并无特殊内涵，主要是容易与其他特殊形式区分开来。参见中华人民共和国黑河海关. 黑河海关志（1999—2012）[M]. 哈尔滨：黑龙江人民出版社，2014：127.
　　❷ 陈泊昊. 新形势下中俄经贸合作发展研究 [D]. 大连：东北财经大学，2016：69.

既可以节省货物通关时间，又可以节省通关费用。❶ 当然，"灰色清关"的存在也有一定弊端，它导致中国出口的商品不能通过正规报关渠道进入俄罗斯市场，在俄罗斯的中国企业和商人的经济利益也难以得到保障。而且"灰色清关"导致俄罗斯政府税收大量流失，损害了俄罗斯的国家利益。

"灰色清关"问题是中俄边境贸易发展中的遗留问题，解决问题的关键在俄罗斯方面，而非中国方面，但在俄华商应该合法正规经营，主动回避"灰色清关"。❷ 可以预见的是，俄罗斯关于"灰色清关"问题的整治，必然影响在俄华商的经济行动。而邱瑞贤等人的研究刚好证实了这一点，他们认为，从 2007 年 4 月起，俄罗斯取缔外国人在俄的一切不规范的经营方式，这也就预示着从 20 世纪 90 年代开始盛行的传统"倒爷"贸易模式的终结❸。

实际上，边境贸易由边境小额贸易和边民互市贸易❶两种形式组成。边民互市贸易是指边境地区边民在我国陆路边境 20 公里以内，经政府批准的开放点或指定的集市上，在不超过规定的金额或数量范围内进行的商品交换活动。我国边境地区的居民和对方国家

---

❶ 宿丰林，许光. 中俄民间贸易"灰色清关"问题的考查与反思——莫斯科"艾米拉"大市场华商货物被查抄事件透视 [J]. 学术交流，2004（12）：86.

❷ 李华. 中俄民间贸易中的"灰色清关"问题及其解决路径 [J]. 西伯利亚研究，2005（6）：45.

❸ 邱瑞贤，黄涛. 中俄贸易民间"倒爷"时代终结 [N]. 广州日报，2007 - 02 - 19（2）.

❶ 本部分使用边民互市贸易的概念，是为了与《国务院关于边境贸易有关问题的通知》（1996 年）中所说的边境小额贸易进行区分。书中除涉及档案、报告、他人文章中的所使用的"边民互市贸易"以外，其他部分均使用民间贸易来替代"边民互市贸易"。在民间说法中，"边民互市贸易"等于"民间贸易"，也被称为"民贸"。按照相关文件的解读，从事边民互市贸易的应该是边民，但是书中涉及的边境地区的商人群体并非都是边民，不过这部分人依然能够间接地享受到各级政府给予黑河市边民互市贸易区的优惠政策。

边民可进入边民互市贸易区（点）从事互市贸易，边民互市贸易区享受一定的优惠政策。本研究关注的是 20 世纪 80 年代以来的中国东北地区与俄罗斯（苏联）特别是远东地区民间贸易发展的状况及参与主体的行动策略，因此笔者将重点对近 40 年以来的中俄（苏）民间贸易的相关研究进行梳理，具体包括影响中俄民间贸易发展的因素和中俄民间贸易发展中存在的问题两个方面。

前文中提到，杨昕沫将 20 世纪 80 年代以来中俄（苏）民间贸易的发展历程划分为恢复、高涨、低潮和平稳（21 世纪以来）四个阶段，而每一阶段下中俄（苏）民间贸易的发展都受到不同因素的影响，从而形成了中俄（苏）民间贸易发展的不同格局。温锦华的研究认为，在中俄（苏）民间贸易发展的高涨阶段，由于苏联解体与俄罗斯的经济震荡，俄罗斯远东地区的生活必需品极度匮乏，因此那时运到俄罗斯的中国商品都会被抢购一空；而在低潮阶段，大批劣质中国商品涌入俄罗斯市场，极大地损害了中国商品的声誉，使中国对俄贸易瞬间跌入谷底。❶ 进入 21 世纪以来，郝世光通过对中俄边境城市绥芬河市民贸市场的研究，认为影响中俄（苏）民间贸易发展的因素主要包括汇率的变动、通关和关税政策的调整，以及交通与通信的发展等，这对中俄边境口岸城市民贸市场的发展来说都是制约因素。❷

通过上述分析能够看到，中俄（苏）民间贸易的发展并非一帆风顺。除了受到俄罗斯（苏联）方面政策的影响，它还受到中国方面边民互市贸易区政策的影响。张利俊的研究认为，20 世纪 80 年代末中苏民间贸易刚刚恢复时，边民互市贸易的迅速发展是建立在

---

❶ 温锦华. 巨大的市场　广阔的前景——中国对俄民贸的过去、现在与未来 [J]. 俄罗斯中亚东欧市场，2003（4）：22 - 23.

❷ 郝世光. 中俄边境口岸城市民贸市场发展浅析——以黑龙江省绥芬河市为例 [J]. 黑龙江社会科学，2013（5）：74 - 75.

两国经济落后、商品极度匮乏基础之上的；而从发展的眼光来看，俄罗斯经济状况好转以及越来越多的中国商品通过其他途径进入俄罗斯之后，俄罗斯边民来中国边境城市采购生产、生活用品的人数会逐渐减少，互市贸易区最初的功能意义将无法实现。❶另外，曾祥铎早在 2004 年的研究中也表达了同样的观点，认为中俄间边民互市贸易是在两国经济发展水平相对落后、边境贸易环境相对宽松的条件下兴起的，而这些状况尤其是中国的经济状况目前已经发生了极大的转变。❷笔者认为，这一问题的实质关联到民间贸易的发展是否是不同阶段国家政策主导下的产物，以及边民互市贸易区的意义是否转向，即我们是否能以它最初设定时的意义来看待现在它所发挥的作用的问题。

（二）中俄（苏）边境地区商人群体的相关研究

中国边境居民与俄国人之间的贸易活动由来已久，不过关于中俄（苏）边境地区商人群体的研究，只是零星地散落在与中俄（苏）边境贸易发展史有关的文章中，并无专门著述。"汉民至江省贸易，以山西为最早，市肆有逾百年者，本巨而利亦厚，其肆中执事，不杂一外籍人，各城皆设焉。次则山东回民，多以贩牛为事，出入俄境，极稳而佣值。"❸这是各大文献中引用次数比较多的关于中俄贸易活动中的商人群体的记载。从中能够看到，参与中俄边境贸易的人并非仅仅是居于边境地区的边民，也包含来自内地的山西人、山东人，经商移民或经济移民早已存在。另外，通过对

---

❶ 张利俊. 边境贸易法律保障研究——以内蒙古自治区为例［D］. 北京：中央民族大学，2012：103.

❷ 曾祥铎. 黑龙江省中俄边民互市贸易区建设初探［J］. 黑龙江对外经贸，2004（1）：36.

❸ 徐宗亮. 黑龙江述略［M］. 哈尔滨：黑龙江人民出版社，1985：83.

历史上中俄边境地区的恰克图市场、新疆市场和东北市场商人团体的分析，张喜琴发现晋商是清代中俄边境贸易中主要的商人团体，而且在清代中俄关系发展史上占有重要地位。❶ 因此，中国边境地区的本地居民与后来介入的内地汉族商人均是历史上中俄两国经贸活动中的重要参与主体。

在中国商人与俄商的角色定位方面，谢春河的研究认为，在中俄早期边境贸易中扮演主要角色的是中国商人，而非俄商，因为历史上的中国在俄国面前是重要的商品出口国。❷ 这种角色定位在改革开放、中俄（苏）边境贸易恢复初期时表现得依然十分明显。于涛的研究认为，在 20 世纪 90 年代中国市场经济的进一步发展和转轨后的俄罗斯生产大幅下滑的背景下，是成群结队、肩拉背扛的中国"倒爷"把中国轻工业产品带到俄罗斯，满足了俄罗斯居民对价格低廉的日用品的迫切需求；而在这一过程中，中国"倒爷"在俄罗斯发展出无数个露天"集装箱"市场，通过这种不断跨越边界的活动在当地淘金赚钱。❸

20 世纪 90 年代中期，中俄民间贸易发展出现低潮，在原因的追问中，有研究人员将矛头指向赴俄华商的素质问题。"星期鞋"与"鸡毛服"的曝光，使俄罗斯民众对中国商品逐渐失去信心，而中国商品的问题根源在于中国商人的问题❹。李靖宇等人的研究也指出，在俄华商大多文化水平较低、不懂俄语、不了解当地的法律法规，更有甚者不守商业道德而销售假冒伪劣产品，华商之间的恶

---

❶ 张喜琴. 清代中俄边境贸易中的主要商人团体 [J]. 山西大学学报（哲学社会科学版），2015，38（6）：102.

❷ 谢春河. 黑龙江中上游沿岸地区俄侨早期历史探源 [J]. 齐齐哈尔大学学报（哲学社会科学版），2010（1）：176.

❸ 于涛. 华商淘金莫斯科：一个迁移群体的跨国生存行动 [M]. 北京：社会科学文献出版社，2016：5.

❹ 李志学. 中俄民间贸易的转型 [J]. 俄罗斯中亚东欧市场，2011（10）：19.

性竞争也是常有之事❶，从而破坏了中国商人和商品的整体形象。笔者认为，上述研究不无道理。相比较而言，20世纪90年代中国赴俄人员特别是前往俄罗斯远东地区的经营者素质普遍不高，所以相关研究中的中国商人多以负面形象出现在公众视野中。

从2007年4月起，俄罗斯取缔外国人在俄的一切不规范的经营方式，这也就预示着从20世纪90年代开始盛行的传统"倒爷"贸易模式的终结。❷ 随着俄罗斯经济状况的逐渐好转以及俄罗斯民众消费需求的转向，凭借价格低廉甚或假冒伪劣商品来寻求发财致富的中国"倒爷"面临退出俄罗斯市场的巨大风险。邱瑞贤和黄涛的研究也认为，在俄华商的经营方式需要从"倒爷地摊"贸易向商场经营转型，升级换代迫在眉睫❸。另外，随着中俄商贸规模的不断扩大，对投资合作者的综合素质的要求也远远高于中俄民间贸易刚刚恢复时的"倒爷"，他们不仅需要懂得专业知识，更需要文化底蕴、生活习俗等多方面的积累和交融，还需要熟悉俄罗斯当地的法律法规。❹ 在经济全球化、贸易转型化的背景下，我国在俄华商极有必要调整自己的心态，提高自身素质，从根本上扭转以往的经营观念。❺

除了对在俄华商的基本特征、经营商品和经营方式的考察，也有学者从移民角度分析在俄华商的社会关系网络及其产生的影响。通过对在俄华商进行的实地研究，于涛认为之所以能够有大量的中国人到俄罗斯淘金赚钱，就是靠着亲属、老乡、同学和朋

❶ 李靖宇，林靖. 俄罗斯远东区域开发中的中国移民问题探讨［J］. 西伯利亚研究，2012，39（2）：25.

❷ 李志学. 中俄民间贸易的转型［J］. 俄罗斯中亚东欧市场，2011（10）：18.

❸❹ 邱瑞贤，黄涛. 中俄贸易民间"倒爷"时代终结［N］. 广州日报，2007 - 02 - 19（2）.

❺ 宿丰林，许光. 中俄民间贸易"灰色清关"问题的考查与反思——莫斯科"艾米拉"大市场华商货物被查抄事件透视［J］. 学术交流，2004（12）：87.

友等熟人的引领和帮助；正是这种特定的社会关系网络造就了以地域为纽带的"帮"，如"北京帮""东北帮""温州帮"和"福建帮"等；这样的华人移民网络，在"身份"办理、寻找住所方面为最初迁入俄罗斯的华人提供了很大的帮助。**❶** 在具体的市场经营中，赴俄华商充分利用了亲属资源、同乡资源、朋辈资源和华人社会组织资源等乡土资源关系，这是华商淘金的重要资本；同时他们也注重与当地客户和警察构建良好的关系，以维持生意的持续进行。**❷** 这样的行动策略与王春光所研究巴黎温州人的行动有异曲同工之妙。

以上研究主要集中在"倒商"和赴俄华商两类商人群体的身上。那么在 20 世纪 80 年代以来，中国边境地区的商人群体又有哪些类型，他们又面临着怎样的社会经济环境，运用怎样的行动策略来维持市场经营？这些都是根据已有研究引申出来的新的问题，也是笔者在本书中将要回答的问题。

三、研究述评

本研究关注的是 20 世纪 80 年代以来中俄（苏）边境地区商人群体的行动策略及其影响因素的分析。基于研究主题与研究对象的考虑，笔者首先对商人群体及其行动策略的相关研究进行梳理，发现以往研究具有如下两个特点。一是国内对于中国近现代社会中商人群体的研究主要见诸历史学及部分社会史的研究之中，有对徽商、晋商等有影响力的商帮的研究，也有关于广义上的近现代社会

---

❶ 于涛. 华商淘金莫斯科：一个迁移群体的跨国生存行动［M］. 北京：社会科学文献出版社，2016：109－118.

❷ 于涛. 华商淘金莫斯科：一个迁移群体的跨国生存行动［M］. 北京：社会科学文献出版社，2016：119－158.

中的商人群体生存困境和精神世界的研究。二是当代社会中商人群体的行动策略研究大多嵌入在流动人口、移民群体的研究中，缺乏专门著述。基于此，笔者对社会学视域中以温州商人为研究对象的《跨越边界的社区》和《巴黎的温州人——一个移民群体的跨社会建构行动》两部著作进行对比分析。研究发现，项飚与王春光的研究中既关注了商人群体之间及其与客户的社会关系网络、社会互动过程，也关注了商人群体在不同情境下的行动策略。这些细节的展现，特别是对商人群体经济行动中社会关系网络和制度因素的考察，为笔者的研究提供了分析问题的新视角。

另外，本研究所涉商人群体身处黑河市中俄（苏）边民互市贸易区之中，而且商人群体从事的经营活动与俄（苏）的普通消费者和商品生产商都有着密切的联系，因此笔者也对中俄（苏）边境贸易及其参与主体的相关研究进行了梳理。就中俄（苏）边境贸易的相关研究来看，为本研究提供了丰富的背景性资料，并且从宏观层面把握了边境地区商人群体成长发展的社会环境，不过已有研究依然存在遗憾之处。第一个遗憾是，研究多集中于对 20 世纪 80 年代末和 90 年代中俄（苏）边境贸易发展状况的叙述，而较少关注 21 世纪以来特别是 2010 年以来中俄民间贸易发生的变化，尤其是贸易中的参与主体的变化。笔者认为产生这一问题的原因，一方面是有研究者将边境贸易等同于边境小额贸易，而忽略了边民互市贸易在边境贸易中的作用；另一方面是研究者忽视了影响边民互市贸易发展状况的因素变迁，而同一影响因素在不同时期的作用并不相同。研究视野不能仅仅局限于某一历史时段，而需进行长时段的研究。第二个遗憾是，以往研究中从社会学视角进行研究的甚少，而多集中于经济学、国际贸易、国际关系、近现代史等相关专业，注重将历史资料与宏观政策相结合，关注贸易发展本身，缺少对市场参与主体特别是参与主体行动策略的研究。与以往研究不同的是，本研究注重将田野资料、文献资料与宏观政策相结合，考察不同社会经济环境背景下的商人群体行动策略。

就中俄（苏）边境地区商人群体的相关研究而言，呈现出来的大都是以在俄（苏）华商为研究对象。20 世纪 80 年代末至 90 年代，大量中国人看到俄罗斯（苏联）潜在的商机后，越过黑龙江到俄罗斯（苏联）经商，销售各式各样的中国轻工业产品，获得了丰厚的利润。在俄（苏）华商的巨大影响使之成为中俄（苏）民间贸易中商人群体的代表，成为学术的研究中心也就不足为奇。然而这样的研究仅关注在俄（苏）华商的经营状况，却未关注身处中国本土同样经营中国商品、以俄罗斯（苏联）人为消费群体的"坐商"，这一群体也是中俄（苏）民间贸易发展中重要的组成部分，他们在市场经营中所遇到的机遇与挑战也同样值得关注。另外，以往研究中还缺乏对俄货"网商"的关注，他们利用网络平台营销的行动策略可以给经营中国商品的"坐商"提供一些经商启示，以便在宏观经济形势的制约之下发展出新的行动策略，从而寻找到新的发展道路。

在中国经济快速发展和"一带一路"持续推进的背景下，商人这个"需要研究但又很难研究"的群体在我们的日常生活和国家事业发展中发挥着越来越重要的作用。中国学者有必要揭开商人群体行动策略的神秘面纱，从而探析影响行动策略的一系列因素。综上，文献的梳理与本书的研究对象及研究内容紧密相关，笔者期望在前人研究的基础上，通过进一步探索，以期做好关于商人群体相关研究的学术传承与学科发展。

第三节　主要内容与研究意义

一、主要内容

本研究是基于边境城市黑河市的实地分析。黑河市位于黑龙江省西北部，与俄罗斯远东地区阿穆尔州布拉戈维申斯克市隔江相望。历史上的黑河就是中俄边境贸易重镇，曾被誉为"万国商埠"。20 世纪 80 年代在我国沿边开放、黑河口岸重新恢复，以及 20 世纪90 年代苏联解体和俄罗斯经济震荡的背景下，中俄（苏）边境贸易迅速发展，使黑河再次成为国内外商贸活动的一块热土，参与以货易货的"倒商"也收益颇丰。目前，中俄边境贸易中的商人群体以销售中国商品的"坐商"和销售俄罗斯商品的"网商"为主，前者面临"坐商"经济式微的发展困境，而后者在"互联网 +"时代背景下得到迅速发展。基于上述经验事实，笔者从商人群体及其行动策略、中俄（苏）的边境贸易及其参与主体的相关研究进行文献的梳理，发现当代社会中商人群体的行动策略研究大多嵌入在流动人口、移民群体的研究中，而且较少关注 21 世纪以来特别是2010 年以来中俄边境贸易中的参与主体的变化。

本研究从社会学经济行动研究中的社会关系网络视角出发，以20 世纪 80 年代以来中俄（苏）边境地区商人群体形成和发展的脉络为研究主线，试图回答中俄（苏）边境地区的商人群体从"倒商"到"坐商"再到"网商"演变的行动策略及其实践逻辑。具体地说，作为改革开放、经济体制改革以来一个重要的社会背景，现有的结构因素如何推动或制约着边境地区商人群体的经济行动，而他们又是如何在既有结构框架中进行行动选择与生存博弈的？同时，笔者也关注制度与技术因素对边境地区商人群体经济行动的影响，以期对社会学经济行动研究中的视角整合抛砖引玉。

第一章：导论。从中俄（苏）边贸发展与商人的经营转型两个方面的经验事实出发，提出研究问题，旨在探讨中俄（苏）边境地区商人群体身处的社会经济结构与社会关系网络，及其行动策略的适应性调整。围绕商人群体及其行动策略、中俄（苏）边境贸易及其参与主体两方面展开文献梳理，将本研究纳入商人群体相关研究的学术脉络之中，努力为中俄两国人民的友好交流与互动沟通提供理论与现实路径。

第二章：理论、方法与田野。社会学中已经形成以社会关系网络视角、文化视角和制度视角为主的对经济行动的研究。本书以社会关系网络为主要分析视角，同时也考察制度与新技术因素与商人群体经济行动之间的关联，为经济行动研究中的视角整合抛砖引玉。基于研究主题与分析目标的需要，笔者选取定性研究，并以惯用的实地研究作为研究方式。通过民族志文本写作展现边境地区商人群体的经商故事。最后，笔者介绍了田野点——黑龙江省黑河市大黑河岛及其国际商贸城的基本概况。

第三章：中俄（苏）民间贸易的发展历程。首先是对历史上中俄（苏）民间贸易发展状况进行简单介绍，然后分阶段展现中俄（苏）民间贸易的发展特点和产生的影响。

第四章：从限制到恢复：新时期商人群体的形成。主要是对新时期商人群体形成的社会背景和黑河地区商人群体的出现进行阐述，为不同历史条件下商人群体的分类讨论奠定基础。随后，本书在深入分析田野资料的基础上，分别阐述 20 世纪 80 年代以来边境地区商人群体从"倒商"到"坐商"再到"网商"的经营方式的变迁，重点考察不同社会结构背景下的商人群体行动策略。

第五章：改革开放初期国际倒商群体的淘金之途。本章以特殊的时代背景与国际倒商的产生为切入点，结合文献资料与调研资料讲述倒商产生和发展的故事，及其在发展中的行动策略。在价格双轨制的背景下，各种类型的倒商普遍存在，其中在中苏边境地区就存在一大批手拎肩扛货物往返于两国的国际倒商。特殊的时代背景，再加上政府的平台搭建，这群积极参与市场交换的国际倒商运用"倒"的策略造就了中苏（俄）民间贸易的黄金时代。但是大量不法商人的出现，致使边境贸易步履维艰，这就为商人群体经营方式的转型埋下伏笔。笔者认为，国际倒商的产生、发展和分化与其所处的时代背景是紧密相关的，只有嵌入在当时的历史背景和社会条件下他们的行动策略才能被理解。

第六章：世纪之交国货坐商群体的经营之道。这一章首先将边境发展新政策与商人经营方式的转型关联起来，分析国货坐商形成的原因和生存场所，以及地方政府对边贸事业发展所作出的政策调整及其产生的影响。其次从租位与上货、摆货与收货、换币与收益盘点三个方面详细描述国货坐商的经济行动策略，展现商人群体之间的互动和心态变化。最后分析坐商经济式微的表现、原因、应对与未来，试图回答坐商经济是如何从繁荣走向衰落的。笔者认为黑河市政府投资兴建的大黑河岛国际商贸城为国货坐商的发展提供了良好的市场环境，在中俄民间贸易发展中，中国政府为俄罗斯的消费者与中国商人的互动提供了必要的政策支持。这体现了制度对商人群体经济行动的积极功能。然而，俄罗斯经济的波动、全球性经济危机等不利因素给国货经营者的收益带来了一些负面影响，国货坐商试图通过各种行动策略的调整来应对市场风险。

第七章："互联网＋"时代网商群体的新生之路。这一章主要是叙述网商群体产生的社会条件和发展概况，展现了中俄民间贸易发展的新希望。近年来，中国人对俄罗斯安全食品的需求大增，再加上俄罗斯商品新社会功能的出现，边境地区迎来了俄货销售的热潮。俄货微商是信息传送和货物中转功能的执行者，而跨境电商则代表了中俄贸易发展的新方向，二者都通过相应的策略来取得消费者的信任，使得网商群体在"互联网＋"时代背景下寻找到了新生之路。研究认为，在"一带一路"倡议持续推进、中俄关系持续升温的情况下，未来很长一段时间内，网商群体将是边境地区商人群体中最重要的一部分，通过移动互联网进行市场经营的行动策略也将被竞相模仿。

第八章：结论与讨论。这是本书的结尾部分。笔者对全书进行总结，并就"理性"在商人群体经济行动研究中的不同内涵展开讨论，同时对中俄边境贸易中商人群体的未来发展路径作出展望。

研究发现，依附性与跨国性是中俄（苏）边境地区商人群体的基本特征，"适应性调整"是边境地区商人群体行动策略的内在逻辑。具体而言，中俄（苏）边境地区商人群体从"倒商"到"坐商"再到"网商"的经营方式的改变，是他们在适应当前的宏观社会经济结构变化，对自身行动策略进行不断调整的结果。不过宏观社会经济结构对商人群体来说并非都是不利因素，所以"适应性调整"中的"适应性"既包含了商人群体在宏观社会经济结构面前的主动"归顺"，也有他们对宏观社会经济结构无法改变的被迫"服从"；而所谓的"调整"是商人群体适应既存的宏观社会经济结构后自身能动性的发挥，进而寻找到与当下社会经济环境相适应的生存之路。

本研究所关注的中俄（苏）边境地区商人群体的行动策略的研究，一方面丰富了国内外学者关于商人群体的研究成果；另一方面将学者的研究视野从内地转向边疆，研究区域从国外转向国内。❶ 在批判地继承前人研究成果与实地研究的基础上，笔者努力从中国经验的研究中获得社会变迁背后的逻辑，提出"适应性调整"的概念来解释中俄（苏）边境地区商人群体行动策略的改变。同时，书中还指出宏观社会经济结构给商人群体带来的不仅是限制，他们也可以"顺势而为"，从而开阔了以往我们眼中只有结构性"屏障"的视野，让我们从中发现商人群体的创造性和未来发展的无限可能性。

需要说明的是，本研究虽然梳理了自 20 世纪 80 年代以来中国东北边境地区商人群体从"倒商"到"坐商"再到"网商"的经营方式的变迁，但并不是说某一社会发展阶段之下仅存在单一的经营方式，而仅仅是为了体现特定状况下的商人群体的经济行动策略。笔者认为，商人群体经营方式的变迁，既是现存结构因素推动下商人群体借势发挥的结果，也是现存结构因素制约下商人群体行动策略适应性调整的结果。基于文献脉络和研究思路的梳理，本书对中俄（苏）边境地区商人群体经济行动的考察及其经营方式转型的探究，具有一定的理论与现实意义。

二、研究意义

（一）理论意义

就本研究所涉区域而言，实际上可以划归到边境研究这一主

---

❶　对中俄民间贸易中的商人群体的研究，于涛所著《华商淘金莫斯科：一个迁移群体的跨国生存行动》一书最为系统，他通过在莫斯科的田野调查，充分展示了海外华人群体的生存状态。笔者的研究略有不同，旨在关注中俄边境地区的商人群体的生存状态。

题之下。边境研究中比较多的是对边境贸易的研究，而这些研究多与经济学、国际贸易、国际关系等专业相关，从国家安全、经济发展、货币结算方式等角度进行研究，关注边境贸易本身的发展现状、存在的问题和解决的对策。本研究所涉区域位于中国东北边境，研究对象亦与边境贸易有关，但书中仅将边境贸易的发展状况作为研究背景，而重点考察边境贸易中的商人群体在不同历史条件下的行动策略及其实践逻辑。与此同时，本研究还关注影响商人群体经营方式变迁的动力因素，与其他学科侧重于关注"事件"本身形成鲜明对比，致力于完善关于边境贸易研究的视角问题。

本研究的理论意义还体现于丰富已有的关于商人群体的研究成果。随着国内外学术界对中国社会经济发展史研究的逐渐深入，有关中国商人特别是近代历史时期的研究便逐渐热闹起来。然而，令人稍有遗憾的是，有关商人研究的著作或论文大多集中于内地商人，研究的时间段多集中在对近现代中国商人群体的历史考察。对于中国边疆地区特别是东北地区商人的发展状况，近现代以来商人群体的内部分化及其与边疆地区社会变迁的关联等问题，则较少有人关注，也较少有相关论述问世。事实上，东北边境地区在特殊历史条件的激荡之下，曾孕育出或吸引来一批活跃在中国和俄罗斯（苏联）民间贸易舞台上的商人群体。他们是中国商人研究史、中国东北边疆研究、中俄（苏）民间贸易研究中独具特色、影响深远、不可或缺的研究对象。从一定意义上说，离开对这类商人的研究，就无法真正解读东北边境地区的经济和社会发展的历程。本书尝试做这样一个研究，探讨在不同历史时段之下，特别是全球化背景下东北边境地区商人群体的生存状况与社会关系网络、宏观社会经济背景之间的关联，为解读边境贸易中商人群体经济行动的内在逻辑提供一定的理论依据。

社会学研究的是可以实际观察得到的题材，它依赖于经验研究，并尝试提出理论和一般框架以解释这些事实❶。目前，在社会学视域中关于经济行动研究已经发展出了社会关系网络视角、制度视角和文化视角，而笔者拟在批判地继承前人研究成果与基本事实描述的基础上，提出影响商人群体行动策略变化的解释框架，以期对经济行动研究的视角整合作出一定贡献。

（二）现实意义

中国与俄罗斯不仅是友好邻国，也是贸易伙伴，两国的边境贸易源远流长。本研究聚焦黑河市大黑河岛民间贸易发展状况，重点考察商人群体的内部分化及其行动策略的变化，将边境贸易中的市场参与主体作为调查对象，可以获取研究所需第一手资料，在一定程度上弥补官方资料的不足。作为边境线上具有重要品牌价值的中俄民间贸易市场，它的兴衰直接关系到黑河在中俄民间贸易史中的地位。如果本研究的开展能够对边民互市贸易相关政策的完善、民贸市场秩序的治理策略制定，以及大黑河岛的综合开发具有一定的借鉴意义，那么，间接来说本研究对保持与提升黑河在中俄边境城市中的社会地位也就起到了一定作用。

本研究还涉及对边境地区商人群体行动策略的考察，这一方面可以透视近年来国家体制政策及社会经济状况的变化对特定社会群体产生的影响；另一方面可以记录在国际、国内双重背景影响下的中俄民间贸易中的商人群体的生存策略，讲述在特殊背景下形成的关于经营者与消费者互动的故事。另外，本研究在扎实

---

❶ 安东尼·吉登斯. 社会学：批判的导论［M］. 郭忠华，译. 上海：上海译文出版社，2013：2.

的田野调查基础上形成的事实描述与理论分析，将有助于促进中俄两国人民的友好交流与互动沟通，也将为完善和优化"一带一路"建设、"龙江丝路带"建设、"冰上丝绸之路"建设提供有力的现实依据。

第二章　理论、方法与田野

第一节　理论视角与核心概念

一、经济行动研究的多维知识图谱

从社会学发展的思想脉络来看，社会行动一直是社会学所关注的中心议题之一，因为正是社会行动连接着自我与他人、自我与社会。如果说经济行动是社会行动的一种特定类型，那么"经济行动"也是社会学的重要研究对象。实际上，从经济社会学诞生之日起，经济社会学审察经济现象的视角就建立在"经济行动是社会行动的一种特定类型"这样一个前提的基础之上：无论在什么条件下从事什么经济活动，活动者本身仍然首先是一个社会人，他的行动也首先是一种社会行动，并且，在这种经济性的社会行动中逐渐建构出有关的经济制度与经济体系，最终产生了纷繁复杂的社会经济生活。❶ 从 19

---

❶　朱国宏. 经济社会学［M］. 上海：复旦大学出版社，1999：108.

世纪40年代开始，卡尔·马克思（Karl Marx）就力图理解阶级关系和政治活动背后的经济基础；40年之后，埃米尔·涂尔干（Emile Durkheim）探讨了现代社会的分工及职业行为的内涵；19世纪末，马克斯·韦伯（Max Weber）关注了经济制度和经济行动方式的起源问题。❶ 如此种种，都表明了社会学中关于经济现象的研究由来已久。不过，对经济行为的关注最初是在经济学领域。

经济学中的个体经济行为分析是以"经济人"假设开始的，行动者被假定具有一种既定且不变的偏好集并且依照效用最大化来选择行动的方式，在经济理论中，这种行为方式构成了经济理性行动。❷ 弗兰克·奈特（Frank Knight）将这种情况表述为："每一个社会成员都采取个体行动，完全与他人隔绝开来。"❸

然而，对于社会学家而言，"经济人"假设的背后意涵是经济行为主体所面对的社会、文化和制度等非经济因素都被悬置了，这里的经济行为主体也仅仅是逐利的原子化个体。所以，社会学家认为以"经济人"为基础的有关人的经济行为的简明模式存在一定的问题，而这些问题却是一项社会学视野中的经济行动研究所无法回避的，即经济行动是否是理性行动？在具体的行动过程中经济行动受到哪些因素的影响？基于上述问题，社会学中形成以社会关系网络视角、文化视角和制度视角为主的对经济行动的研究。

（一）社会关系网络视角下的经济行动研究

20世纪80年代以来，随着社会学的复苏，有关经济行动的研

❶ 弗兰克·道宾. 经济社会学 [M]. 冯秋石，王星，译. 上海：上海人民出版社，2008：1.

❷ 斯梅尔瑟，斯维德伯格. 经济社会学手册 [M]. 2版. 罗教讲，张永宏，等译. 北京：华夏出版社，2009：5.

❸ KNIGHT F. Risk, Uncertainty and Profit [M]. Chicago：University of Chicago Press, 1985：78.

究空前高涨。针对新制度经济学有限理性行动概念中忽视社会关系网络的情况，马克·格兰诺维特（Mark Granovetter）对结构与行动之间的关系提出了"嵌入性"概念。他认为经济行动是嵌入在具体的、不断变化的社会关系网络之中，[1] 而受到以这种社会关系网络为基础的信任、合作等规范的影响。与马克·格兰诺维特从社会关系网络视角考察经济行动的研究路径密切相关的是哈里森·怀特（Harrison White）和罗纳德·伯特（Ronald Burt）等人的研究，他们主要从形式化的网络结构位置来分析经济行动的模式。

哈里森·怀特首先把社会网络分析引入经济现象的研究中，强调市场来自关系网络，而这种关系网络是在经济行动中产生的，以这种关系网络结构为基础的内生的角色规范决定了经济行动者的行为模式以及彼此之间的均衡策略。[2] 罗纳德·伯特则提出"结构洞"的概念来描述非重复关系人之间的断裂，强调连接网络结构中存在的空缺者，会获得更多的信息和竞争优势。[3] 不过哈里森·怀特和罗纳德·伯特的研究与马克·格兰诺维特的研究还有所不同，前二者更强调的是关系本身的结构状况对于资源获得的影响，而不是通过网络这个中间性概念来强调社会规范的作用，其社会资本也不具有社会信任、合作与规范等含义，而主要是因网络结构地位的不同而获得的信息等优势。而马克·格兰诺维特反对过于形式化的社会网络分析，认为从抽象的网络结构地位来预测经济行动者的行为是不可靠的。无论如何，马克·格兰诺维特、哈里森·怀特和罗

---

[1] GRANOVETTER M. Economic Action and Social Structure：the Problem of Embeddedness [J]. American Journal of Sociology, 1985, 91 (11)：487.

[2] WHITE H. Where Do Markets Come From [J]. American Journal of Sociology, 1981, 87 (3)：517–547.

[3] 罗纳德·伯特. 结构洞：竞争的社会结构 [M]. 任敏，李璐，林虹，译. 上海：格致出版社、上海人民出版社，2008：18.

纳德·伯特等人的研究从社会关系网络视角考察了经济行动，这对经济学的基本理论假设提出了挑战。但社会关系网络视角也存在一定的缺陷，如较少考虑文化因素、制度因素对经济行动的影响，这也是其他视角发展起来的原因。

（二）文化视角下的经济行动研究

除了以马克·格兰诺维特为代表的对经济行动的社会关系网络的分析，在社会学视野中对经济行动的研究还有第二种视角，即以维维安娜·泽利泽（Viviana A. Zelizer）为代表的文化视角，这里的"文化"主要是指象征符号、情感、意义和价值等❶。维维安娜·泽利泽认为网络视角是把经济行动单纯地建构在网络结构上，仅仅通过社会关系网络这一因素来解释整个经济行动，而这种"社会结构绝对论"的做法忽视了经济行动中的文化因素；但是她也不同意"文化绝对论"，即把所有问题都归入经济和文化的关系，而应该"在文化绝对论和社会结构绝对论之间找到一条中间路线"❷。

维维安娜·泽利泽对经济行动中的非理性因素的考察首先体现在对道德与市场问题的关注，她的研究问题是 19 世纪将人寿保险引入美国的尝试为什么会遇到长达数十年的猛烈抵抗。研究认为，"将死亡置于市场之上，干扰了坚持人类生命的神圣性及其不可通约性的价值观系统。它界定了强有力的规范模式：可以或不可以在市场上进行买卖的分野，或者说神圣的与世俗的分野。"❸ 从这项研究中能够看到，维维安娜·泽利泽已经做了将文化维度引入经济

---

❶ 刘少杰. 西方经济社会学史 [M]. 北京：中国人民大学出版社，2013：10.

❷ ZELIZER V. Beyond the Polemics on the Market: Establishing a Theoretical and Empirical Agenda [J]. Sociological Forum, 1988, 3（4）：629.

❸ 维维安娜·泽利泽. 道德与市场：美国人寿保险的发展 [M]. 姚泽麟，等译. 上海：华东师范大学出版社，2019：70.

现象研究的尝试。随后，她又对儿童的社会价值、亲密关系以及货币的社会意义等问题进行研究，试图通过把文化视为经济过程中内生的、动态的要素而把它整合进对经济现象的解释中，从而打破经济社会学长期忽视文化因素的尴尬局面。❶

与维维安娜·泽利泽有同样观点的还有保罗·迪马吉奥（Paul DiMaggio），他虽然坚持对经济现象的分析应该包含文化因素，但也不应完全采用文化的方法。"文化可以影响经济行动，而且影响经济行动的方式是多样化的，如通过影响行动者如何定义他们的利益来影响经济行动（建构性效果）和通过限制其对他们自己的努力来影响经济行动（规范性的）；也可以形塑群体调配资源的能力和调配的目标。"❷ 那么，根据保罗·迪马吉奥的观点，至少可以从建构性与规范性两个方面来探讨文化与经济行动的关系，而且"文化通过信仰和意识形态、被人们认之为是理所当然的假设，以及形式化的规则体系，为经济理性设定了界线"❸。这也对经济学的基本理论假设提出了挑战。不过，无论是前文中提到的社会关系网络视角还是文化视角，实际上都很难看到制度与经济行动的关系，或者是国家在经济社会中的作用的论述。作为新古典经济学和理性选择理论的对立物而存在的历史制度学派，则在一定程度上拓展了研究经济行动的理论视野。

---

❶ 详细内容参见维维安娜·泽利泽. 给无价的孩子定价：变迁中的儿童社会价值 [M]. 王水雄，宋静，林虹，译. 上海：格致出版社，2008；维维安娜·泽利泽. 亲密关系的购买 [M]. 姚伟，刘永强，译. 上海：上海人民出版社，2009；ZELIZER V. The Purchase of The Intimate Relationship [M]. New Jersey：Princeton University Press，2005.

❷ DIMAGGIO P. Culture and Economy [M] //SMELSER N, SWEDBERG R, eds. The Handbook of Economic Sociology. New York and Princeton：Russell Sage Foundation and Princeton University Press，1994：27-28.

❸ 转引自沈原. 论新经济社会学的市场研究 [D]. 北京：中国社会科学院，1998：34.

（三）制度视角下的经济行动研究

历史制度学派的基本观点是人类的许多行为无法用理性行为假设来分析，理性行为本身的选择偏好来自制度，而不是一种先验的、外在的存在。❶ 这里的"理性"是具体的，而不是像经济学和理性选择理论主张的那样，在一个具体的场景之前就界定一个先验的选择偏好。行动主体关于利益和目标的界定是在具体的制度环境中进行的，这也就意味着一定时空条件下的经济、政治以及意识形态等制度性因素直接塑造行动主体关于目标和利益的界定。❷ 历史制度学派并不否认行动主体可以追求实现其目标的策略，但是强调只有通过历史的研究才能揭示行动主体试图将什么样的具体利益最大化以及为什么重视一些目标而不是另外一些目标。❸

在这一理论传统中，涌现出了一系列影响经济行动的社会机制的研究，比较著名的就是高柏关于"卡特尔和产业行会在日本的制度化"的研究。高柏发现 20 世纪 30 年代早期，以一种强制性卡特尔为形式、以行会为基础的秩序开始在日本出现，而且在第二次世界大战期间更进一步地发展成为强制性的行业协会，战争结束后，以行会为主导的秩序是日本经济的主要治理结构。他的研究问题是：为什么日本卡特尔在 20 世纪 30 年代兴起并持续发展，促成了以行会为主导的经济秩序；而同一时期的美国并没有成功转向以行会为主导的经济秩序。研究发现，日本行会经济秩序的兴起是国家产权政策变动的结果，政府官僚机构的强大力量使日本的产业治理和协调得以顺利进行；而这是同一时期的美国政府所无法比拟的，

---

❶ 弗兰克·道宾. 经济社会学 [M]. 冯秋石，王星，译. 上海：上海人民出版社，2008：代总序 1.

❷❸ 高柏. 中国经济发展模式转型与经济社会学制度学派 [J]. 社会学研究，2008（4）：4.

尽管美国政府试图在大萧条时期进行产业干预。❶ 从这一研究中可以看出，历史制度学派重视制度对经济行动主体的影响，以及不同国家的权力和资源分配方式的不同对不同行动主体的影响。那么，在比较分析方法的基础上，就可以为不同国家间在政治或经济方面存在的差异提供一种可能的解释。

（四）经济行动研究中的多元视角

通过以上梳理，一方面能够看到从社会关系网络视角、文化视角和制度视角对经济行动进行研究的代表人物和主要观点；另一方面也能看到，在一项研究中，研究者往往都从某个单一视角对影响经济行动的因素进行分析，期望在研究深度而非研究广度上对学科作出贡献。因此，社会学中关于经济行动研究的视角整合的呼声越来越高。马克·格兰诺维特❷也认为，仅仅用"理性经济人"来解释所有的经济行动是不充分的，新经济社会学的最好出路就在于阐明制度文化、网络结构与个体经济行动的互动与变迁，从而形成更

---

❶ BAI G. The State and the Associational Order of the Economy: The Institutionalization of Cartels and Trade Associations in 1931 – 1945 Japan [J]. Sociological Forum, 2001, 16 (3): 409 – 443.

❷ 提出嵌入性观点的马克·格兰诺维特，在后来的学术研究也不断完善和修正自己的理论，并且在回顾 20 世纪 70 年代以来新经济社会学已有的经验研究和不同理论流派的基础上，拟提出一种统一而综合的新经济社会学的理论。例如，在《经济行动与社会结构：嵌入性问题》一文中，他对"嵌入"概念的定义相当宽泛，后来他将行动者亲近的关系与较远的关系区分开来，前者称为"关系嵌入"，后者称为"结构嵌入"。参见 GRANOVETTER M. The Old and the New Old Economic Sociology: a History and an Agenda [M] // FRIEDLAND R, ROBERTSON A, eds. Beyond the Marketplace: Rethinking Economy and Society, New York: Aldine de Gruyter, 1990: 89 – 112. GRANOVETTER M. Economic Institutionsas Social Constructions: A Framework for Analysis [J]. Acta Sociologica, 1992. 35 (1): 3 – 11.

为一般性的理论。❶ 与马克·格兰诺维特有同样学术抱负的还有弗兰克·道宾（Frank Dobbin）、皮埃尔·布迪厄（Pierre Bourdieu）和苏国勋教授。

弗兰克·道宾将文化与制度的分析视角相结合，对 19 世纪英国、法国和美国的铁路产业政策进行研究，认为政治系统所持的经济观念的差异，导致了三国铁路工业组织形式的巨大差异；由于历史的原因，不同国家形成不同的政治文化，产生不同的经济观念，进而对如何提高效率具有不同的认识，并最终影响产业的发展。❷ 皮埃尔·布迪厄也对经济社会学的综合模式的探讨做出了尝试，提出比嵌入概念更为综合的场域概念，强调了关系之外的其他结构和各种资本，以及惯习对于行动者（这里是指企业）经济行动与经济现象的综合影响。❸

经济行动研究中的视角整合，需要理论层面与实践层面的结合。面对将马克斯·韦伯的思想理解为文化论和制度论两个相互对立部分的看法，苏国勋认为从韦伯思想脉络的局部上说似乎都言之成理、持之有据，但整体看来都有以偏概全的偏颇，因为文化并不是直接作用于人本身，而是通过经济的伦理对人的行动起作用；制度也并非只包含物质、经济和利益等方面的制度，也包含文化、法律和政治等制度。二者在韦伯的方法论看来纯属社会科学的"理念

❶ GRANOVETTER M. Theoretical Agenda of Economic Sociology [M] // GUILLEN M, COLLINS R, England P, eds. The New Economic Sociology：Developments in an Emerging Field, New York：Russell Sage Foundation, 2002：35 – 39.

❷ 弗兰克·道宾. 打造产业政策——铁路时代的美国、英国和法国 [M]. 张网成，张海东，译. 上海：上海人民出版社，2008：176 – 191. 另外，弗兰克·道宾在《新经济社会学读本》中，将影响经济行动的因素分为了制度、网络、权力和认知四类，并列举了每一类研究中的经典文献，这为经济社会学中的理论整合奠定了基础。

❸ 皮埃尔·布迪厄. 经济人类学原理 [M] //斯梅尔瑟，斯维德伯格. 经济社会学手册. 2 版. 罗教讲，张永宏，等译. 北京：华夏出版社，2009：89 – 103.

型"，在现实生活中它们从来就是一种"你中有我，我中有你"的彼此包容的，即所谓的"镶嵌"关系。❶ 在社会科学研究中，如果能够看到事物之间的内在关联，持相互关系的立场，对解决现实中看似复杂的问题和促进学科的关联性发展大有裨益。

　　纵观近40年社会学研究领域的最新进展，还有一个重要的研究应该引起学者的注意，就是以曼纽尔·卡斯特尔（Manuel Castells）为代表的关于技术、经济和社会之间关系的研究。其著作三部曲《网络社会的崛起》、《认同的力量》和《千年终结》，于1996—1998年出版之后已被翻译成近二十国文字。安东尼·吉登斯（Anthony Giddens）认为曼纽尔·卡斯特尔的著作三部曲堪与马克斯·韦伯的《经济与社会》媲美。曼纽尔·卡斯特尔在计算机、互联网和手机通信等新媒体技术的基础上讨论了人类社会出现的新的经济现象，包括金融市场、国际贸易和跨国生产等，它们以信息化、全球化和网络化为主要特征；而且在新经济、网络企业的迅速发展下，人们的行为方式和思维方式也都会发生很大的变化，这不可避免地涉及人们的经济活动领域。其中网络企业是"一种特殊的企业，其手段系统是由各自主目标系统之部分交织而成的"，连接性与一致性是该网络的两种属性。❷

　　因此，不得不考虑网络社会特别是网络经济大发展的背景下，商人群体的经济行动与以往相比会有哪些不同，而商人群体又会发展出怎样的行动策略呢？另外，中俄（苏）边境地区商人群体的行动是不是经济学意义上的狭义理性行动？从"倒

---

❶　马克斯·韦伯. 经济行动与社会团体［M］. 康乐，简惠美，译. 桂林：广西师范大学出版社，2011：总序二 viii.

❷　曼纽尔·卡斯特尔. 网络社会的崛起［M］. 夏铸九，王志弘，等译. 北京：社会科学文献出版社，2001：214 - 215.

商"到"坐商"再到"网商"的变化过程是理性选择的过程
吗？中俄（苏）边境地区商人群体的行动策略与其他地区的商
人群体又有什么异同？基于此，本书以中俄（苏）边境地区的
商人群体为研究对象，纵观 20 世纪 80 年代以来"倒商"、"坐
商"和"网商"在不同时代背景下的行动策略与实践逻辑，以
社会关系网络为主要分析视角，同时也考察制度与新技术因素
和商人群体经济行动之间的关联，以期更全面地探讨商人群体
的经济行动的非理性基础，为经济行动研究中的视角整合抛砖
引玉。

二、商人、行动策略与社会关系网络

（一）倒商、坐商和网商

商人是从事商品买卖以谋利为目的者的统称，有人将其形象地
比喻成一根扁担，一头挑着商品，另一头挑着市场，因而在市场经
济活动中商人起到了中坚作用。❶ 本书所研究的商人是 20 世纪 80
年代以来在我国政治经济体制改革背景下出现的新型社会群体。在
不断变动的社会背景下，商人群体经营方式变化的背后意味着商人
群体内部的整合与分化。基于此，本书将研究所涉及的中俄（苏）
边境地区商人群体进一步区分成倒商、坐商和网商三类，以便清晰
展示不同历史时间段下商人群体生存发展的特点及其行动策略的适
应性调整。

---

❶ 董明. 新兴商人群体形成与社会的转型：以义乌为例 [D]. 上海：上海大学，
2012：5.

1. 倒　商

"倒商"❶ 是"倒爷"的别称，是 20 世纪 80 年代在特殊的社会背景下出现的一类人群。它原意是指在价格双轨制之下，利用商品在计划之内与计划之外的价格差别，在市场上倒买倒卖商品并从中谋利的人。本研究中，"倒商"是活跃在中苏（俄）民间贸易舞台上的、利用市场规律、通过个人经营能力完成倒手买卖的人。由于"倒商"常常游走于中苏（俄）两国之间，以手拎肩扛货物或包机包税的方式实现货物的跨国流动，也无固定的经营场所，具有很大的流动性，因此"倒商"是行商的一种。

2. 坐　商

"坐商"是本书涉及的另一类商人群体，它与"行商"是相对而称，指在固定位置经营商业的人。从古代社会到近现代社会，多数商人最初经商大都是以行商的方式开始，聚集了相应的资本之后便转为"坐商"。《恩县志》中记载："负而贩卖，属于行动者曰商，设肆坐以行售者曰贾。"也有学者认为："贾人开店经营，亦从事长途贩运，并根据'待乏'与'积著之理'储存商品，以获取季节差价（或暴利），而非单纯'坐'而已。"❷ 为了避免不必要的学术争端，本研究对"坐商"与"坐贾"并不作区别讨论，在书中统一使用"坐商"一词。

"坐商"一词并非仅用来描述古代和近现代社会中的商人，当代社会中依然有学者在使用。如汪丁丁和贾拥民在《一个嵌入社会

---

❶ 笔者之所以使用"倒商"而非"倒爷"，是因为前者更强调"倒"的动作性，而且更容易把它划归为商人群体的一个类别。为了尊重其他学者的表达，在引用他者的表述中笔者使用了原作者的惯用词"倒爷"，因此读者在书中的个别地方会看到"倒爷"与"倒商"并列使用的情况，在此特作说明。

❷ 杨承辉."坐曰贾"质疑 [J]. 中国史研究, 1986（2）：168.

网络的市场经济：义乌案例》一文中就将浙商老吕的身份变迁概括为学徒工、批发商和坐商三个阶段，考察社会交换中权力的获得与维持。❶ 根据研究需要，本书将坐商分为两类：一类是主要面向俄罗斯消费者、销售中国商品，并且具有固定经营场所的国货坐商；另一类是主要面向中国消费者、销售俄罗斯商品，并且具有固定经营场所的俄货坐商。大部分坐商是由倒商转化而来的，国货坐商和俄货坐商在21世纪分别面临着不同的生活境遇。

3. 网　　　商

网商❷最初是指那些网络服务提供商，比如新浪、搜狐、阿里巴巴等。现在的网商是指运用电子商务工具，在互联网上进行商业活动的企业和个人。近年来，网商在中俄边境城市的发展十分迅速，成为具有划时代特征的一类新型商人群体。具体到本书而言，网商是指借助于移动互联网空间来实现俄罗斯商品和中国商品交易的企业和个人，具体包括微商与电商两种类型。《2016中国微商行业市场研究报告》认为，狭义上的微商单指在微信朋友圈进行宣传销售的卖家，❸ 本书中使用的正是狭义上的微商定义。电商是电子商务的简称，它是实现交易各方以电子交易方式进行的各种形式的商业交易。1997年国际商会在巴黎举行的世界电子商务大会上，

---

❶　汪丁丁，贾拥民．一个嵌入社会网络的市场经济：义乌案例 [J]．社会科学战线，2007（1）：59．

❷　在中国知网中查到的第一篇含有"网商"（作为一个词）一词标题的文章是1999年第20期《每周电脑报》中的《网商胜负难分》，这里的网商是指开办网络购物业务（网络商城或网络商店）的企业或个人。中国网商群体的大规模出现是在2003年淘宝网成立之后，从此网商成为一个具有划时代特征的商人群体。书中所涉及的俄货微商产生于微信在边境地区的普及之后，约在2013年。黑河地区跨境电商的发展更是一个新事物，约在2016年。笔者关于网商的讨论仅是展现边境地区商人群体在网络社会大发展之下发生的变化，无意与其他类型、其他地区的网商进行比较。

❸　中国电子商务研究中心．2016中国微商行业市场研究报告 [R/OL]．（2016 - 08 - 28）[2017 - 11 - 07]．http：//b2b. toocle. com/detail - - 6354477. html.

认为电子商务是指实现整个贸易活动的电子化，交易各方以电子交易方式进行的各种形式的商业交易。可以说，电子商务的主要成分是"商务"，而且是在"电子"基础上的商务。具体到本研究而言，电商指代从事电子商务的企业，它面向中国顾客，销售俄罗斯商品。

综上，本书中的"网商"特指基于移动互联网空间实现中俄商品交易的新型商人群体，包括微商与电商两种类型，其中前者以社交软件为交易工具，后者以各种商品销售的网站为平台进行俄罗斯商品的销售。同时，网商的发展也不乏实体店的配合，通过"线下＋线上"的形式实现商品的交易。例如跨境电商"俄品多"，它既有在天猫、淘宝、京东等网络平台中开设的线上商店，也有位于哈尔滨市、黑河市的多家实体店，通过"线下＋线上"结合为中国俄罗斯商品市场提供更多的商品，也能创造更多的经营收益。

（二）行动策略

社会学中关于经济行动的研究首推马克斯·韦伯。他认为社会行动是以其他人过去的、当前的或未来所期待的举止为取向❶，而"经济行动"则意谓行动者和平地运用其控制资源的权力❷。作为"社会行动"的一种特定类型，"经济行动"可以是理性的，也可以是传统的或者情感性的。虽然马克斯·韦伯关于经济行动的理解是以经济学为基础的，但他同时又超越了简单的经济学解释，把非

---

❶ 马克斯·韦伯. 经济与社会：上卷［M］. 林荣远，译. 北京：商务印书馆，1997：54.

❷ 马克斯·韦伯. 经济行动与社会团体［M］. 康乐，简惠美，译. 桂林：广西师范大学出版社，2011：117.

理性因素纳入经济行动之中。❶ 所以，社会学中包含了不同类型的经济行动，这也就意味着从不同的视角观察就会看到不一样的经济行动。笔者所谓的"行动策略"中的"行动"就是马克斯·韦伯意义上的"经济行动"，首先它是在与其他人的社会互动中完成的，其次它是以获得经济利益为导向的。

行动者在经济行动中通常会采取不同的行动方式来应对不同的社会情境，从而最终实现经济行动的目标。笔者将这种"不同情境中的不同的行动方式"称为"策略"，而这些"不同的情景"主要包括社会关系网络、政策环境、宏观的社会经济结构和文化的差异等。具体到本研究而言，"行动策略"是指中俄（苏）边境地区商人群体在经商过程中面对不同情境而采取的不同的行动方式。比如，在中苏边境贸易刚刚恢复时商人群体选择"倒"来跨国淘金，20 世纪 90 年代末在边贸互市载体建成后选择"坐"来就地淘金，而在"互联网＋"时代选择与互联网对接从而实现网上淘金。

（三）社会关系网络*

通常情况下，每一个独立的社会个体都有属于自己的社会关系网络。面对这种网络状的社会关系，学界使用了"社会网络""社会关系""关系网络"等不同的术语加以概括，并没有形成统一的概念。本书中使用"社会关系网络"这一表达，意指在一群由社会人组成的结构中，社会人通过一系列关系相互连接起来。社会学者重视社会关系网络以及个人通过社会网络摄取社会资源的过程。

---

❶ 陈文超. 经济行动的支配机制——"劳动—生活"均衡与农村外出打工者返乡创业选择［D］. 武汉：华中师范大学，2012：4.

* 关于"社会关系网络"的描述，参考了笔者的文章《流迁人口的社会网络研究：现状、问题与展望》，载于《黄河科技大学学报》2017 年第 6 期。这里的表述在已发表内容的基础上稍有改动。

在实际研究中，社会关系网络可以具体划分出血缘关系、地缘关系和业缘关系等不同的类型，每一种类型都是维系社会团结的基础。费孝通认为，大多数情况下血缘和地缘关系是不可分割的，因为"在稳定的社会中，地缘不过是血缘的投影，不分离的……地域上的靠近可以说是血缘上亲疏的一种反映，区位是社会化了的空间"。❶ 业缘关系往往是在血缘关系或地缘关系的基础上发展起来的，它的发展反映了社会前进的步伐，也成了现代社会中维系社会团结的重要基石。大量研究都已证明，我们会经常运用血缘关系、地缘关系和业缘关系来巩固已有的社会关系网络和建立新的关系网络。本研究中，笔者一方面分析中俄（苏）边境地区商人群体的社会关系网络，另一方面考察社会关系网络对商人群体的经济行动的影响，从而尽可能展现不同社会关系网络背景下商人群体的行动逻辑。

第二节　研究方法与具体运用

如果说学术研究的开展需要先经过"昨夜西风凋碧树，独上高楼，望尽天涯路"式的探寻，努力发现学术上的研究"问题"；然后还要得到这位"研究对象"的接纳和配合，即"众里寻他千百度，蓦然回首，那人却在，灯火阑珊处"的效果，才能使自己感兴趣的研究工作得以有效展开❷，那么，在此之后的最重要的工作就

---

❶ 费孝通. 乡土中国［M］. 北京：北京大学出版社，2012：116.
❷ 陶庆. 福街的现代"商人部落"：走出转型期社会重建的合法化危机［M］. 北京：社会科学文献出版社，2007：7－8.

是选择合适的研究工具来围绕问题进行研究。社会学研究方法中存在实证主义和人文主义两种方法论传统，相应地存在定量研究与定性研究两种不同研究方式。基于研究主题与分析目标的需要，笔者选取定性研究，并以惯用的实地研究作为具体研究方式。究其原因在于，实地研究能给研究者提供系统的观点，研究者通过直接或间接的参与观察研究对象，可以对研究对象有一个深入和全面的认识，从而在时间和空间两个维度上更深刻地把握研究对象的发展脉络、历史特征和发展趋势。

在调查与写作过程中，笔者具体采用了文献法、访谈法与观察法相结合的资料收集方法，以及类属分析和情景分析相结合的资料分析方法，用民族志方式书写20世纪80年代以来中俄（苏）边境地区商人群体的市场经营图景。另外，考虑到实地研究资料共享与检验❶的便利性，调研地在中俄（苏）民间贸易发展史上的重要地位，及其地理位置的高辨识度，故本研究对调研地——黑河市大黑河岛不进行匿名化处理。遵照学术伦理，本研究仅对被访对象的姓名进行一定的技术处理，使用化名以保护当事人的利益和隐私。

一、实践、深描与民族志文本写作

社会科学研究中，人们一般可以达成这样的共识：即使是对一个人数较少的群体进行客观完整的描述，都是不现实的。一是因为人的特殊性，在自我意识和主观意志驱动下，被研究者可能不与研究者合作或者做出出人意料的行为，这使得对某一群体的描述、解释与预测的准确程度大打折扣。二是保持客观性的困难，研究者每

---

❶ 刘敏. 公地、公德与公共制度——南非鲍鱼偷猎的实地研究［D］. 北京：中央民族大学，2017：24.

时每刻都有可能产生对被研究者的同情、钦佩、喜欢等情感，这种"情感纠葛"会在不知不觉中影响研究者对群体行动的反应，进而得出"期待"的研究结论。那么，在不能客观完整描述的基础上，人们将如何对群体行动或者说一般社会现象作出因果的解释呢？皮埃尔·布迪厄的实践理论和克利福德·格尔茨（Clifford Geertz）的"深描说"为我们提供了解决上述问题的答案。

　　一般来说，按照科学的途径就能获得科学的认识。皮埃尔·布迪厄认为的科学途径就是实践，"因为实践是实施结果和实施方法、历史实践的客观化产物和身体化产物、结构和惯习的辩证所在"❶。人类实践行为产生的根源是"实践逻辑"在起作用，这与我们通常所说的"理论逻辑"或者说"逻各斯的逻辑"非常不同。当我们将田野工作中的观察、访谈等实践活动用文字书写出来时，实际上就经过了从"理论逻辑"到"实践逻辑"的转变，因而最好的"解释"其实就是一种"深描"❷。由于理解人们之间错综复杂的往来或解释某种社会现象时，不能仅仅关注人们说了什么或事情本身，而要对这些互动、事件发生的场域进行考察。❸ 因此，基于实践活动的文字书写和"深描"必然包含实践场域这一内容。

　　在传统的民族志研究中，试图追求普遍性结论的方式有两种："琼斯村即美国"式的"微观模式"与"复活节岛即试验案例"式的"自然实验"模式。克利福德·格尔茨认为，无论是"微观模式"还是"自然实验"模式都面临着认识更大范围事实所具有的局限性，希望通过"深描"个案所具有的特定意义来促成对现有理

❶　皮埃尔·布迪厄. 实践感［M］. 蒋梓骅，译. 南京：译林出版社，2003：80.
❷　谢元媛. 生态移民政策与地方政府实践——以敖鲁古雅鄂温克生态移民为例［M］. 北京：北京大学出版社，2010：34.
❸　迈克尔·格伦菲尔. 布迪厄：关键概念［M］. 林云柯，译. 重庆：重庆大学出版社，2018：83.

论的启发。因此，民族志研究所能做的即是尽可能地对"异域见闻"进行"深描"。❶ 在长期的田野工作中，通过研究者与被研究者的互动、解惑和质疑达成彼此至深的理解。

随着社会学和人类学学科界限的打破，作为人类学家惯用的术语民族志，也被社会学家所使用。囿于对人类学的偏爱，再加上笔者曾学习社会学的知识背景，本书以民族志方式展开文本写作。不过这里没有传统人类学"猎奇"的喜好，而是融合了社会学意义来关注被研究者的生活世界，同时又运用文学创作的表达方式去揭示人们生活世界中的行动逻辑。当然，对被研究者的深描及其实践逻辑的理解，乃至后续的民族志文本写作，它们共同的前提是经过长期的田野工作，获取真实的第一手资料，从而进行科学分析。

二、资料收集与分析方法

（一）文 献 法

文献的内涵十分丰富，包含报纸、期刊、地方志、年鉴和相关资料等。为了深入了解中俄（苏）边境地区边境贸易发展的历程、黑河经济和社会发展状况，以及中俄两国政府对边境贸易发展的态度等问题，笔者在国家图书馆查阅了《黑河地区志》、《黑河海关志》、《黑河年鉴》和《黑河市社会经济年鉴》，在中国知网查阅了《黑河学刊》《黑河日报》中的重要文章，也从黑河市政府网站收集到了部分年份的黑河市政府工作报告、黑河市商务局局长在部分会议上的重要讲话、黑河海关发布的黑河口岸出入境人次的统计情况等资料。与此同时，笔者又重点查阅了国内各级政府出台的与边

---

❶ 克利福德·格尔兹. 文化的解释［M］. 韩莉，译. 南京：译林出版社，1999：33.

民互市贸易（区）相关的政策文件，从宏观层面把握调研地的发展进程。

任何一项研究都嵌入在某一学术脉络之中，为了解以往关于东北边境地区、中俄（苏）民间贸易发展历程、商人群体等相关研究的进展，笔者集中查阅了与中俄（苏）边民互市贸易、中俄（苏）边境地区商人群体，以及商人群体与近现代社会相关的文献，从以往文献中汲取精华，寻找新的研究方向。为了收集20世纪80年代末90年代初边境地区商人市场经营的图片资料，笔者曾赴黑龙江省图书馆、黑河市档案馆和黑河市地方志办公室，查阅了《中俄友好纪实》、《黑河记忆》和《黑河辉煌六十年》（1929—2009）等多本图书。总之，对历史文献的挖掘与研究，使笔者可以寻觅到在实地调查中所观察到的各种现象的背景与渊源，甚至是一些有关功能与意义的释义性解释，而当代的诸多研究资料也为笔者提供丰富的信息、有益的经验和启示。

（二）访谈法

运用访谈法，能够对研究对象获得一个比较广阔、整体性的视野，从多重角度对事件的过程进行比较深入、细致的描述。● 因此，笔者在调查中十分重视访谈法的运用。通过已有被访对象的"滚雪球"式的介绍，笔者共访谈了不同类型的被访者50余人，其中重点访谈了大黑河岛国际商贸城里的个体经营者，20世纪80年代末90年代初曾参与过物品交换、跨国经商的"倒商"，新兴的网商群体和黑河市政府部门的相关工作人员。另外，笔者也对了解中俄（苏）民间贸易发展历程、较熟悉研究对象的相关人员进行了访谈，对十分重要的研究对象还进行了多次回访。

● 陈向明. 质的研究方法与社会科学研究［M］. 北京：教育科学出版社，2000：170.

2016 年 7—8 月和 2017 年 1 月，笔者曾设计访谈提纲，将关心的问题一条一条地读出来询问商贸城中的个体经营者。随着访谈的进行，笔者发现有的问题并不适合所有的被访者，便将被访对象进行分类，根据被访对象的类别设计侧重点不同的访谈提纲，以便在访谈的过程中获取更多、更有价值的信息。

与前两次田野经历相比，2017 年 7 月至 9 月，笔者花费了更大量的时间与商人们待在一起，在结构化访谈与非结构化访谈的配合下，更多地了解了不同时期商人群体的行动选择以及影响行动选择的结构性因素。2018 年 1 月，笔者第四次赴黑河，重点做了关于"网商"群体的访谈，并对"坐商"群体进行了重点问题的补充调查。2018 年 7 月和 2019 年 7 月，笔者对本书写作帮助比较大的调查对象进行再次访谈，重点关注俄罗斯经济环境的变化对商人群体市场经营的影响这一主题。无论是正式访谈还是非正式访谈，笔者与研究对象均认真接触，以一颗真诚的心，倾听被访者的叙述，在适当的时机给予被访者以相应的回应，以便访谈顺利进行。笔者与被访对象都保持了良好的关系，相处也十分融洽。

（三）观 察 法

运用观察法获取的信息，是对文献法和访谈法获取的信息的有益补充。与被访者访谈时，可以观察被访者的表情、肢体动作，从而判断被访者在访谈时是怎样的心态。通过对访谈对象观察而获得的信息对笔者调整访谈的进程和问题的设置都十分有益。除了在访谈过程中进行观察，笔者也常常成为局外人，坐在商贸城的休息椅上，观察商贸城里的人是如何互动的、经营者与消费者是如何达成交易的；走在黑河的大街小巷，看着行走的人们以及店铺的各色广告，思考俄罗斯对黑河的影响。这些观察都有助于笔者对调研地、研究对象的了解，观察中遇到的不理解的地方还可以加入访谈提纲中。因此，笔者常常把自己观察到的并不理解的现象讲述给被访者，● 这不仅解开了笔者的疑惑，也可以了解被访者的看法与态度，从而实现观察与访谈这两种资料收集方法的良性互动。

（四）类属分析和情景分析

事实是在询问、观察和体验的过程中被制作出来的。● 研究者面对已经收集到的零散事实，必须对其进行初步整理，进而按照一定的标准进行归类和进一步分析。考虑到在把握资料的整体性和动态性的同时呈现出多样性和丰富性，● 本研究采用类属分析和情景分析相结合的资料分析方法。

运用类属分析的资料分析方法，首先要寻找调研资料中反复出现的现象，其次要从多角度来探寻这些现象出现的原因，并将原因概念化。在这个过程中，具有相同属性的资料被归入同一类别，并且以一定的概念命名。● 例如，在调研中笔者发现影响中俄（苏）边境地区的"倒商"、"坐商"和"网商"发展的社会背景完全不同，而后在不断的梳理中笔者会将影响因素进行分类处理；经商总

● 最典型的一个例子就是：笔者刚开始进入国际商贸城进行调查的时候，看到每天上午送货的小推车一趟一趟地在狭窄的过道里穿梭，看到三五成群的俄罗斯人在闲逛，笔者认为商户口中"生意惨淡，状况不佳"并不完全属实，因为自己观察到的情况和被访者的诉说存在差异。正是带着这份好奇，笔者询问孙先生这其中的原委，他的回答解开了我疑惑。如果没有仔细观察，笔者就不会有那么多疑问，也很难发现国货坐商在生意不景气情况下从事的副业是什么，不能全面地考察社会个体在制约性因素下的行动策略。

● 美国著名人类学家保罗·拉比诺（Paul Rabinow）指出："它们本是活生生的经历，却在询问、观察和体验的过程中被制作成事实。"参见保罗·拉比诺. 摩洛哥田野作业反思 [M]. 高丙中，康敏，译. 北京：商务印书馆，2008：70.

● 石金群. 转型期家庭代际关系流变：机制、逻辑与张力 [J]. 社会学研究，2016，31（6）：197.

● 陈向明. 质的研究方法与社会科学研究 [M]. 北京：教育科学出版社，2000：290.

归是有一个从进货到出售到盘点的过程,但是在访谈时并不一定会严格按照事情的前后顺序来询问,那么在后期的资料分析时便要注意不同事项间的因果关系、前后关系,从而建立不同类属之间的顺序关系。

运用情景分析的资料分析方法,首先要将文献资料放置于研究对象所处的社会情境之中,其次要按照一定的时序将被访者的故事进行串联,并对有关事件和任务进行描述性的分析。● 例如,当你看到有顾客进店而店主没有起身走到顾客身边的时候,你可能会想是不是店主今天心情不好或者不想做这个人的生意。但实际上也许是店主早已看出顾客没有购买意向,只是进来看看的时候,你以后的观察就不得不留意顾客的言行了,从而在自然的情境中理解不同行动者的行动选择。再比如,当笔者收集了若干关于中国商人是如何"骗"俄罗斯人的资料后,还应该考察他们的经商故事或生活故事,分析当时情景下被访者的心态。

另外,类属分析和情景分析是可以相互包容,有机结合的。最终目的在于寻找出已经分类的资料之间的逻辑关系,将资料连接起来,"以便把一个情景内的陈述与事件连接到一个统一整体中的关系"加以分析❷。本书各章是按照时间发展顺序展开的,各节是按照概念化的主题组织起来的,而不是完全放手让被调查者自己出来讲故事。另外,为了服务于各种论题的论证,被调查者的生活经历也是被分散呈现的。不过,为了弥补这种写作方式所带来的局限,书中在提到每一位被调查者时,都对被调查者的基本信息进行了介绍,以便读者能够快速通过这些信息将同一被调查者的故事连接起来。

● 陈向明. 质的研究方法与社会科学研究 [M]. 北京:教育科学出版社,2000:292.

❷ 陈林生. 市场的社会结构——市场社会学的当代理论与中国经验 [M]. 北京:中国社会科学出版社,2015:14.

第三节　田野图景：黑河及其大岛国际商贸城

一、商贸重镇黑河：俄罗斯布市的后花园

在中俄（苏）边境贸易发展史上有这样一座十分重要的城市，它与俄罗斯远东地区阿穆尔州州府布拉戈维申斯克市（以下简称"布市"）隔江相望，它与对岸的经济贸易活动有着三百多年的历史，它拥有着中国第一个国家级民间互市贸易区，它就是素有"北国明珠""欧亚之窗"之称的黑龙江省黑河市。❶

就地理位置而言，黑河市位于黑龙江省西北部。东部与俄罗斯阿穆尔州布市隔江相望，北部与大兴安岭地区的呼玛县接壤，西部以嫩江干流为界与内蒙古自治区的呼伦贝尔市为邻，西南部与齐齐哈尔市的讷河、克山、克东三县接界，南部与绥化市的海伦、绥棱县相连，东南部与伊春市毗邻。处在这样的地理位置，为黑河口岸恢复和沿边开放之后，大量的周边人士到黑河或布拉戈维申斯克市淘金提供了便利。

就气候条件而言，黑河全市属寒温带大陆性季风气候特征，年均气温 $-1.3\,℃$ — $-0.4\,℃$ ，最低气温 $-40\,℃$ 。这为黑河"北国养生福地"旅游品牌的创建，以及寒地试车业务的开展创造了良好的气

---

❶　本部分的信息来源有《黑河地区志》、《黑河简史》、《黑河海关志》、黑河市人民政府网站，以及笔者的调研资料。由于各资料之间有较多的交叉，不便认定各资料的原始出处，仅在必要时列出参考文献，供其他学者参考。

候条件。

就经济状况而言，2016 年黑河市预计地区生产总值 490 亿元，同比增长 49.6%，经济总量由全省第 9 位晋升到第 8 位。❶《2018 年黑河市国民经济和社会发展统计公报》中的内容显示：2018 年黑河市地区生产总值 505.1 亿元，同比增长 7%；对外贸易进出口总值 44.5 亿元，同比增长 19.1%；国内外游客 1152.6 万人次，同比增长 18.9%，旅游收入 100.6 亿元，增长 22.5%。

就人口状况而言，1980 年黑河市（原县级）总人口为 148 万人，1992 年达到了 159 万人；2006 年末人口数达到 174.64 万，是黑河市人口数量的最高点。2013 年末，黑河市人口数 172.82 万，人口自然增长率首次为负数（-0.4‰）；2016 年末，全市总人口为 162.8 万人，人口自然增长率与 2013 年一致，均为 -0.4‰。❷《2018 年黑河市国民经济和社会发展统计公报》中的内容显示：2018 年末，黑河市总人口为 159.3 万人（男性人口 80.2 万人，女性人口 79.1 万人；城镇人口 93.1 万人，乡村人口 66.2 万人），全市人口出生率 4.8‰，死亡率 5.6‰，人口自然增长率 -0.8‰。

历史上的黑河曾有"安巴萨哈连"（满语）之称，"安巴"是大的意思，"萨哈连"是黑之意，所以黑河又被称为"大黑河屯"。黑河最早的行政建制——黑龙江衙门，是 1684 年 10 月为了抵抗沙俄侵略者，清政府在黑龙江左旧瑷珲城设置的。民国年间，黑河市大部分地区为黑河道尹公署管辖。20 世纪 30 年代日本占领黑河后于 1934 年 12 月成立了伪黑河省，直到 1945 年 8 月黑河才得以解放。1979 年 2 月黑河地区革命委员会（1967 年 4 月成立）被撤销，

---

❶ 谢宝禄.政府工作报告［N］.黑河日报，2017－01－18（1）.

❷ 数据根据《黑河市社会经济统计年鉴》（1996—2016 年）和《黑河年鉴》（2000—2016 年）的相关内容整理而成。

成立黑龙江省黑河地区行政公署。1980 年黑河市（原县级）建立，被批准为沿边开放城市之后的黑河于 1993 年由县级市升级为地级市。

由于天然的地理优势，黑河与俄罗斯边境城市的民间贸易由来已久。1858 年以前，在黑龙江上游两岸设有卡、所的地方，中俄双方军人、村民进行贸易活动，被称作卡座贸易。1858 年沙俄以武力迫使清政府签订中俄《瑷珲条约》，强行将我国黑龙江以北 60 多万平方公里的国土割让给沙俄。海兰泡本来是我国黑龙江左岸的一个屯子，《瑷珲条约》签订后的第六天，被改名为布拉戈维申斯克（意为报喜城）。有俄国人介绍说"布拉戈维申斯克的大部分居民是原始森林地区的居民、采金沙的人、凶恶的强盗，以及习惯于各种变化无常生活、善于玩弄武器、胆大包天的人"❶，都是一些到远东冒险以求发财者。1900 年时，布市约有 3.8 万人，有不少中国山东省黄县、掖县人，他们长期在那里做工赚钱。❷ 此后，瑷珲城里的商铺陆续在黑河设立分号，同布市的市民开展商品交易，使黑河的商业兴旺起来。

1917 年前后，由于俄国国内战争、阿穆尔州采金业的兴起，致使阿穆尔州和远东一带粮食油盐、肉食蔬菜和日用杂品等货物奇缺，对岸只能依赖黑河口岸大量进口粮食、肉类、蔬菜、食糖、茶叶、烧酒、衣料等保证生活供给，布市是黑河生活消费品的商品市场。布市机械制造、金属加工、机电、建材等工业相对发达，从布市进口到黑河的商品不多，主要有猎枪、火药、烟、毡靴等。

20 世纪初，黑河出现了中俄民间的自由市场——八杂市。它

---

❶ 转引自谢贵安．边城瑷珲的中俄碰撞与交往——《清实录》中黑河古城的历史书写 [J]．地域文化研究，2018（3）：53．

❷ 赵桂卿，陈苍山．天鹅项下的明珠——黑河 [M]．哈尔滨：黑龙江人民出版社，1997：39．

是当时居民进行商品交换的场所。❶ 1919 年以后，由于黑河出现了采金热，流动人口增加，八杂市也更加繁荣。其由单一的销售服务，发展为综合性服务，由设店"坐商"，扩展为多种形式经营，对俄国人的吸引力更大了。在中俄（苏）长期民间边境贸易时期，主要的贸易形式是两国商人自携商品交换，黑河始终处于卖方市场，而布市是买方市场。在中国晚清和民国时期，中俄（苏）毗邻地区两国的货币通行。除了以货币作为商品交换的媒介，一些村屯之间的贸易，其交换手段比较灵活，有以物换物的形式，也有以黄金换物的形式。1987 年黑河重新与苏联建立了商贸活动的联系，20世纪 80 年代末中苏民间贸易的发展迎来了新的发展机遇。随后，黑河不仅在素有"北方沙头角"之称的大黑河岛开通了边民互市贸易（1991 年），还设立了边民互市贸易区（1997 年），为两国所涉边境城市的经济发展作出了重要贡献。

二、"北方沙头角"与国际商贸城发展概况

大黑河岛位于黑龙江主航道中方一侧，以大黑河岛桥、九曲桥与黑河市区相连，是黑河口岸的所在地。自从有了黑龙江，就有了大黑河岛，大黑河岛是因为黑河而出名的。在中苏关系紧张的年代里，大黑河岛这个窗口被封上了，铁丝网和碉堡封锁了国境线，巡逻炮艇与探照灯控制了江面。随着国门的关闭，大黑河岛也被关闭了，只有几个胆大的岛民在岛上种大豆、西瓜、小麦，农民上岛和下岛是摆着一种叫"威乎"的独木船，赶着一种叫"花辘轳"的勒勒车。

改革开放的春风，揭开了大黑河岛的神秘面纱，大黑河岛这个

---

❶ 孟文柱，孟月贤. 晚清时期黑河边境贸易简况［J］. 黑河学刊，2007（2）：79.

窗口被打开了。在中苏两国恢复正常关系的关键时刻，它成了两国交流的牵线人和传话人，率先打开了中国对苏联开放的大门，让双方接触日益增多。于是大黑河岛开始热闹起来，迎来了四海朋友，在中俄边境贸易史上，书写了许多个中国第一，比如易货贸易、经济技术合作、劳务合作、"一日游"、建立民贸市场、开展边民互市贸易旅游等。大黑河岛沟通了中国与中欧的联系，对黑河乃至整个东北的政治、经济、文化、军事都有深刻的影响。

1991 年 3 月，中苏边民互市贸易在大黑河岛开通。当时，两国公民通过旅游团组的形式参加民贸活动，双方互设民贸市场，其交易形式主要是以物易物。1997 年黑河市中俄边民互市贸易区正式设立，随后市政府加大对互贸区的开发力度，在大黑河岛上兴建了中俄边境线上最大的互市贸易载体——大黑河岛国际商贸城，并于 1998 年 8 月 18 日开始试营业，1 年后正式开业。边民互市区陡然变成投资热土，展现出广阔的市场前景。

1999 年 9 月，黑河市边民互市贸易区简化手续工作实行，这为俄罗斯公民入境提供了便利，解决了多年制约边民互市贸易发展的关键问题，同时也为互市贸易区发展创造了极为有利的政策环境。2004 年 1 月，边民互贸区范围由原大黑河岛延伸到整个黑河市城区，互贸区范围的扩大间接地带动了国际商贸城里商户的生意。目前，在互市贸易载体的建设方面，黑河市内形成大黑河岛国贸城、商联、华富商厦等多功能的市场服务体系，但是俄罗斯顾客依然倾向于在大黑河岛国际商贸城挑选生活用品。作为边民互市贸易最早的建筑载体——大黑河岛国际商贸城，不仅是黑河市委、市政府上演"招商、亲商、容商、扶商"大戏的舞台、中俄国际经贸大通道建设的"龙头"，也是俄罗斯消费者购物的天堂、中国商人淘金的重要场所。

建成伊始，商贸城内设 324 个批发配货营业厅，1000 个摊位，

3000 余人在此经营❶，主要为国内外厂家、批发商和从事边民互市贸易的人员开展中俄边民互市贸易、沿江贸易，以及为各类商展、批发、零售等提供场所和综合服务项目。随着发展的需要，商贸城的内部结构也不断变化。除了设有标准展位，国际商贸城内还曾设有休闲厅、多功能厅、冷饮厅、餐厅、娱乐厅等，金融、工商、税务、通信等服务部门，为国内外厂家、批发商和从事边民互市贸易的人员开展综合性服务。笔者曾于 2016—2019 年多次到访大黑河岛国际商贸城，结合文献资料和田野资料，笔者绘制了表 2 - 1 以展现不同时段下国际商贸城内部结构及营业状况，可以更清楚地了解自建成伊始国际商贸城里发生了怎样的变化。

2016 年 7 月，笔者第一次来到国际商贸城。北一楼前区是中俄跨境电商平台俄品多超市，后区是经营中国商品的商户；北三楼一侧是家具城，另一侧是边民互市交易点。南一楼前区经营俄罗斯商品，后区经营中国商品，店铺位置全满。北二楼与南二楼经营服装、鞋帽、箱包等产品，两侧均有空余店铺，其中南二楼空余店铺更多，南三楼闲置。

2017 年 1 月，商贸城北一楼中区与后区处于闲置状态，按照市商务局的规划，拟将北三楼的中俄互市商品交易点搬至一层，等到 7 月笔者再次到访时，商务局的规划已经实现了；南二楼有十多家店铺正常营业，主要经营貂皮大衣、箱包、衣服、鞋和床上用品等。南一楼所有店铺都正常营业，经营俄罗斯商品、中国茶叶、电子产品等；南二楼与北二楼经营的商品种类大体一致，只是北二楼多了一些营业中的店铺；四楼是办公场所，工商、税务、公安等部门几乎消失了，仅有商贸城的管理者在楼上办公。

---

❶ 资料来源于黑河市商务局工作人员提供的政府内部资料。

表2-1　不同时段下国际商贸城内部结构及营业状况

	2002 年左右	2016 年 7 月	2017 年 1 月	2017 年 7—9 月
北一楼	分别有 180 个标准展位，主要作为对俄商品批发配送中心，经营中国轻工业商品，也有俄罗斯商品专卖店	前区为俄品多超市，后区经营中国商品	前区为俄品多超市，中区与后区闲置	前区为俄品多超市，后区为中俄边民互市交易点
南一楼		前区经营俄罗斯商品，后区经营中国商品	南一楼正常营业，一部分撤离的商户被北一楼后区搬来的商户填补了	有 130 家店铺，都在营业中
北二楼	有标准展位 300 个	经营服装、鞋帽、箱包等产品，两侧均有空余店铺	经营商品种类同南二楼，只是比南二楼多了一些营业中的店铺	约有 130 个精品屋，其中约有 30 家处于营业状态
南二楼	西厅有 110 个标准展位，经营服装轻纺产品；东厅为超市，展销绿色食品	空余店铺更多	有十多家店铺营业，主要经营貂皮大衣、箱包、鞋等	约有 91 家精品屋，其中 9 家在经营
北三楼	150 个标准展位	前区为中俄边民互市交易点，后区为家具城	前区为中俄边民互市交易点，后区为家具城	前区为油画展，后区为家具城
南三楼	旅游文化艺术馆	闲置	闲置	闲置

2018 年 1 月，笔者再次到访时，南二楼的业户又减少了四五家，其中一位是笔者的访谈对象。2017 年底房租到期后，笔者曾经的一位被访者转行从事美容行业，并有涉足俄货微商的打算。其他留下来的继续经营中国商品的商人们依然面临着不太乐观的经济

形势，在经历了元旦期间俄罗斯人的购物高潮之后，他们又必须面对顾客急剧锐减的情况。大黑河岛国际商贸城四楼的办公区域除了有商贸城的管理者，也有黑河市商务局某科室的工作人员在此办公，其他的设施与以往相比并无变化，曾经热闹的场面如今冷清得让人心痛。

2019年7月，国际商贸城里的景象可以用高端全球化与低端全球化并存来概括。北楼后区的边民互市交易点已经不见踪影，前后区均变成俄品多线下实体店，销售俄罗斯商品和全球各国优质商品。俄品多装修略显精致，商品品牌化，顾客蜂拥而至，是中俄边境地区高端全球化的场域代表。国际商贸城南楼，前区为面向中国顾客的商户，销售俄罗斯特产；后区与以往相比没有变化，依旧是面向俄罗斯顾客销售中国商品。南楼装修略显简单，灯光昏暗，商品生活化，顾客稀少，是中俄边境地区低端全球化的场域代表。

近几年，由于俄罗斯经济波动，卢布贬值，再加上跨境电商的发展等一系列因素，使得来商贸城购物的俄罗斯消费者不断锐减，导致摊位经营者的收益不断下降。目前，面对不景气的民贸市场，摊位经营者内心充满了矛盾，基于收益、未来发展、家庭等多种因素的考虑，既想放弃经营，可又对中俄民贸市场的发展前景充满希望。在徘徊与观望中，一部分经营者依然在摊位上继续坚守着，也有一部分人则选择转行。与坐商发展境遇不同的是，作为边境地区的新兴商人群体——网商，正乘着"互联网＋"发展的东风，在网络社会中实践着新的行动策略并寻找到了新生之路。

第三章　中俄（苏）民间贸易的发展历程

中俄（苏）民间贸易由来已久，从无政府管制状态下的自由贸易活动，到中俄《尼布楚条约》签订后两国政府允许下的民间交易，中俄（苏）双方的交界地带从北向南先后形成了格尔必齐河、额尔古纳河沿岸、库玛拉（今漠河、呼玛县一带）、黑河与海兰泡（布市）之间等多个中俄边境贸易的中心，两国的边境城市也因边境贸易而兴。1858 年中俄《瑷珲条约》签订之后，沙俄大力兴建阿穆尔州布市，其主要衣食及日用品大量依赖中国的供应。黑河曾被形象地称为"万国商埠"，对岸的布市被称为"自由港"。民国时期到新中国成立之后，中俄（苏）民间贸易发展一波三折，曾因中苏关系恶化而中断的边境贸易在 20 世纪 80 年代才得以恢复。恰逢此时，中国对个体经济的政策从限制走向了恢复性发展，一批新时期的商人群体加入刚刚恢复的中苏边境贸易之中，他们成为联结中苏经贸关系的重要桥梁。

第一节　清政府时期中国东北与俄国贸易概况

一、1858 年之前的中俄民间贸易

16 世纪末，当俄国人东进到西伯利亚建立起一个个俄罗斯城堡之时，我国蒙古各部对俄的直接贸易便由此开始。[1] 1607 年，中国厄鲁特蒙古杜尔伯特部的商队就已经与俄国人建立了以马匹交换衣服、书写纸等物品的贸易关系，之后逐渐扩大至蒙古准噶尔部和喀尔喀蒙古地区。[2] 俄国在东扩的过程中，于 17 世纪 30 年代开始获得关于中国的黑龙江及其沿岸有矿产资源的消息。于是，瓦西里·波雅尔科夫和叶罗费·哈巴罗夫先后率领远征队抵达黑龙江一带，虽翻越外兴安岭一路上困难重重，但他们了解了黑龙江沿岸中国人的生活状况，便迫切希望与当地居民开展贸易活动。[3] 17 世纪 60 年代末，中国内地商人、边境居民在尼布楚等地与俄国人开展民间贸易活动，多以牛、羊等牲畜和土特产品换回皮革、呢绒、毛皮和金属器皿。这一时期的中俄贸易主要处在边界地区较小的范围内，贸易水平局限在以土特产为对象、以易货贸易为主[4]，且中俄

---

[1]　宿丰林. 中俄贸易史溯源 [J]. 黑河学刊, 1990 (3)：47.

[2]　佟景洋. 中俄开展直接贸易的开端——《尼布楚条约》签订以前的中俄贸易 [J]. 对外经贸, 2018 (3)：32.

[3]　张凤鸣. 中国东北与俄国（苏联）经济关系史 [M]. 北京：中国社会科学出版社, 2003：2-9.

[4]　薛明. 二十世纪初东北部的对外贸易及特点 [J]. 学习与探索, 1993 (3)：137.

双方的边境贸易处于无政府管理的自由交流状态。❶

　　1689 年，中俄《尼布楚条约》签订。条约中规定：凡两国人民持有护照者，俱得过界来往，并许其贸易互市。此后相当长的一段时间内，中俄双方基本上都是在平等的基础上进行贸易的。1854年，清政府为了保卫边疆、巡查国境，在黑龙江上游右岸设有多处"卡伦"（也称哨所），作为边境主要军事机构的卡伦在设立之初具备维护边界秩序、监督贸易和查验边民往来等职能❷，沙俄在黑龙江上游左岸相应地设有军事哨所。宋小濂在《北徼纪游》中记载："从黑河屯溯江而上，距漠河一千五六百里，江右一带，丛林叠嶂，渺无人烟，即间有守界卡伦，亦落落似欲曙星或七八十里，甚至百余里，始克一见，不过茅屋数椽，卡兵三五而已。江左则俄人聚族而居，五六十里，四五十里即成村落。"❸ 中俄双方的军人、附近的村民，通常就在这些设有卡伦的地方进行贸易活动。

　　除了卡伦设置，黑龙江沿岸还实行查边，即巡边。"中国官员每年夏天用五艘大船往黑龙江上游航行。大船前有两只小舟，在小舟上击鼓通告他们的到来。每一条大船有五个人在岸上拉纤，这些人每天换班三次；全体人员总共约有 70 至 80 人。"❹ 《黑河地区志》中记载："黑龙江城（今爱辉镇）巡边官兵到尼布楚察边之余，用布、姜、椒、糖、烟草等，同当地沙俄哨所官兵交换马、牛、羊、毛衣、玻璃等物品。后来这种双方卡座官兵的贸易，发展成定点集市贸易，并扩展到格尔必齐河、额尔古纳河沿岸和库玛拉

❶　费驰. 论清代中国东北与俄国贸易的变迁 [J]. 中国边疆史地研究，2009，19（3）：134.

❷　马长泉. 清代卡伦职能简论 [J]. 新疆大学学报（哲学社会科学版），2003（2）：77.

❸　李澍田. 宋小濂集 [M]. 长春：吉林文史出版社，1989：18.

❹　汤洪庆. 清代黑龙江地区卡伦贸易考述 [J]. 中国边疆史地研究，1995（1）：45.

等地。"[1] 中俄《尼布楚条约》规定以格尔必齐河及河源以东外兴安岭为两国东段国界，额尔古纳河以西划归俄罗斯，额尔古纳河成为中国与俄罗斯的界河。在定点集市，瑷珲城的满族人用丝绸、烟叶和酒等商品可以换到俄国的玻璃器皿、肥皂、马鹿茸和其他工业商品。除了满族人参与商品交换，鄂伦春、达斡尔等少数民族，也会用毛皮及土特产品交换俄国的面粉、铁制品、猎枪等。

二、1858—1911 年的中俄民间贸易

沙俄以武力逼迫清政府签订不平等的《瑷珲条约》（1858年）之后，割去了中国百万平方公里领土的同时，使得黑龙江由中国的内河变为中俄两国的界江。随之，中国巡边制废除，卡座贸易也就停止了。而就在此时，沙俄大量向黑龙江左岸移民，极力扩大同中国边境地区的贸易，中俄两国黑龙江沿岸边境贸易的中心移至瑷珲、黑河、海兰泡（布市）等地。[2] 就连非贸易中心逊克县奇克镇（现为奇克街道）与隔江相对的俄波亚尔科沃镇，贸易活动也相当活跃。鄂伦春猎民与满族、汉族商贩也以茶叶、食糖、蔬菜等产品，换回沙俄边民的火炮、皮张、布匹和车马鞍具等物品。[3]

沙俄武装占领黑龙江左岸之后，在布市大兴城市建设，到1859年秋天竣工的有 1 座尼古拉木结构教堂、24 栋官房和 5 栋私房，当时有男女居民 1365 人。1860 年，有居民 1469 人；1868 年，有居民 3344 人；1889 年，人口发展到 20244 人；到 1900 年，人口不少

---

[1][3] 黑河市地方志编撰委员会. 黑河地区志 [M]. 北京：生活·读书·新知三联书店，1996：548.

[2] 丁书文. 阿穆尔州 [M]. 哈尔滨：黑龙江人民出版社，1988：106.

于 4 万人，其中中国人有六七千人❶。因布市远离俄国腹地，衣食及日用品均依赖中国的供应，瑷珲的商铺纷纷在黑河设立分号，黑河对岸布市中心街的中国商店也由最初的十几户变成上百户。《阿穆尔州》中记载："19 世纪末，阿穆尔省的主要城市布拉戈维申斯克市，在各项发展中走在最前面的是商业，仅华人经营的店铺就有五百多家。"❷ 当然，俄国商人也到瑷珲、黑河做生意，或经黑河、墨尔根（今嫩江市）去齐齐哈尔等地经商。1860 年《中俄北京条约》第五条规定："俄罗斯国商人，不拘年限，往中国通商之区，一处往来人数通共不得过二百人，但须本国边界官员给予路引，内写明商人头目名字、带领人多少、前往某处贸易、并买卖所需及食物、牲口等项。所有路费由该商人自备。"

中俄双方除了直接以货易货的贸易形式，货币在民间贸易中也发挥了重要作用。1898 年，盛京将军依克唐阿在一份给光绪帝的奏议中说："奴才于光绪初年在黑龙江副都统任内，亲见瑷珲商贾行用皆系俄帖，且华商购买货物必须以银易帖始可易货，以致边界数百里，俄帖充溢不下数百万。迨后调任珲春，见华商互市，仍以俄帖为重。"❸《黑龙江述略》中也有类似记载："中俄在大黑河屯通商，多以俄帖交易，谓之羌帖，以银易帖，与中国帖价略同，冰合则贱，冰泮则昂，以行销畅滞之故，而中帖则不行也"；"羌帖上具俄文，纸亦坚韧耐久，无作伪者，黑龙江城境悉通用之"。❹ 俄帖在当时的贸易活动中十分流行，甚至控制了东北边境的金融市场，这与俄方处于买方市场，中方处于卖方市场不无关系。

---

❶　祁学俊. 黑河史话 [M]. 哈尔滨：黑龙江人民出版社，1997：41 – 42.

❷　丁书文. 阿穆尔州 [M]. 哈尔滨：黑龙江人民出版社，1988：105.

❸　中国人民银行总行参事室金融史料组. 中国近代货币史资料 [M]. 北京：中华书局，1964：1033.

❹　徐宗亮. 黑龙江述略 [M]. 哈尔滨：黑龙江人民出版社，1985：95.

边贸的兴起，使黑河和布市成了黑龙江中上游两岸商业最发达的地方。19世纪末20世纪初国内外客商就在黑河开辟大量商号，黑河曾被形象地称为"万国商埠"，而对岸的布市被称为"自由港"。为鼓励外国商品输入以解决物资供应问题，俄国从1826年起在远东地区实行自由港政策，对外国向这一地区输入商品一律免税。以后虽然为扶持一些行业的发展，对输入的某些外国商品征税，如1877年对输入的外国烟征税，1888年对输入的外国糖、火柴和煤油征税，但在整个19世纪后半期，俄国远东地区始终未取消自由港政策。❶ 1900年（清光绪二十六年）"海兰泡惨案"（又称"庚子俄难"）和"江东六十四屯惨案"之后，沙俄侵略者烧毁了黑河和瑷珲，双边贸易随即停止。直到1907年，俄军退出黑龙江右岸，黑河人民才陆续返回家园。

1908年（光绪三十四年），随着满洲里、绥芬河两个陆路边境关的设立，加之中俄边境贸易的恢复发展，水路设关问题被提上日程。同时，由于日本在大连设关征税，而北满水路尚未设关，中俄进出口货物仍实行免税自由贸易，日本以南北贸易不平衡为由，向清政府提出在北满江上设关的要求，以平衡南北贸易。为此，1909年（宣统元年）8月18日，经清政府批准瑷珲关在瑷珲设立，隶属哈尔滨海关管辖。瑷珲关的设立，标志着中俄边境贸易由免税的自由贸易变为征税的关税贸易。❷ 瑷珲关监管的出口土货主要有大麦、小麦、白酒、干草、冰冻家禽肉、鲜蔬菜、黑木耳、山薯、面粉等；进口货物主要有铁条、铁钉、铁板、电气材料、灯及灯具、农业机器及零件、玻璃、毡靴、肥皂、火柴、酒精、沙丁鱼罐头

---

❶ 张凤鸣. 19世纪后半期黑龙江地区与俄国远东地区的贸易 [J]. 学习与探索，1994（1）：124.

❷ 卜凡意. 瑷珲海关的历史变迁 [EB/OL]. （2017－05－19）[2018－06－12]. https：//heihe. dbw. cn/system/2017/05/19/057646297. shtml.

等。1911 年（宣统三年）瑷珲关关址由瑷珲城移驻大黑河屯，仍称瑷珲分关，原瑷珲关关址改设分卡❶。

第二节　民国时期由繁荣走向衰落的民间贸易

一、黑河：俄远东地区物资供应地

从 1903 年中东铁路竣工通车至 1911 年清朝灭亡，东北地区对俄的贸易中心由黑龙江沿岸转向中东铁路附属地带及中东铁路与俄国铁路连接的中俄边境地带（满洲里和绥芬河）。❷ 但这并不是说黑龙江沿岸的中俄贸易就此萧条了，黑河依旧是黑龙江省同阿穆尔州进行贸易的中心点。1912 年黑河设立道尹公署，黑河道尹兼瑷珲交涉员，主管边境贸易。俄方政府在布市设有海关，并有专职官员管理边境贸易，同时在黑河设有俄国领事馆。黑河在布市也设有中国领事馆，负责两国地方间的一切交往事宜。在当时，中俄双方管理者对不同类型的边境人口流动进行了分类管理。

黑河、瑷珲人民过境到俄岸，先由黑河道尹公署签发过江小票，俄方验证后方可入境，每张小票只准过江一次，3 日内有效，后又改为 5 日内有效。对于常年在俄岸从事劳动的华人，由黑河发给过江大照，再由驻黑河俄国领事馆签字生效，持照回境。❸ 由于

---

❶ 邹继伟. 清末民初瑷珲（黑河）口岸研究 [J]. 黑河学院学报，2019，10 (7)：22.

❷ 彭传勇. 论晚清黑龙江沿岸的中俄贸易 [J]. 边疆经济与文化，2009 (1)：117.

❸ 孟文柱，孟月贤. 晚清时期黑河边境贸易简况 [J]. 黑河学刊，2007 (2)：84.

黑河口岸始终处于卖方市场，布市是买方市场，所以中方与俄方政府大都是办理、签发华人过境证明。1914年俄国政府规定："华商过境交易每人缴纳75戈比印花税，贴在过江小票上，无票者禁止入境。"❶此举一方面引发了中国商人的不满，纷纷罢市，不再过江进行贸易活动；另一方面，造成俄方市场紧张，食品短缺。为了避免更严重的影响，仅实行3日的印花税就被废止了。

中俄边境贸易的开展，除了中国人与俄国人参与，还有日本、德国、法国和美国的商人在黑河从事商业活动，如表3-1所示。

表3-1　1914年黑河镇外国商号入驻情况

商家国别	业务类型	商家数量（家）	从业人数（人）
日商	妓馆10家，理发所4家，饭店3家，药铺、医院、成衣各2家，澡堂、牙所、洋货、洋货铺、洗衣房、木匠铺、照相馆、旅馆、酒馆各1家	32	128
俄商	酒铺和面庄各5家，饭店3家	13	15
法商	酒铺	1	1
德商	酒铺	1	1
美商	烟铺	1	1
合计		48	146

数据来源于祁学俊，韩来兴.民国时期的黑河与海兰泡边境贸易［J］.黑河学刊，1989（4）：59.

1917年俄国"十月革命"胜利后，沙皇政府被推翻，俄罗斯苏维埃联邦社会主义共和国成立。由于俄国国内革命战争的影响，西伯利亚大铁路变成了军事专用线，除军需品外，其他货物禁止装

---

❶ 《嘉荫县志》编纂委员会.嘉荫县志［M］.哈尔滨：黑龙江人民出版社，1988：350.

运。这直接导致阿穆尔州在内的远东一带货物奇缺，粮米油盐、日用杂货等皆需通过边境贸易从黑河大量进口。在此背景下，1918—1920 年黑河与布市边境贸易的发展达到民国以来的鼎盛时期。《黑河历史》一书中记载："1918 年黑河统计工商户达 134 家，其中杂货店 64 家、百货店 28 家，还有绸缎布匹店、粮米店、制粉店、烟酒店、酱园、饭馆、铁铺、书局、药铺等等。比较大的商号有和盛永、双盛泰、洪昌顺、双发德、万发和、全兴瑞等。另外，在黑河还有日、俄、英、美、法、德等外国商号。"[1] 黑河警察厅的调查资料显示，1920 年黑河城内商户有 941 户（6628 人），住户有 994 户（4175 人），共有 1935 户，总计有 10803 人。[2] 黑河城内的商户占总户数的 49%，商民占人口总数的 61%，商业在黑河城市发展中具有举足轻重的地位。

二、官办边境贸易：从产生到衰落

1920 年 10 月，远东共和国政权控制整个远东地区后，苏俄、苏联很重视发展与中国东北的贸易关系[3]。1921 年 3 月，苏联远东共和国同中国黑龙江省签订了开放边境和双方铁路运输的协定，同意立即恢复铁路交通，组织货运，开放边境贸易。[4] 1922 年，苏维埃政权控制了西伯利亚与远东地区，远东共和国并于苏联，开始实

❶ 郭慧君，土立，余丰，等. 黑河历史［M］. 北京：中国矿业大学出版社，1989：90.

❷ 转引自李菲. 早期黑河城市内部空间结构研究（1858—1930）［D］. 沈阳：东北大学，2012：18.

❸ 张凤鸣. 中国东北与俄国（苏联）经济关系史［M］. 北京：中国社会科学出版社，2003：164.

❹ 孔经纬，周玲珍. 本世纪 20—80 年代中国东北地区对苏贸易关系研究［J］. 学术交流，1990（2）：36.

行计划经济，并加强了对国境的管理，在黑河设立了远东贸易公司代办机构，负责布市口岸对华贸易，封锁边界从而禁止黑河商人进行私人贸易。从此，黑河—布市民间边境贸易开始转入官办边境贸易。

1923 年中国亦封锁边界，禁止苏联商船入境。虽然官办贸易没有发展起来，但封锁边界的行动并未限制住两国边民的易货贸易，他们以"跑私江"方式在暗地的交易十分火热。苏联边民经常携带五金、肥皂、火柴、蜡烛、罐头等货物，夏乘小船、冬乘爬犁，于夜间或清晨潜入黑龙江左岸。中国商人也常三五成群地偷渡到彼岸，用生活用品及土特产品等同苏联边民进行交易。其中，中国烧酒是俄国人最喜欢的东西。

中东铁路事件发生之后，中苏宣布断交，张作霖下令封锁中苏边境地区，中苏满洲里、绥芬河等地边境贸易随即停市。1931 年日本侵入我国东北地区，1932 年便在东北地区成立伪满洲国。1933 年 1 月，日伪军侵占黑河并强行接收设于黑河的瑷珲海关。至此，东北海关全部被日军强占，海关业务随之终止。1935 年 11 月，由于北黑铁路的通车，哈尔滨与黑河间铁路运输的发展，出现了日本商品的竞争，设于黑河的苏联贸易代理机构——远东贸易公司关闭。❶ 苏联驻黑河贸易机构撤销，直接导致黑河口岸完全关闭，中苏官方边境贸易随之结束。

在抗日战争胜利之际，想要恢复和发展面临严重经济困难的东北解放区，除努力促进自身生产、鼓励工商业发展之外，一个重要的办法是迅速打开对外贸易。❷ 与此同时，"二战"后的苏联也亟

---

❶ 邹继伟．清末民初瑷珲（黑河）口岸研究［J］．黑河学院学报，2019，10（7）：22.

❷ 杨玉林．解放战争时期东北解放区的对苏贸易［J］．黑河学刊，1991（1）：74.

待恢复和发展国民经济，其中农业生产的恢复任务最为艰巨和迫切。1945 年苏联严重的旱灾造成农业歉收，粮食总产量比战前水平减少了 40%，缺口较大，亟待进口。❶ 基于上述认识，东北解放区打开了对外贸易的大门，以对外贸易刺激农业生产和工商业的恢复与发展。1947—1949 年，东北解放区向苏联出口了粮食、豆油、原煤、肉类和鱼、鸡蛋等，换进了棉花、油料、五金材料、医疗器材、橡胶皮革和纸张等商品，中苏双方实现了互通有无、互利共赢。最重要的是，东北解放区开展对苏贸易的过程中，培养出了一批有经验懂外贸的专业人才，为新中国大规模地开展对外贸易积累了经验。

第三节　新中国成立初期中苏边境贸易新篇章

一、中苏边境以货易货互通有无

中华人民共和国成立之后，中苏两国关系进入友好期，为开展边境贸易创造了良好的外部条件，迎来了中苏边境贸易的历史新篇章。1956 年春天，当时的黑河地委书记王树棠到布市访问期间，苏共阿穆尔州委第一书记依格那道夫提出，由于阿穆尔州建设速度快，红砖不足，愿意以耕马换红砖。后来黑龙江省委书记强晓初在阿穆尔州访问时，阿穆尔州领导又一次提出要与黑河开展边境小额

---

❶ 宁文晓，程舒伟. 解放战争时期东北解放区对苏贸易研究 [J]. 社会科学战线，2019（10）：254.

贸易。1957 年 7 月 16 日，阿穆尔州领导的期望终于得到回应。经时任中共中央副主席李先念同志的批准，黑河组织 200 万—280 万块红砖和 200—600 吨石灰出口支援苏方建设。❶ 自此，黑河与布市的以物易物的贸易往来开始了。

1957 年 8 月上旬，国务院正式批准了黑龙江省人民委员会上报的《关于开放我省与苏联边境毗邻地区小额贸易的方案》，同时，苏联莫斯科也批准了布市与黑河开展小额贸易，由此揭开了中苏边境贸易史上新的一页。同年 8 月 24 日，中苏双方在布市举行了第一次贸易会议，确定了"平等互利，互通有无，以货易货，不动外汇，量出为入，进出平衡"的原则。后来，黑河边境贸易公司成立，专门负责开展对苏边境小额贸易。这一时期，我国出口的商品主要有红砖、白灰、陶瓷制品、油漆、水果罐头、服装、鞋帽、毛毡、木器家具等；苏联出口的商品有发电机、割草机、拖拉机、摩托车、自行车、手表、照相机等。❷ 这些生产生活用品的互通有无，为两岸人民的生产生活提供了极大的便利。

二、边贸终止与中苏关系新起点

后来由于边界争端，中苏两国处于政治上尖锐对立、军事上严重对峙的状态，形势趋紧，边境贸易的热度逐渐下降。1960—1963 年，中苏双方共签订 4 个合同和 2 个补充合同；1966 年，中苏双方签订了最后一份合同，两国贸易中止。❸ 1970 年，中苏双方各派代表团在苏联格罗杰科沃结账，苏联用洋钉、摩托车、芟刀等货物偿还了 20.02 万卢布的欠款，两国关系也进入了政治冰河期。

---

❶❸ 李宝书. 黑河简史 [M]. 哈尔滨：黑龙江人民出版社，1999：168.

❷ 夏重伟. 黑河大写意 [M]. 哈尔滨：黑龙江人民出版社，1994：117.

　　1982 年春季，苏联领导人勃列日涅夫在中亚塔什干发表讲话，表示愿意改善对华关系，这在客观上为我国调整对苏政策提供了契机。随着中苏政治磋商的持续进行，从恢复交换留学生开始，两国经贸、文化等领域的交往也逐渐增多。可以说，中苏政治关系的逐步改善，为两国边境贸易的发展提供了新的转机。因此，20 世纪80 年代成为本研究的时间起点。

　　笔者的研究对象是中俄（苏）民间贸易中的商人群体，因此在这里先对中俄（苏）民间贸易的发展概况作了简单的介绍和交代，意在为本研究奠定史料基础，也可以让我们对东北边境地区边境贸易的发展历程、商人的商业实践有一个脉络和背景性的认知。接下来笔者将对中俄（苏）边境贸易中的商人群体的形成、发展和转型进行分别阐释，指出这部分商人群体的行动策略与实践逻辑。

第四章 从限制到恢复：
新时期商人群体的形成

　　新时期商人群体的人员构成，有待业青年、刑满释放人员、体制内辞职人员、下岗工人，以及曾被"改造"的个体户等。在黑河从事中俄（苏）民间贸易的新时期商人群体，他们的入行渠道归结起来有两种：一是社会关系网络的运用，先来到黑河的人带动其他人流向这里，这种连锁流动充分体现了亲缘、血缘和地缘等乡土资源在人口流动、选择行业方面的影响；二是地缘优势的发挥，黑河地区的城里人率先与苏联人以货易货，发现了新的商机。在经济因素和自主经营偏好的经商动机之下，边境地区的商人以前所未有的激情进行着在当时看来具有广阔发展前景的商业实践。他们在中俄（苏）民间贸易发展史上留下了浓墨重彩的一笔，是东北地区边境城市经济社会发展、中俄（苏）边境贸易发展史、制度环境与经营策略等相关研究都无法绕开的人群。

第一节 体制政策与个体经济

一、社会主义改造与个体经济的限制性发展

自商人产生之日起，在不同时期，其具体的表现形式、名称亦有所不同，而且现存的各种统计资料中也未按照是否是商人的分类标准对人们的职业进行统计。因此作为某一类社会群体的统称，商人只是在本质上反映了该类社会群体社会活动的特征。例如，20世纪50年代，在官方话语中有"个体工商户"这样的提法，包括个体手工业者（如铁匠、木匠等）和小商小贩两部分职业群体。到了20世纪80年代，在民间流行的说法是"个体户"而非"个体工商户"，而在国家的统计资料中，更多地使用"城乡个体劳动者"的表达。❶ 现阶段，我们把个体户看成个体工商户的简称，只是由于语言表达习惯的差异、分类体系的不同，以及使用场合的正式与否等状况，在不同的场合对商人群体使用不同的表达而已，例如"倒商"和"坐商"等，其本质都是商人。

在新民主主义社会中，存在农民和手工业者的个体经济，这是社会主义经济和资本主义经济之外的第三种经济成分。为了推进新民主主义社会继续向前发展，巩固社会主义因素在经济和政治上的领导地位，使社会主义经济成为我国的经济基础，非社会主义因素

---

❶ 时宪民. 体制的突破——北京市西城区个体户研究 [M]. 北京：中国社会科学出版社，1993：1.

（资本主义经济和个体经济）受到限制和改造。

　　1953—1956年社会主义改造时期，我国确立了"一化三改"的过渡时期总路线，其中"三改"即对个体农业、手工业和资本主义工商业的社会主义改造，个体户的发展不可避免地受到了强烈冲击。当时，无论是农村还是城镇，合作化运动都是最主要的社会表现。对个体农民而言，首先采取广泛组织互助组的形式，然后再发展到社会主义性质的合作社，由初级社到高级社，将分散耕种的行为引向合作化的道路；在城镇，针对广泛存在的个体手工业和个体商业而成立了大大小小的合作社，变一家一户的分散经营为有计划、有组织的生产合作与供销合作。到1956年底，三大改造基本完成，生产资料全部归集体或国家所有。自1958年起，随着对生产资料的所有制大搞升级，改造个体户的运动又轰轰烈烈地展开了，最终的目的在于对所有制进行"过渡""升级"。

　　就黑河地区❶的情况而言，个体和私营手工业在新中国成立前夕已形成相当规模，为全区经济发展、人民的生产和生活的提高作出了重大贡献。1949年，全区个体和私营手工业户有600家左右，到1952年增至689家，主要是经营铁木、皮革、服装、刻字、修理、弹棉、豆腐坊、副食品加工等行业。❷为响应中共中央和黑龙江省委关于把手工业者组织起来成立合作社的指示，中共黑河地委确定了对个体、私营手工业者的改造范围：一是经营规模较大，有

---

　　❶　1955年12月，黑河地区辖瑷珲县、呼玛县、孙吴县、逊克县和嘉荫县。1956年12月11日，国务院批准改瑷珲县为爱辉县。1960年1月，黑河地区辖爱辉县、呼玛县、孙吴县、逊克县、嘉荫县和北安市。1983年4月，黑河地区辖黑河市、北安市、五大连池市、孙吴县、逊克县、都德县和嫩江县。1993年2月8日，国务院决定撤销黑河地区，设立黑河市（地级市）至今。目前，黑河市下辖爱辉区、北安市、五大连池市、嫩江市、孙吴县和逊克县。详细内容参见黑河市地方志编撰委员会. 黑河地区志［M］. 北京：生活·读书·新知三联书店，1996：14.
　　❷　李宝书. 黑河简史［M］. 哈尔滨：黑龙江人民出版社，1999：88.

工商许可、有账目的手工业；二是分散生产，没有门市，不纳税，无账目而又要依靠手工维持生活的小手工业者；三是农村独立手工业者和家庭手工业者。❶ 1956 年全区 1250 户私营、个体商业户中的 88.8% 进行了私营商业的社会主义改造；1958 年国营商业在城乡市场的主导地位被确立后，全区各县（市）仅保留了 141 户私营商业户，从业人员仅有 149 人；1958 年后，由于受"左"倾错误的影响，各地农贸市场关闭，城市把改造后的私营商业过渡为国营商业，仅存的百余户私营商业过渡为集体商业。❷

1960 年，在建立城市人民公社时期，黑河地区全区私营商业已基本不存在。在农村，人民公社的建立则将仍在从事个体经营的人改造成"人民公社社员"，把他们的自留地和家庭副业一扫而光，割了他们的"私有制尾巴"。人员流动受限，粮食统购统销，即使有个别农民偷偷跑到外地，怎么吃饭也是一个大问题。城乡隔绝的户籍制、城市的单位制、农村的公社制和市场的被取消与物资调配权的高度集中，构筑了中国"无流动"的封闭模式。❸ 农民和手工业者的个体经济，在 20 世纪 70 年代末出现了发展转机。

二、所有制结构调整与新时期个体经济的恢复性发展

就在全国上下集中力量"消灭"个体工商户运动中，纠正政策偏差的行动也时有发生。例如，1963 年，黑河地区就根据国家对国民经济实行的"调整、巩固、充实、提高"的方针，允许部分已

---

❶ 李宝书．黑河简史［M］．哈尔滨：黑龙江人民出版社，1999：88 - 89.
❷ 黑河市地方志编撰委员会．黑河地区志［M］．北京：生活·读书·新知三联书店，1996：521.
❸ 项飚．流动、传统网络市场化与"非国家空间"［M］//张静．国家与社会．杭州：浙江人民出版社，1998：127 - 147.

经过渡到国营和集体的原私营商业者退出自营，发挥私营商业补充的作用。随后，黑河地区私营商业增至 600 余家。❶ 中共十一届三中全会以后，我国社会主义经济建设问题提上了日程，面对开放的城乡一体化的新型流通体制，个体工商业重新得到重视。可以说，从 20 世纪 70 年代末以来，国家层面一直在积极推动个体经济的恢复和个体户的发展。

1979 年 4 月全国工商行政管理局局长会议召开，会议提出："可以根据当地市场需要，批准一些有正式户口的闲散劳动力从事修理、服务和手工业的个体劳动，但不准雇工。"❷ 这是党的十一届三中全会以后首次提及允许个体经济发展的报告。1981 年中共中央、国务院发布的《关于广开门路，搞活经济，解决城镇就业问题的若干决定》中也指出："要采取积极态度，坚决地迅速地改变那些歧视、限制、打击、并吞集体经济和个体经济的政策措施，代之以引导、鼓励、促进和扶持的政策措施。"根据这一精神，集体经济、个体经济发展既受到鼓励又能获得扶持，我国城市中的私营、个体商业重获生机，并且有了长足的发展。1989 年，黑河地区私营、个体商业达 6595 家，从业人员达 8677 人。❸

就在国家层面积极地推动个体经济恢复性发展的同时，质疑的声音也从未间断。"你干个体，说你是搞私有化；你雇帮手，说你是搞剥削；你经营，说你扰乱社会秩序；你挣钱多了，说你属于社会分配不公；当你随着社会公众一道表达自己的爱憎时，

❶ 黑河市地方志编撰委员会. 黑河地区志 [M]. 北京：生活·读书·新知三联书店，1996：521.

❷ 转引自时宪民. 体制的突破——北京市西城区个体户研究 [M]. 北京：中国社会科学出版社，1993：40.

❸ 黑河市地方志编撰委员会. 黑河地区志 [M]. 北京：生活·读书·新知三联书店，1996：522.

别人都被放走，唯独将你留下来，要你承认你的存在是社会风波的根源……"❶ 这些对个体户的偏见在一定程度上造成了个体户与其他社会群体之间的鸿沟，也对政府如何推动个体经济、规范个体户发展的工作提出了挑战。

忽如一夜春风来，千树万树梨花开。20 世纪 90 年代改革开放的强风再一次掀起了社会经济变革的大潮。面对理论界对改革开放性质的争论，1992 年邓小平在南方谈话中指出改革开放的判断标准主要看是否"三个有利于"，即是否有利于发展社会主义社会的生产力，是否有利于增强社会主义国家的综合国力，是否有利于提高人民的生活水平，不要纠缠于"姓资"还是"姓社"的问题讨论。这在一定程度上加速了中国对内改革和对外开放的步伐，也改变了人们对发展个体经济的偏见。与此同时，中央政府从各个层面都表达了支持非公有制经济发展的决心，促使个体、私营等非公有制经济都获得空前的发展。就黑河地区而言，个体、私营经济中的手工业、加工业、运输业、修理业、商业、饮食业、服务业等各行业不断发展，行业结构趋于合理，对经济发展和方便人民群众生活起到了重要作用。

如表 4 - 1 所示，截至 1992 年底，黑河全区有私营、个体商业从业人员 12921 人，占私营个体工商户从业总人员的 51.77%，他们是新时期中俄（苏）民间贸易从业人员的主力军。1993 年，黑龙江省委、省政府出台了《关于进一步加快发展个体、私营经济的决定》，黑河根据实际情况制定税收、审批权限和土地使用等各方面优惠政策❷，为个体、私营经济发展创造良好环境。截至 1994 年

---

❶ 蒋泽中. 新潮一族——当代中国的个体户［M］. 太原：山西经济出版社，1993：23.

❷ 刘少玉. 中俄边境开放城市——黑河［M］. 哈尔滨：黑龙江人民出版社，1993：15 - 20.

6月末，黑河全市个体工商户23687户（从业人员达32036人）❶，1995年个体户40721户，1996年个体户50175户，1997年个体户59047户，1998年个体户71523户❷，个体户数量处于增长态势。

表4-1　1981—1992年黑河地区私营个体商业基本情况统计

年份（年）	从业人数（人）	占私营个体工商户从业总人员的比例（%）	年份（年）	从业人数（人）	占私营个体工商户从业总人员的比例（%）
1981	1606	61.18	1987	7001	41.80
1982	1319	44.61	1988	7127	44.02
1983	4374	58.52	1989	8677	46.83
1984	7409	50.06	1990	8925	47.66
1985	6250	40.26	1991	10194	50.10
1986	6592	40.87	1992	12921	51.77

注：表中数据来源参见黑河市地方志编撰委员会. 黑河地区志［M］. 北京：生活·读书·新知三联书店，1996：267.

从表4-2中可以看出，在工业、建筑业、交通运输、商业、饮食业、服务业、修理业和其他行业中，其他行业户数增长数量最多，商业行业个体户数量增长仅次于其他行业，而另外六个行业的变化不大。这一方面说明个体户内部的行业分化越来越细，出现了越来越多的非传统行业去满足社会需求，另一方面说明商业在个体户行业中的重要性，这与当时蓬勃发展的中俄民间贸易关系密切。是哪些人选择成为个体户，又是如何走上个体户之路的呢，这是下面两节关注的内容。

---

❶ 侯永信，王世伟，孙丽. 关于黑河市个体私营经济发展情况的调查报告［J］. 黑河学刊，1995（1）：42.

❷ 张玉华. 关于黑河市个体私营企业发展的现状、问题及建议［J］. 黑河学刊，1999（6）：42.

表 4 - 2　1994 年与 1998 年黑河全市个体户行业分布状况

行业	1994 年 6 月		1998 年底	
	户数	占全市个体户的比重（%）	户数	占全市个体户的比重（%）
工业	1910	8.1	4294	6.0
建筑业	56	0.2	110	0.2
交通运输	3635	15.3	7711	10.8
商业	13459	56.8	27300	38.2
饮食业	1826	7.7	5479	7.7
服务业	1751	7.4	5326	7.4
修理业	879	3.7	2581	3.6
其他	171	0.7	18722	26.2
合计	23687	99.9	71523	100

注：根据侯永信等人的《关于黑河市个体私营经济发展情况的调查报告》和张玉华的《关于黑河市个体私营企业发展的现状、问题及建议》两篇文章中的数据整理而成。

第二节　新时期商人群体的人员构成

一、身份多元的从业人员

赵立行在研析商人群体的形成与西欧社会转型的关系时曾说："商人阶层的最终产生，最根本的条件还是依赖于从事商业的人员大规模出现。"[1] 在新时期中国商业的整个发展过程中，确实也始

---

[1]　赵立行. 商人阶层的形成与西欧社会转型 [M]. 北京：中国社会科学出版社，2004：114.

终伴随着一支逐渐成形且持续壮大着的商人群体。那么，在国家恢复个体经济，鼓励个体户发展之际，是哪些人率先加入新时期商人群体这个大家庭的呢？通过与蒋泽中先生和时宪民先生相关研究的对比，笔者将黑河地区新时期商人群体的人员构成分为国企下岗职工、停薪留职人员、进城寻找就业机会的农民和慕名而来的南方商人四类。

20世纪70年代末到80年代末，一大批个体户产生并逐渐成长起来，蒋泽中先生将当时的个体户称为"新潮一族"，并将其来源分为待业青年、刑满释放人员、曾受批判的个体户和体制内工作人员四类。在《新潮一族——当代中国的个体户》这本书的前言部分，他用十分准确并且生动有趣的语言描述了个体经营对四类人员产生的影响：

> 对那些初中高中毕业后因没有门路未能被国家有关部门安排就业的待业青年来说，个体经营给他们打开了一扇就业的门，一扇自食其力、以求生存的门。对于那些曾经失足犯罪，被劳改判刑而刑满释放的人来说，个体经营则意味着一条弃恶从善、悔过自新的路，一条仍然可以凭借自身之力站立、行走的路……而对于那些有才有智、志向抱负远大然而长期被深锁于体制的高墙之中，为生存无法逾越的人来说，个体经营无疑为他们开辟出了一角晴空，有了"天高任鸟飞"的可能。❶

虽然蒋泽中先生对个体户的分类并不互斥，但这样的表述至少表明了新时期商人群体在过去某一阶段的经济活动的最主要特征。时宪民先生对商人群体的发展也十分关注，他认为以社会学的眼光对20世纪七八十年代那个具有鲜明时代特征的新生社会群体——

---

❶ 蒋泽中. 新潮一族——当代中国的个体户 [M]. 太原：山西经济出版社，1993：前言3.

个体户的研究，"首先要做的或许不应该是停留在现象层的价值判断，而是应该将它置于它由以发生的社会历史背景下，把它的发展视为一个自然的社会历史过程，客观地分析它对社会的意义。只有这样，才能使我们对这样一个群体的关注具有研究意义和理论分析意义"。❶ 时宪民在《体制的突破——北京市西城区个体户研究》一书中关于北京市西城区个体户的研究也提到了个体户来源的问题，与上述分类有异曲同工之妙。

根据个体户经营场地的不同，时宪民先生将1978—1988年成长起来的北京个体户分成街面上的个体户、胡同里的个体户、集贸市场里的个体户和租赁柜台的个体户四大类型。就街面上的个体户而言，如果以1986年为分野对个体户的人员构成进行划分，在1986年之前加入个体户行列的人员，大都当过知青，去过兵团，这些流动经历对他们的经商观念、经商意识有一定的影响；在1986年之后加入个体户行列的人员，主动辞去公职，通过自致性选择走上个体道路的人居多，这些人干个体的原始动机多以挣钱和自我实现为主。就胡同里的个体户而言，他们的服务对象多是社区中的居民，主要有退休人员、无业人员、两劳（劳改与劳教）释放人员和辞职人员。这群人要么是为了解决基本的生计问题，要么是弥补因退休而带来的收入下降，要么是为了获得更大的自由度和挣到比工资更多的收入。另外两类的个体户，其从业者大都是外省市的农民。其中集贸市场里的个体户是较早流动到城市而无法进入各种企业工作的流动人口，除受雇于各种建筑包工队外，剩下的只能进入服务性的劳务市场，慢慢才发展成为个体户；而租赁国营、集体商店柜台的经营者多是浙江的农民，他们的身份背景大多都是原乡镇

❶ 时宪民. 体制的突破——北京市西城区个体户研究 [M]. 北京：中国社会科学出版社，1993：4.

企业的职工，是南方乡镇企业发展到相当程度、市场趋于饱和时分化出来的一批独立经营者。❶ 归纳起来，1978—1988 年成长起来的城市里的个体户除待业青年、刑满释放人员、受过批判的个体户、辞职的体制内工作人员以外，还包含了退休人员和进城的农民。

笔者的调研也部分地支持了蒋泽中先生和时宪民先生关于新时期商人群体人员构成的表述，只是由于两位学者研究的个体户是 20 世纪 70 年代末到 80 年代末产生并逐渐成长起来的，而笔者所研究的新时期商人群体多是 20 世纪 80 年代末 90 年代初成长起来的。因此，改革开放 40 多年来的社会变革对劳动者职业选择的影响并未在上述两位学者的研究之列，这也就更能体现出笔者这项研究的意义所在。

与个体户兴起初期辞去公职干个体的人员不同，20 世纪 90 年代在计划经济向市场经济转轨过程中以国有经济为主体的东北地区进行了一系列国企改革，而在此背景下没有了经济来源的下岗工人也被迫加入经商的行列。这样的现象在老工业基地——东北并不少见。当时国有企业的企业活力不足、效益不高，为了使其成为依法自主经营、自负盈亏、照章办事、优胜劣汰的市场竞争主体，以国有工业企业为重点对象的产权制度改革在黑龙江省展开，随后逐步推进商业、粮食等其他流通领域的国有企业改革。与产权制度改革相伴随的是劳动用工制度的变化，国有企业内部打破了固定工与临时工的身份界限，建立了各种上岗、试岗、下岗的竞争机制。上述改革，迫使原有"铁饭碗"工作的部分人员离开了国有企业，进入了市场经济下的劳动力市场，重新寻找就业机会。

除了下岗工人，笔者所调查的黑河地区商人群体的人员构成中

---

❶ 时宪民. 体制的突破——北京市西城区个体户研究［M］. 北京：中国社会科学出版社，1993：226 – 341.

还有停薪留职人员、进城寻找就业机会的农民和慕名而来的南方商人等。例如，服装店老板王叔叔和百货商店老板蒋阿姨，就曾因经商问题在单位办过停薪留职，最后王叔叔以下岗的形式结束了在体制内的工作，而蒋阿姨最终选择了辞去"铁饭碗"的工作专门经商；渔具店老板孙叔叔和箱包店老板郑阿姨未经商之前都是在家务农，是家里的主要劳动力，而选择做生意后便从与土地打交道的生活中脱离出来。这些人员的经商故事在本书的后面章节中都会涉及，这里便不再赘述。后来，随着人们择业观念和人事制度改革，工人、知识分子、干部和大学毕业生等人也加入了个体户的队伍。

二、南方商人在黑河淘金

香港商人王先生1990年11月到黑河旅行视察，黑河的投资机会和贸易机会已被香港商人察觉。由于中苏关系曾有20年处于对峙状态，王先生想当然地以为这个城市就算不是破破烂烂，也不会好到哪里去。但出乎他意料的是，身处黑河之地的他发现，黑河市容整洁、建筑物不少，人民衣着光鲜，不似一个穷的地方。有的市民已经用上了传呼机，公司数量也不少，街上跑的都是四轮驱动的车。❶ 这是南方商人想象中的黑河和亲眼所见的黑河。

南方商人在黑河淘金，笔者了解到的最典型的案例便是王先生夫妇和赵女士的丈夫罗先生，与其他已经离开黑河的南方商人相比，他们选择了在黑河长久居住，并一直做茶叶生意。其中，王先生夫妇是在20世纪90年代来黑河旅游时发现了黑河所具有的商业发展前景，而赵女士的丈夫罗先生是跟随姐夫来到黑河，最终与黑

---

❶　彭耀华. 香港商人黑河探路［M］//黑河地区新闻中心，黑河地区新闻工作者协会. 外地记者看黑河. 哈尔滨：黑龙江人民出版社，1992：109－110.

河当地人赵女士组建家庭，并定居于黑河。

> 最开始我是到这边旅游，看到这边做生意不错就来了，当时从南方来的人不少。国际商贸城开业我就在这里卖茶叶了，一直是茶叶没变过。现在就这一个店面，以前在中央街也有一个。国内的政策对我们影响小，主要是俄罗斯经济对我们影响挺大。我老家福建那边产茶，进货方便一些。（王先生，茶叶店老板，访谈时间：2017 年 7 月 26 日）

> 我是跟着我姐夫来黑河的，他以前全国各地跑推销茶叶，就来过黑河多次，我们算是在黑河最早卖茶叶的。刚开始是给姐夫打工，帮着卖货，后来才自己单干的。来黑河之前，我在我一个亲戚家的茶厂干过，所以就比较了解茶叶这一行，就一直干到现在。（罗先生，茶叶、茶具店老板，访谈时间：2017 年 9 月 15 日）

虽然笔者无法访谈到已经从黑河离开的南方商人，但从留下来的南方商人的口中还是能感受到当时来黑河做生意的南方人并非个例。俄货商店老板李先生也说，他在布市换货还没回来，"就有南方人催你要货，那会儿来这边的南方人特别多"。因此，20 世纪 90 年代从南方到黑河的商人，也是新时期黑河地区商人群体人员构成中的重要组成部分。但遗憾的是，笔者并没有找到任何一份关于从黑河离开的南方商人的文字记载。

南方人在黑河的经商之旅并非一帆风顺。刚到黑河之时，由于语言的差异，让不少南方人憋着一股劲发挥不出来。特别是想直接与俄罗斯人做生意的南方人，由于语言不通，他们大多是从懂点俄语的中国人手中购买俄罗斯商品，然后转运到南方销售。在中俄（苏）民间贸易发展初期，由于户籍的原因，南方人很难获得过江凭证，大多只能在黑河这岸等待从对岸回来的黑河当地人。制度性限制将南方商人"锁"在中国边境之内，这既是加强中俄（苏）流动人员管理的需要，也是当时两国边境政策开放性不足的体现。

第三节 黑河地区商人群体的
入行渠道与经商动机

1945 年黑河解放，解放初期的黑河土匪活动猖獗，社会秩序混乱，致使农业生产遭到了严重的破坏。当地群众人心浮动，普遍有"三怕"：一是怕秋后打粮多被清算；二是对东北沦陷时期的"出荷"遭遇记忆犹新，对新生政权的征收公粮的政策不了解，怕像伪满洲国时那样打下的粮食被全部"出荷"；三是对政策怀疑，怕又是在老百姓身上打算盘。老百姓种粮积极性不高，城市居民、小商人、失业工人一部分转入金场劳动，另一部分"跑老客"（做买卖）❶，人们缺衣少食十分严重。为了发展生产、繁荣经济，当地政府曾奖励商人到外地采购，促进商品流通。与"三大改造"时期中央层面的政策要求一致，黑河地区的私营工商业逐步纳入了国家计划轨道，改造了工商业者和小商小贩，帮助他们树立服从国家计划观念和满足人民生活需求、为人民服务的思想。直到"文化大革命"结束后的社会主义现代化建设时期，农村和城市的经济体制改革，为 20 世纪 80 年代商人群体的再次兴起奠定了基础。

商人群体参与边境贸易受控于地方时空文化传统，尤其是在市场经济时代来临之后，参与市场经济熔炉的商人，其行为不是一种被动式的接受外界条件/环境刺激的一种简单反应，而是根据其所

---

❶ 李宝书. 黑河简史［M］. 哈尔滨：黑龙江人民出版社，1999：48.

理解的一种"值得去追求"的生意，并根据自身拥有的资源（关系与地缘优势）进行判断，在一种可资运用的资源禀赋关系中，创发出的一种思维与行动方式❶。他们在利益追求、"地方能人经济"示范和国家市场政策推动下，形成一种新的生存策略和发展心态。

一、入行渠道

在黑河从事边境贸易的商人，归结起来有两种入行渠道，一种是社会关系网络的运用，即在信息感召的作用下，大量外地人通过黑河当地或先来黑河的亲朋好友涌入黑河，加入了推动中俄民间贸易发展的行列。另一种是地缘优势的运用，即出生于斯成长于斯的黑河当地人充分利用了黑河的地缘优势，在中苏民间贸易刚刚恢复时便开始了与苏联人的以货易货之旅。

（一）社会关系网络的运用：投亲靠友来黑河

通过在黑河经商的亲戚、乡邻、朋友等人获得了经商赚钱的消息，这是人际传媒。看到他人能够赚钱，待在老家种地的人自然是坐不住了，一拨接一拨地来到黑河。除了人际传媒，电视、报纸也是一个很重要的信息来源渠道。电视和报纸上讲述了黑河口岸恢复、黑河成为沿边开放城市，以及在黑河经商的人是多么赚钱之类的消息，让全国各地的人知道了中国东北边陲还有这样充满商机的一个城市。仅就笔者调查的情况来看，来到黑河的外地人既有通过人际传媒获得信息的，也有从电视和报纸获得信息的。旅店老板杨先生一家就是通过投亲靠友来黑河的，他向笔者讲述了当时为何会

---

❶ 陈林生. 市场的社会结构——市场社会学的当代理论与中国经验［M］. 北京：中国社会科学出版社，2015：223.

选择来黑河以及来到黑河之后的最初经历：

> 我是 1992 年来到黑河的，是我妹妹妹夫先来这边能赚着钱，我才过来的。那时候有农村报，我妹夫还上了报纸呢，报纸上说他一天能赚好几百，这确实是真事啊。来了之后就和我妹妹家住在一起，对付了一冬天，来年春天就找了另外住的地方。来了之后，我先是骑三轮的，一天赚个三五十块的。我妹夫搞一日游，我有时候报名参加一日游过去换货去，没事的时候就蹬三轮。我的货就是从圈楼拿的，"老毛子"❶ 也从那里买东西。有老毛子过来了，我也从他们手中换货。参加一日游需要身份证，去旅游局报名参加，1992 年、1993 年需要找担保人，害怕你过去不回来了，后来慢慢地就不需要担保人了。找人担保不是你想象的那么难，找一次可以开多次的介绍信。南方人过来这边都能找到担保人，何况我还是黑龙江省内的。甚至你跟房东处得好，房东看你人挺正经，都能帮你找个单位担保。也有帮别人扛包的，比如说把货带过去，那雇主就帮你解决了担保的问题。换货能赚钱，暴发户都是那时候起来的。精明一点、经常做买卖的赚得就多，就像我们以前在家的不怎么会做生意，不机灵，赚得少。有的人也不太能掌握换回来的东西能不能卖出去，要是销售状况不好就得低价卖，赚得就少。（杨先生，男，旅店老板，访谈时间：2017 年 8 月 31 日）

从访谈中能够看到，常常挂在被访者嘴边的"妹妹"和"妹夫"给刚刚来到黑河的杨先生提供了很多帮助，这就充分体现了社会关系网络对社会行动产生的影响。除此之外，其他被访者的表述中也时常出现：我朋友在黑河说这里还行、我姑姑在这边做买卖、

---

❶ "老毛子"，也称"毛子"，是中国人对俄罗斯人的俗称。笔者是依访谈对象的说法进行陈述事实，无任何歧视之意。

村上有人出来打工了⋯⋯这种连锁流动充分体现了亲缘、血缘和地缘等乡土资源在人口流动、选择行业方面的影响。前面提到农村人可以通过已经在外地的亲朋好友了解外界，从而走出农村进入城市，当然还有受到村庄里他人的影响而选择外出闯荡经商的人。

除了乡土资源，电子媒介也是信息传播的途径，这也就解释了为何会有一批人先来黑河，为何在黑河没有亲朋好友的人也会来到黑河。李先生的例子恰好给笔者展示了另外一种来黑河经商的途径。当李先生回想起最初自己选择来黑河开始经商的经历，还津津乐道。他说："深圳是1988年大开放的，黑河是1991年就酝酿开放了，那会就是听收音机、看电视，知道这边是边境开放城市，1992年自己来黑河来的，怕啥啊，那时候初中毕业。我家那边有去深圳闯荡的已经发了，我学就上不了，想看看能不能到黑河做做生意。"就连他自己都没想到，他会一直在黑河经商二十多年，在黑河结婚生子。目前，李先生也没有回到老家发展商业的打算，甚至他的余生都会在黑河度过。就笔者的调查而言，像李先生这样的案例十分少见，投亲靠友来黑河的是绝大多数，而李先生正是朋友、亲戚口中的"亲"与"友"，带动了一批人来黑河就业创业，这也为其以后社会关系网络在黑河的拓展打下了坚实的基础。

（二）地缘优势的发挥："形成经商气候"

边境贸易的恢复，最先受益的当属居住于边境地区的人群。然而这样一群人并非"普通人"，而是早有经商意识的农民和视野开阔的国企职工。在当时的环境下，与苏联人做生意属于新鲜事物，一方面，黑河当地的大部分农民对做生意并不感兴趣，并没有看到经商可能带来的收益；另一方面，经商对城市人并不是最理想的职业选择，"铁饭碗"的工作更具有吸引力。因此，起初投入边贸中的当地人是比较有限的，这也就给来黑河的外地人提供了经商契机，从而慢慢地形成经商气候。

　　早有经商意识的农民并非老老实实在家种植粮食作物的人群，他们要么是曾经利用过闲暇时间出门打过工的人，要么是种植经济作物经常到城市中售卖的人，这类头脑灵活的人最先看到了与苏联人做生意的商机，也最先走上专职经商的道路。王叔叔目前是大黑河岛国际商贸城二楼一家服装店的老板，他早些年随父亲到黑河来定居，父亲退休后他进入了父亲原来的国企单位工作。下岗之后，他才开始专职经商，然而下岗前利用闲暇时间经商的经历给他未来的经商之路打下了良好的基础。王叔叔向笔者讲述了下岗之前的他是如何与苏联人做生意的：

> 1999 年单位改革，精减人员，我就在矿山机械厂下岗了。那会儿 20 世纪 80 年代不让停薪留职，九几年之后可以办停薪留职了，我是办了停薪留职，就开始专门换货了。实际上我做生意 20 多年了，最早是 1989 年吧。我家原来就在海关旁边住，冬天没啥事，天天在海关边上看，你说还能学不会换货吗？最开始就是用我们的巧克力、酒、化妆品之类的东西换"毛子"的汽车配件，是司机拿来的配件，中国的公司进口的车，冬天从冰上开车过来。三峡工程用到的大型工程车就是从苏联买来的，30 多吨、40 多吨的。要是直接把汽车配件给开商店的人，他们不要啊，不懂这个。我对车有了解啊，所以一开始就换各种配件。（王叔叔，服装店老板，访谈时间：2016年 7 月 14 日）

　　回忆起当时的经历，王叔叔一直在强调自己开始与苏联人换货纯属偶然，要不是自己家就在口岸附近住，不太可能接触到那么多苏联人。虽然王叔叔当时利用工作之余赚到了比工资高几倍的收入，但他表示如果不是因为自己后来下岗，肯定不会走上专职经商的道路，因为好不容易获得的"铁饭碗"工作不会轻易丢掉的。有王叔叔这种观念的人在当时绝非个案，能够看出当时城市人的观念还是倾向于选择稳定的工作，而不是从事带有未知市场风险的经商活动。无论如何，在当时中苏关系改善、商贸往来频繁的状况之下，一大批商人充分利用黑河与布市隔江相望的地缘优势，联结起了中俄（苏）的民间贸易。

二、经商动机

（一）基于经济因素的考量

经济因素是动机研究都会关注的重要方面，本研究中涉及的访谈对象也多从物质利益的角度来阐述自己的经商动机。出生且成长于 20 世纪 50 年代至 80 年代的农村人，都经历了集体化时期大家一起劳动、年底分红的生活。虽然这样的劳作方式使人们的最基本生活有了保障，但"现钱"往往是农民比较缺乏的，如果需要添置新的生活用品、生病开销，这类现金的开销就需要到生产队会计处借钱。正如孙叔叔的体验，"生产队啊，记工分，男女劳动力的工分不同，最高就是一天 10 分，10 分大概是合 1.70 元。记工分年底可以分红，平时没钱花了可以去生产队借钱，生产队会计一次只能借 10 块钱，队长批的话是 50 块，不过可以借多次。有特殊情况如生病了，可以找领导"。这就促使农民必须在土地之外获得某种收益才能保持家庭收支平衡。因此，在生产队对村民的管理放松之后，一部分人便开始进入城市打零工增加现金收入。后来随着沿边城市的开放，有的人便在打零工的职业体验中发现了新的商机——与苏联人以货易货，从此走上了经商之路。

　　以前农村不是生产队嘛，都在一起干活的。刚开始自己出去干活不行，后来生产队管得松了，也管不了了，我们几个人就一起出去干活，给别人装车卸货，不像在生产队干活磨洋工，出来干活就是比如这一堆活多少钱，你包下来，不管几个人干，钱就这么多。黑河火车站那的火车道下面放的不是木头嘛，都是我们修的。打零工今天赚30块明天赚20块的，收入不稳定，也养活过来了。家里两个孩子，丈母娘帮衬着，给拿点粮食送点菜的。没活的时候偶尔就跑出来换货，刚开始也不会啊，不知道怎么换。跟我一起干活的几个人都不敢，就我自己换货了，他们都回去干活了。也不是说不敢吧，黑河当地的人出来换货的人特别少，一辈子都是郊区的农民，在家种地，我说你们真傻不去找工作，当时工作真好找啊，他们就不去，不知道咋回事。受穷一辈子。不少外地人来了去砖厂上班，现在退休还有退休金呢。

我问别人怎么换货，别人说买大大泡泡糖就能换货，我怕买了之后不能换回来东西就少买了一点，还真能换。后来别人再叫我去干活，我就说腰坏了不能干了，实际上换货的利润比较大。还有自己换货早一点晚一点出来都行，随便，不用别人管啊。换货你得动脑筋，想一想什么东西没了，你不能拿手指头跟别人换，不像以前更多的是出大力。（孙叔叔，渔具店老板，访谈时间：2017年7月22日）

孙叔叔早在大集体时期便出门打零工，后来走上与苏联人换货的经商之路，通过勤劳之手一步步改善了生活状况。经商给人们带来的不仅是现金收入这么简单，这里面实际上还包含了一种无法言说的更大的经济利益。从务农、打零工到专职经商，对从业者来说是一种身体体验的转换，同时也是人们思维方式的变革。如果不经商，用孙叔叔的话来说就是"媳妇都娶不上"，可见经商这一选择对其人生命运改变产生的重大影响，以至于孙叔叔常常为那些当时没有选择与苏联人换货而继续务农和打零工的朋友们感到遗憾。

(二) 自主经营的偏好

之所以选择经商，除了受到经济利益的驱使，还受到自主经营偏好的影响。一般而言，进行自主经营的门槛相对较低，只要人们有足够的信心，就能够根据自己掌握的资源质量和数量，选择进入某一行业自主经商。❶ 郑阿姨是较早参与中苏民间贸易的边民之一，她从小就生活在黑河，是家里的长女。经历了凭票购物的时代，郑阿姨小时候的购物经历对其产生了重要影响：

> 之所以选择做生意，跟小时候的经历有关系吧。我小时候还使用各种票呢，什么东西都是定量的。我是家里的老大，家里需要什么东西好多时候是我出去买，小时候我还没有卖货的柜台高呢，出去买东西，卖东西的人看我是小孩，对我爱搭不理的，牛气哄哄的。以前卖的都是冻肉，没有新鲜肉，我排队买肉，到我了看到是瘦肉，就又到后面排队，想买肥肉，肥肉可以多吃几顿，炼油后把油装起来，做菜的时候舀出来一点。以前街里有个国营店叫"二百"，羊毛衫35元一件，不能打开看也不能选择大小号，买到什么样的完全凭运气，要挨着买才行，不能挑，在那上班的人可牛气了。所以我就想以后自己也能卖东西。刚开放那会黑河人对做生意的人不是太能看得起，在国家单位上班才是最好的选择。邻居看到你不打招呼，每次都是我主动打招呼。（郑阿姨，箱包店老板，访谈时间：2017年1月24日）

可以看出，郑阿姨对国营店售货员是"又恨又嫉妒"，"恨"

她们对顾客的颐指气使，"嫉妒"她们能够有那样的身份可以对顾客颐指气使。然而自己经商之后，郑阿姨发现她并不是像以往国营商店里的售货员一样牛气哄哄、爱搭不理地对待顾客，因为对顾客的态度将直接影响自己的经济收益，甚至当时选择经商还被邻居们看不起。但几年之后，她认为自己的选择是完全正确的。就在她老家那个位置的房子拆迁之后，只有她通过经商赚的钱再加上补偿款买了新的楼房，而邻居们买的要么是旧楼，要么是位置比较偏的房子。这给郑阿姨极大的鼓舞，原来不爱搭理郑阿姨的老邻居们见到她之后也主动打招呼了，带着羡慕的目光，说着恭喜她买了新楼的话儿。

除了小时候受到心灵"创伤"的郑阿姨，还有在国有企业上班受到"束缚"的蒋阿姨，她对"自由"的向往与自主经营的特点不谋而合。蒋阿姨的父母都是知识分子，在当时从事着令人羡慕的"铁饭碗"工作，家中有姐姐、妹妹和弟弟，从小生活便十分舒适。家境殷实的她对学习却不感兴趣，便选择早早地进入工作岗位。她的第一份工作就是在当地一家非常难进入的国有企业——糖厂上班，这次工作经历让她认识到自己到底适合从事什么样的职业。

> 原来在老家我是在糖厂上班，进去的时候应该是15岁吧，当时叫合同工人，就我们这一批，我那时候小也不知道是什么意思。我也就是十八九岁那样，进化验室做检验员的。做化验上学的时候我没学过啊，我初中毕业，是单位组织的培训去哈尔滨，大概是1个来月。糖厂生产出来的是绵白糖，做化验的就是生产的各个环节都要拿样品化验是否合格，有好多个指标，哪个环节不合格了要反馈。即使各个环节都合格了，出来的糖也要化验，不合格就不能出厂了。我没啥花花肠子，说话也直，还不像别人那样对领导会来事那种。有的领导是女的，事多，说这说那的，我就跟领导对着干，所以领导对我印象都不好。

我的性格是不愿意别人说我，上班的时候受人管啊，我不愿意。还有就是那时候我爱美，可爱穿了，也敢穿，领导看我穿的衣服不适合说我，看我不顺眼，实际上我穿啥衣服也不耽误干活啊。反正说我也不听。进了体制内，一般不能开除，就是说你几句。所以我就不愿意上班呢，不会说话到哪也不吃香啊，在糖厂1个月就1000来块钱。糖厂是等秋天收了甜菜才生产的，冬天忙活。夏天的话糖厂就装修，我们干点零活，不愿意干就整了一个停薪留职。在老家我婶是做买卖的，我跟着学了，二十五六岁在老家就自己做生意了，后来花了3万块买了一个精品屋，卖服装。（蒋阿姨，百货商店老板，访谈时间：2017年7月21日）

能够看出，蒋阿姨这种不喜欢被拘束、向往自由的性格，恰好在经商中发挥了极致，因为没有任何人、任何制度来告诉商人们什么时间进货、进什么样的货、进多少货，而这些完全取决于商人自身的经济实力、个人偏好和对未来的期望等。就连现在生意状况不是很好的情况下，我问蒋阿姨未来如何选择的时候，阿姨还是说："没想过给别人打工，打工一个月顶多2000块还挺累的，别看我这个小摊，旺季的时候一个月3000多元还是能赚上的。给别人打工卖这卖那的，不管有没有人都得站着，上下班都有时间点，还得受人管，看老板脸色，这些年就自己干了，以后还是自己干。"这种对自由的描述除了受内心骨子里不愿意受拘束的影响，也建立在店主与店员工作内容差异性的对比上。从年轻到中年，蒋阿姨的性格始终没有变，"江山易改，本性难移"，正应了这样一句话。

通过分析可以看出，商人群体眼中的自由，本质在于"没人管"。对于肯干、勤快的商人而言，"没人管"的自由还意味着可以将自己的劳动时间根据需要延长或是缩短，具有很强的弹性，而且这种自主经营比从事其他职业如教师、国企职工、科研人员等更能获得相对独立和权力的感觉。这与约瑟夫·熊彼特（Joseph Schumpeter）所说的那种梦想——"找到一个私人王国"的企业家动机颇为接近："现代世界实际上并不知道有任何这样的地位，但是工业上或商业上的成功可以达到的地位仍然是现代人可以企及的最接近于中世纪的封建贵族领主的地位。对于没有其他机会获得社会名望的人来说，它的引诱力是特别强烈的。权力和独立的感觉，并不由于这两者主要是一种幻想而有丝毫的损失。"❶ 可以说，"自由"在自主经营中得到了合适的表达，而自主经营又从"自由"那里获取到了它产生、发展的动力。

---

❶ 约瑟夫·熊彼特. 经济发展理论——对于利润、资本、信贷、利息和经济周期的考察 [M]. 何畏，易家详，张军扩，等译. 北京：商务印书馆，2014：106.

第五章　改革开放初期国际倒商群体的淘金之途

　　"倒商"是 20 世纪 80 年代在特殊的社会背景下出现的一类新型职业人群。随着中国政府对投机倒把●行为的严厉打击，再加上苏联解体、俄罗斯经济震荡产生的对轻工业产品的大量需求，中国的倒商开始转战国际市场。名噪一时的倒商群体或踏上从北京开往莫斯科的国际列车，每到一个站台都销售自己携带的商品；或集结到中国边境城市手拎肩扛中国货物出境，常常往返于两国。他们是在什么样的背景下、运用了什么策略来获取经济收益的？近年来，我们很少听到倒商这样的称呼，是倒商真的消失了，还是倒商使用了另外一种行动策略继续存在而没有被发现？这就是笔者在本书中所关注的问题。

　　● "倒商"原意是指在价格双轨制之下，利用商品在计划之内与计划之外的价格差别，在市场上倒买倒卖商品并从中谋利的人，这样倒买倒卖的不合法行为最开始被称为投机倒把。后来，政府对投机倒把行为进行严厉打击。我国 1979 年《刑法》规定了投机倒把罪，1997 年《刑法》废除了投机倒把罪，代之以非法经营罪。2008 年国务院决定宣布《投机倒把行政处罚暂行条例》（1987 年 9 月 17 日国务院公布）失效。

第一节　特殊的时代背景与国际倒商的产生

一、大国关系：中苏关系的改善

新中国成立以来，中苏两国的关系经历了 20 世纪 50 年代的蜜月期、60 年代的紧张期，最后又到 1989 年中苏关系的正常化，可谓一个曲折的发展过程。1950 年 4 月 19 日，中苏两国签订了第一个政府间的贸易协定《中华人民共和国政府和苏维埃社会主义共和国联盟政府关于过镜货物问题议定书》，为中苏两国经济贸易的发展奠定了坚实的基础。苏联曾给中国提供了全方位的援助，极大提升了苏联人在中国人心目中的形象。老人们口中常说的"苏联老大哥，帮我开火车；苏联老大嫂，帮咱做棉袄"等顺口溜反映了当时中苏两国的良好关系。可是随着 60 年代中苏关系的恶化，边境地区的外贸也随即冷却。

为了适应变化的国际政治经济形势，苏联在戈尔巴乔夫升为苏共中央政治局委员特别是担任苏联总书记、总统之后，多次表达了与中国改善国家间关系的愿望。1982 年 4 月，苏联贸易代表团访问中国，就两国经贸问题进行磋商，并就两国沿边地区之间的边境易货贸易进行了换文，决定自 1983 年起恢复中国黑龙江省、内蒙古自治区与苏联的边境贸易。随后，经国家和黑龙江外事部门批准，黑河恢复并加强了与苏联阿穆尔州和布市地方政府间的交往，并且双方地方政府互派友好代表团参加彼此的重大庆祝活动。

1986 年苏共二十七大上，戈尔巴乔夫郑重地提出"将大力扩大对中华人民共和国的贸易"，并下放了对外经营权。随后中苏两国政府便达成了在双方接壤（界河）城市间开展边境小额贸易的共识，签署了以"互通有无，互为补充，互惠互利，以货易货，不动外汇，年终平衡，互不拖欠"为贸易原则的双边会谈纪要。[1] 1989年5月15日，邓小平与戈尔巴乔夫的历史性会见，代表了"结束过去，开辟未来"。1990年4月23日，李鹏总理飞抵莫斯科，这一次的访问又为中苏双边关系注入了新的生命。两国关系的阶段性变化，不仅预示着两国国家战略的阶段性调整，也推动着两国边贸事业的迅速发展。可以说20世纪80年代中苏关系的迅速改善，不仅为中苏边贸奠定了稳固的基础[2]，也为国际"倒商"的产生提供了良好的国际环境。

20世纪90年代对中（苏）俄跨国人口流动来说是一个具有划时代意义的时间段。在中俄两国外交关系顺利发展的形势下，跨国密切合作开始在多领域展开。为了进一步方便两国人员、资源的往来和互动，双方开始有倾向地增加两国边境口岸的开放数量，并且在跨国手续等环节实施了多种宽松政策。[3]

二、国内环境：改革开放与沿边开放

就内部环境而言，自1978年党的十一届三中全会起，我国开始实行对外开放的政策，设立一系列经济特区、沿边开放城市，边境地区口岸也得以恢复。如1980年5月，深圳、珠海、汕头和厦

---

[1] 李宝书．黑河简史［M］．哈尔滨：黑龙江人民出版社，1999：281．

[2] 罗大钧，张德宏，肖坤．完善对苏边贸立法　依法加强边贸管理［J］．求是学刊，1990（3）：41．

[3] 赵月梅．中俄跨国移民比较研究——以当前俄罗斯远东地区和中国东北地区为例［J］．北方民族大学学报，2020（5）：85．

门这四个出口特区改称为经济特区；1982 年，黑龙江省黑河口岸恢复；1984 年，大连、天津、青岛等 14 个沿海城市，被国务院批准为全国首批对外开放的城市。这为中国商品走出去提供了通道，中国边境城市瞬间变成对外开放的前沿阵地。

1987 年 9 月 1 日，中苏两地政府根据"互通有无，互为补充，互惠互利，以货易货，不动外汇，年终平衡，互不拖欠"的原则，在黑河市签署了以西瓜换化肥的易货贸易合同。次日，黑河以 208 吨地产西瓜换回了苏方 360 吨化肥，双方贸易进入了一个全新的历史时期。"西瓜换化肥"事件影响之深远，大批国内外参贸人员慕名云集于黑河，都希望能像早期在深圳那样淘到第一桶金子。1988 年黑河市举办了规模空前的对苏商品展销会，吸引了全国 18 个省、市、自治区的 495 家企业的近千名客商，参展的 8500 余种商品被苏联代表团选中 1000 余种，随后布拉戈维申斯克市掀起了一阵阵"中国风"。❶

1992 年我国进一步开放黑龙江省黑河市、绥芬河市，吉林省的珲春市等 13 个市、镇，并给予边境城市在税收、进口商品和设备、管理权限、贷款额度等方面享受优惠政策，进一步加大实施的"走出去"战略，为边境贸易迅速发展提供了便利。黑河正是在改革开放和黑龙江省"南联北开，兴边富民"的指引下实施了"内引外联、综合开发、建港通贸、兴边富民"的发展战略，从而率先在全国沿边地区打开了对外开放的大门，迎来了千载难逢的发展经济的机遇。1986 年 9 月，黑河地区边境贸易公司为省代理向苏联出口大豆❷，宣告黑河口岸重新开通后的首次过货。

黑河地委宣传部原部长晋长厚曾说："从那之后到 1991 年和

---

❶ 李宝书. 黑河简史［M］. 哈尔滨：黑龙江人民出版社，1999：282.

❷ 王居卿. 东北亚的呼唤［M］. 哈尔滨：黑龙江教育出版社，1992：20.

1992年，整个黑河住处旅馆根本住不下，老百姓都开旅馆，那时候可真是发大财了。夜间甚至有老百姓把房子腾出来给苏联人来住，自己住江边。"❶ 能够看到在改革开放与沿边开放的共同感召下，来自全国各地的很多经商人士都争先恐后地集聚到黑河。原本处于经济发展边缘地位的黑河在中苏边贸兴起之后便迅速地沸腾了起来，成为国内外商贸活动的一块热土。

三、国外环境：苏联解体与俄罗斯经济震荡

就外部环境而言，20世纪80年代末90年代初对苏联人民来说是一个极为动荡的时代，世界上第一个社会主义国家苏联消失，苏联在海外的一切财产、存款、外交机构、使领馆等由俄罗斯接收。"1990年下半年的经济形势恶化速度比上半年更快。货币发行已经超过可以接受的极限，整个货币周转系统遭到了破坏，对外贸易达到了有史以来的最低数字——100亿卢布。老百姓发现钱越来越不值钱了，商品越来越少，于是开始储存各种各样的商品，香烟从城市的商店里消失了，买面包也要排队。不仅食品商店，就是首饰商店一大早都排起了长队。"❷ 货币发行增长，卢布购买力不断下降，日用品和服务业的价格继续增长，日用品市场的形势已经变得非常严峻，这就是1990年的苏联。

叶利钦上台之后，制定了"三开一化"（开放物价、开放贸易、开放金融和全面私有化）为核心的休克疗法，意在施行一套激进的反危机措施，试图使俄罗斯从计划经济一步跨入市场经济。意

---

❶ 借江出海［EB/OL］.（2008 – 11 – 23）［2018 – 01 – 23］. http：//www. cctv. com/program/cbn/20081123/101497_5. shtml.

❷ 罗伊·麦德维杰夫. 苏联的最后一年［M］. 童师群，王晓玉，姚强，译. 北京：社会科学文献出版社，2013：3 – 4.

想不到的是，休克疗法的实施不仅导致了通货膨胀的恶性发展，也导致了社会生产的急剧下降，人民生活必需品的极度匮乏。俄罗斯国家统计委员会 1993 年 1 月初公布的资料显示，1992 年国内生产总值比 1991 年下降 19%，农业生产下降 8%，食品生产下降 23%，轻工生产下降 16%—23%，生产持续滑坡。❶ 另有资料显示，俄罗斯居民实际收入在 1992 年与 1993 年共下降了 43%，社会两极分化严重。❷ 可见当时不仅是俄罗斯的整体经济实力下降，而且影响了俄居民的生活水平，贫富差距危机日显。

激进的改革之后，俄罗斯特别是俄远东地区基础设施落后、轻工业产品的奇缺，基本生活资料无法保障❸，这给中国商人提供了一个巨大的商机。中国商品就是在这一时期大量进入俄罗斯，而民间贸易中商品运输的方式就是通过倒商的手拎肩扛，并逐渐吸引了越来越多的人群参与其中。后来，包车包船、包机空运的运货方式在倒商中流行开来。这些以自用行李名义入境的物品，货主拿不到合法的报关单据，使这些商品无法登上大雅之堂，只能在集装箱市场出售。无论如何，这些冒着风险把中国商品带入俄罗斯的倒商，为俄罗斯经济危机和生活危机的缓解发挥了巨大的作用。那么，国际倒商是通过什么途径成功跨越国界，把中国商品带到异国他乡的？中国倒商在淘金之路上又遇到了哪些风险呢？这是以下笔者将要展开论述的内容。

---

❶　何绿野．"休克疗法"与俄罗斯经济的危机综合症［J］. 北京大学学报（哲学社会科学版），1993（6）：74.

❷　张康琴．略论俄罗斯的"休克疗法"［J］. 北京大学学报（哲学社会科学版），1994（5）：42.

❸　PÁL N. Chinese in Eastern Europe and Russia：a middleman minority in a transnational era［M］. London：Routledge，2007：50 –51.

第二节 政府"搭台"与个体倒商 "唱戏"的民贸初始格局

作为中国商人中的一个特殊群体——国际倒商，在中俄（苏）边境地区民间贸易的发展中发挥了十分重要的作用。国际倒商借助"一日游"和"参贸团"的方式有组织地乘船跨越黑龙江到对岸从事贸易活动，他们成了 20 世纪 80 年代末 90 年代初中俄（苏）边境贸易中最重要的参与主体。

一、旅游部门开通中俄（苏）一日游，促倒商倒卖商品获利

倒商贸易的兴起，归功于中国黑河市与苏联布市之间"一日游"的开通。1988 年 9 月 7 日，经国务院批准，以行署副专员王世翠为团长，以行署旅游局局长、黑河市（原县级）副市长为副团长的旅游代表团一行 12 人抵达布市，就双方开通边民一日游等事宜进行了会谈，并签署了包括旅游时间、路线、参观景点、就餐、购物及交通等具体事宜和"国内付款、不动外汇、对等服务、年终结算"合作原则在内的双边协议。❶ 同年 9 月 24 日与 12 月 24 日，黑河与布市两地的秋季与冬季一日游分别开团，双方各派具有一定人

---

❶ 李宝书. 黑河简史 [M]. 哈尔滨：黑龙江人民出版社，1999：290.

数的旅游团前往对方国旅游观光。❶ 同时双方的旅游部门约定，以75 元人民币兑 50 卢布，即每位苏方游客手持 75 元人民币而每位中国游客手持 50 卢布分别用于在对方国购买纪念品、礼品。

当时的黑河地委委员、宣传部长晋长厚 1988 年带领第一批旅游者出境到布市观光、游览，他在接受新华社记者采访时说："'一日游'的意义超出了旅游的范围，它促进了双方的了解，促进了双方的合作，也促进了我们的精神文明建设。"❷ 的确如此，中断了多年交往的黑河与布市之间终于可以更多地了解双方，这促进的不仅是文化层面的交流，而且意外地带动了后来双方民间贸易的往来，促成了双方人员的大规模流动。调研期间，笔者有幸访谈到一位 1990 年参加过"一日游"的吴老先生，他向笔者讲述了当时参加一日游的经历：

> 我们到对岸可以以物易物，苏联的手表、儿童玩具、大衣质量非常好而且便宜，我们中国的泡泡糖、运动服到了国外是抢手货呢。那天我带了 10 条项链准备去换换，看看到底怎么样。早晨 8 点来钟我们乘船到达苏联码头，过苏联海关的时候我看到有人身上穿了好几件皮夹克，腰上还系着两双运动鞋，而且是大码鞋里面有小码的鞋子。出了海关我们上了一辆大巴车，导游给我们发了 50 卢布，可以在这边买纪念品。下车后我被紧紧围住了，一个小孩把我的帽子抢去了，给了我 20 卢布，我不记得花了多少钱买的了。一个年轻人指着我的皮夹克要买，我跟他换了，要了两件大衣。人太多，后来我好不容易

---

❶ XINLUO Z. Barter Tourism Along the China-Russia Border［J］. Annals of Tourism Reseach，1993，21（2）：402.

❷ 李广厚. "一日游"引来全国游客［EB/OL］.（2008－07－23）［2017－08－25］. http：//heihe.dbw.cn/system/2008/07/23/051393558.shtml.

跑回车里，把带来的项链拿了下来。两条项链换了 50 卢布，五根项链换了一块表，还有三根换了一套苏联睡衣。这几样东西我家还保存着呢，所以记得清楚，还换了哪些其他的东西可记不得了。（吴老先生，访谈时间：2017 年 1 月 24 日）

从上述访谈可以看出，这位参加一日游的中国人怀揣试试看的心态踏上了异国之旅，亲身感受了易货贸易的盛行，最终把自己携带的项链换成了其他商品，也带回了心仪的国外货。这样的经历并非个案，而且现实中发生的情景比语言描述的更为生动、有趣，如果让被访者更详细地讲述，似乎三天三夜的时间也不够。

一日游开始后的最初时间，双方游客都能严格遵守规定，到对方指定商场购物。然而在布市，市民经常围着中国游客要求交换物品，由于交换物品的利润奇高，使得一日游不再是单纯的游览观光，也具有交换物品的功能。另外，海关这时也允许带些少量的物品过境易货，于是一些人开始打擦边球，冬季过境不穿棉衣，一层层在身上套七八套运动服，再拎一个海关允许通过的大包，把一日游变成了"一日倒"。此后，中国游客经常携带大量轻纺织品、日用品出境，与布市市民交换，而苏联游客也效仿中国游客做法，携带中国人喜欢的苏制物品到黑河市与市民交换中国商品，由于交换双方的利润都在几倍以上，致使越来越多的游客参与交换，并逐渐出现专职从事交换物品的旅游倒商。可以说中俄（苏）的倒商贸易是伴随着边境旅游的兴起而逐渐发展起来的。除一日游外，二日游、三日游、五日游、八日游、十五日游又相继开通，满足日益火爆的旅游市场和换货的需要。

随着倒商数量的不断增加，中苏双方参与换货人员热情的高涨，再加上 1991 年 3 月 6 日大黑河岛边民互市贸易通道的开通，一种专门为倒商定制的参贸团从一日游中分离出来。参贸团参照"一日游"形式，单独由旅行社组团过境交换物品。参贸人员随身携带运动服、仿珍珠项链、化妆盒、羽绒服、夹克衫、皮夹克、人参蜂王浆等物品到布市指定交易场所与苏联人进行交换。1992 年初，已经发展到中国倒商携带大量的服装、日用品、小型家用电器等商品到布市换取大衣、渔具、望远镜、照相机、首饰、玩具及生活用品等，有的倒商直接把中国商品变卖成卢布、人民币或是美元带回。每位参贸人员每次都能获得丰厚的利润，吸引了黑河市各行各业人员及省内外人员参贸。1992 年 12 月，中俄两国政府签署了《中华人民共和国政府和俄罗斯联邦政府关于互免团体旅游签证的协定》。后来为方便民贸人员发货、提货及商品出售，黑河旅游部门于 1994 年 4 月 15 日开通了中俄"两日贸"，即只负责办理中国民贸人员护照和出入境手续，不负责食宿。以后又陆续开通了三日到三十日不等的参贸团，这进一步推动了中俄边境地区民间贸易的发展，也为倒商的淘金之路提供了良好的政策支持。笔者的重要采访对象之一李先生就曾经参与参贸团，并向笔者讲述了他的经历。

　　1992 年我来这边以后就是换东西，从哈尔滨进货，到对岸去换。拿身份证就能办边民证，小红本，我家不是这边的就得花钱办证，30 块钱，要是当地人就不用花钱了。我走的是参贸团，就是要过去换东西啊，听说利润特别高。那会人挤人，海关根本检查不过来。这是出口啊，我们国家不管带出去了什么东西，但是俄罗斯海关那边不让带大包，手拎过去也不行，只能穿着过海关，穿得太多就像螃蟹一样横着走了。我主要是带运动服过去，进价 15 元一套。那会苏联刚解体，东西匮乏，只要一出俄罗斯海关，你就被团团包围了，从对岸带回来的东西特别抢手，有照相机、手表、大衣、披肩等。还没回来就有南方人催你要货，那会来这边的南方人特别多。

　　换的货只要你能带回来就行，我一个人带几大包死沉死沉的，过俄罗斯海关的时候拿不动啊，就先拖走一个，然后再回来拿下一个。俄罗斯人实在啊，让这么做。后来才变成你不能往返取包，只能一次拿多少算多少。那会换货可富了一批人啊。大大泡泡糖5分钱进的货，那泡泡糖可好了，能吹可大的泡了，俄罗斯人特喜欢，1盒价值20元人民币的国产泡泡糖可换2—3顶礼帽，2块泡泡糖就能换1件呢子大衣，1套价值30元人民币的运动服可换1架价值近200元人民币的苏制军用望远镜。一件呢子大衣转手就能卖出去几百块钱。南方人也想到对岸去换啊，但是他们不会俄语，交流才能换货啊，语言不通就不行了。（李先生，男，俄货商店老板/微商，访谈时间：2017年7月27日）

通过上述案例可以看到，李先生从1992年到黑河之后，就开始换货，在一次次的往返中，用自己携带的中国商品换回了苏制的照相机、手表、大衣、披肩等，获利巨丰。如此顺畅的倒商淘金之路，以至于让被访者现在想起来仍津津乐道，大谈过去赚钱之容易，而且愿意与现在的赚钱之路进行对比，来凸显当时贸易的兴盛。就像李先生所说的"那会换货可富了一批人啊"，正是由于经济利益的驱动，使得大批的中国人成为国际倒商，投身于易货贸易的事业之中。不过，这群中国倒商中就有一些不怀好意的黑心商人，他们的一些不符合社会规范的做法严重影响了中国及中国人在国外的形象，这在本章第三节会详细讲述。

二、海关部门通关政策的调整，促倒商参贸事业壮大

除了旅游部门，黑河海关也为国际倒商的发展壮大搭建平台。为进一步加快通关速度，1991年3月6日，黑河口岸在原有旅检通道基础上，又开通了大黑河岛边民互市贸易通道，为参贸人员提供了极大的便利。民贸开通后，民贸人员从旅游人员中分离开来，民

贸参照"一日游"形式，单独由旅行社组团过境交换物品。当时，黑河海关对中俄（苏）民贸人员所携带进出境物品按"自用合理"数量验放，中国出境人员只允许携带 1 个大包限值人民币 500 元，进境限 1000 元，俄方进境每人限 500 元，出境限 1000 元。❶ 后来由于参贸人员越来越多，携带进出境物品品种繁杂，给海关验放带来很大困难，民贸人员的利润也受到很大影响。黑河海关对民贸人员携带出入境物品逐渐放宽限制，民贸人员所携物品限值也有所放宽。

　　《黑河海关志》中记载了民贸开通后中国参贸人员赴布市易货的情景："中方参贸人员由旅游部门负责办理进出境手续，早六点到指定地点集合乘车到大黑河岛，经海关、边检、卫检等部门进行检验。夏季乘船，冬季则乘车出境，在布拉戈维申斯克市口岸经过海关等部门联检后，大约在九点到十点左右，在导游带领下乘车到苏方指定民贸大厅进行交易，约在 15 时到 16 时结束，从原路线返回，参贸人员的午餐由苏方负责。"❷ 由此能够看到，当时的中国参贸人员是有组织地参加参贸活动，需在指定的地方交易并按照相应的时间节点归国。

　　1992 年冬季，为便于检验和加速通关速度，经黑河海关许可，由黑河旅游部门为中国出境参贸人员每人配发两个塑料编织袋，内装相同的货物，经黑河海关抽验后放行，对出境俄方民贸人员所携物品限值 1500 元以下放行，对入境物品限值在 3000 元以下，单一品种不多过 5 件。❸ 这一阶段民贸人员出境携带物品仍以国产轻工业产品为主，入境主要为俄罗斯生产的生活日用品、工艺品，同时

　　❶❷　中华人民共和国黑河海关．黑河海关志（1909—1998）［M］．北京：中国社会科学出版社，1999：125.

　　❸　中华人民共和国黑河海关．黑河海关志（1909—1998）［M］．北京：中国社会科学出版社，1999：126.

有大量旧服装入境，开始有彩电、录像机入境。1993 年 5 月，黑河海关遵照"促进为主"方针，经请示哈尔滨海关和海关总署，对民贸人员的验放进行试点改革，制定了《对边民互市贸易监管验放的试行办法》，规定中俄从事边民互市贸易人员所携出境物品，除国家禁止、限制物品外，可不限数量、价值，对进境物品除禁止、限制物品外，3000 元人民币以下免税（免征进口关税和进口环节税），超出部分征税，国家限制物品进境按有关规定办理。❶ 这一政策的实施，为黑河民贸事业的发展开启了"绿灯"。

1994 年旅游部门开通"两日贸"之后，由于参贸人员继续增多，出境参贸中国人员携带的物品数量大，人员和物品在统一通道出境，秩序混乱，通关速度慢。黑河海关施行"客货分流"举措，即出境参贸人员在联检大厅内通关，所携带的物品编号后由制定的报关单位向海关申报，海关统一查验放行。参贸人员办结出境手续后，到船边或汽车旁领取自己的物品。海关部门实行的客货分流查验制度、宽松的物品查验制度，促使参加一日游、参贸团的国际倒商携带越来越多的货物出境，也带入了大量的俄罗斯商品，不仅促进了两国人民的流动，也带动了两国商品的流动。

黑河旅游购物贸易的发展使一批人先富起来，也带动了边境地区民间贸易的发展，促进了当地经济收入的增长。1992 年延边朝鲜族自治州考察团成员在考察完黑河时写下了这样的文字："在国务院批准四个边境城市进一步对外开放之前的 1991 年 3 月，黑河就在岛（大黑河岛）上修建了一个类似于深圳沙头角的边民自由贸易市场。岛上不设口岸机构，只有工商一家管理，他们称之为境内关外管理。俄方边民每天来 240 人到岛上的市场自由交换商品。我

---

❶ 中华人民共和国黑河海关. 黑河海关志（1909—1998）［M］. 北京：中国社会科学出版社，1999：126.

国居民只花 4 元人民币门票，即可进岛购物。大黑河岛自由贸易区
去年共运行 158 天，地方政府坐收管理费 300 多万元。预计今年至
少可以收入 1000 多万元。如果再加上商业环节实现的利税，其效
益就更为可观。"❶ 由此可知，旅游购物贸易带给地方政府的收入
十分可观。另外，也有报道称，1991 年"以一日游形式开通的黑
河市大黑河岛对俄民间贸易从 5 月至 10 月双方交换团组 464 个，
参贸人数 18360 人次，中方获利 100 万元。下半年开辟现汇旅游，
接待俄罗斯现汇旅游团 3 个 70 人次，创汇 200 美元"。❷ 可以说，
在 20 世纪 80 年代末 90 年代初全国旅游业呈现下滑低谷趋势，经
济效益不景气的情况下，黑河地区的一日游工作却呈现出日渐兴盛
的局面，不仅开创了全国对苏联旅游工作的先河，也创造了可观的
经济效益，并且在 20 世纪 90 年代初具有迅猛的发展势头。

三、俄罗斯商品涌入，促"俄罗斯商品一条街"形成

20 世纪 80 年代末，中苏"一日游"的开通促成了两国边民的
易货贸易，大量的苏联商品通过"一日游"被中国游客带到黑河，
倒商们便在黑河市繁华的中央街销售起了俄货。后来 1991 年大黑
河岛民贸市场的开通，使参贸人员急剧增加，黑河中央商街上由参
贸人员带回来的商品种类也不断丰富，数量不断增多。紫金、套
娃、羚羊角、厨房用具、手工工具、罐头食品、礼帽、狐狸毛领大
衣等商品以其低廉的价格、上乘的质量、浓郁的异国风情深受广大
中国消费者的喜爱。除了"一日游"的游客和参贸人员带回来的俄

---

❶ 郭心田. 边境开放城市的希望：黑河、绥芬河、珲春、满洲里对外开放政策法
规要览 [M]. 延边：延边人民出版社，1992：160 – 161.
❷ 王居卿. 东北亚的呼唤——黑河开放纪实 [M]. 哈尔滨：黑龙江教育出版社，
1992：36.

罗斯商品，黑河去俄罗斯阿穆尔州等地的留学生、劳务人员、经贸人员回国时也会带一些俄货回来。经常往返于黑河与布市的俄方过货汽车司机，利用工作便利，也带俄货到黑河，从而换取一些常用的中国商品带回去。

正是这些多渠道促成了大量俄货汇集到黑河中央街，"俄罗斯商品一条街"的名称在广大市民及参贸人员的口中逐渐约定俗成。在黑河市区中央街地段，逐渐聚集形成以地摊形式为主的早期俄罗斯商品市场雏形。作为一道独特的风景线，中俄边陲重镇上一处以销售俄罗斯商品为主的、颇具特色的综合性市场吸引了大量的国内外游客。

为了顺应民意，培育市场，黑河市（原县级）政府于1991年5月7日正式建立了黑河市"俄罗斯商品一条街"市场。市场建立之初，工商部门实施了先免收费、税，待市场稍具规模后再逐步低收费的宽松优惠的入市交易政策。市场经营商品的范围从经营单一的俄罗斯（苏联）生产的大衣、望远镜、剃须刀、照相机、渔具、手表、礼帽、玩具、披肩等商品，扩大为主营俄罗斯商品，兼营国内的轻工业商品。黑河电视台原副台长、主任记者柳邦坤在《带你游黑河》一书中记载了俄罗斯商品街当时的景象：

> 卖货的、买货的、旅游的、逛街的，人流如潮，摩肩接踵，熙熙攘攘。俄货中，以俄式大衣居多，约占80%，成交也最多。经营者把大衣挂在绳子上，一排排，让人看了很是眼热。有的业主图省事，干脆在街旁铺块塑料布，把大衣往上一摆，任你挑选。还有人在身上披一件或几件大衣，手里拿着大衣，来回走动着叫卖。出售的俄式大衣多种多样，异彩纷呈。最多的是带毛皮领的女士大衣，有银狐、蓝狐领，也有紫貂、彩貂领。质地有呢子的，也有毛料的。有棉大衣，也有单的。有普通的只卖十几元，也有中高档的最贵卖一两千元，甚至还

有上万元一件的……俄罗斯商品街简直是大衣的世界，难怪有人称其为"大衣街"。❶

看到种类丰富、人流如潮的商品交易市场，如果你认为当时在市场上卖货的都是职业商人，那你就大错特错了。夏重伟在《黑河大写意》一书中曾讲述这样一个故事："我有一位当医生的女同学，去布拉戈维申斯克参加一日游，带回来几件大衣自己穿着不合适，就利用早晚时间到俄罗斯商品一条街叫卖。几件大衣出手之后，获利快赶上一年的工资了。于是，又连跑着几趟布拉戈维申斯克市，然后就像模像样地站市场，把早晚那点业余时间都交待在俄罗斯商品一条街上了。她丈夫当时和我在一个单位工作，一边抱怨妻子不做饭，不给他熨裤子，一边也忍不住躲到大衣架后'观敌阵'。"❷可以看出，即使有正式工作的一部分人也会因为换货收益颇丰，而被吸引加入倒商的行列。

在此之前，黑河人有轻商思想，即使靠出卖苦力赚钱糊口，也不肯在市面上抛头露脸。为了激发黑河人经商的积极性，地方政府可谓煞费苦心，出台了市场的"五开放"优惠政策。一是政策放开，凡是进入俄罗斯商品一条街的市场经营者，不用办理营业执照；二是人员放开，允许国营和集体的职工、个体户、农民以及外来人员在市场上从事经营活动；三是商品放开，除国家明令禁止买卖的商品外，都可上市销售；四是价格放开，只要买卖双方同意，买卖即可成交，物价部门不予干涉；五是摊位放开，经营者占几个摊位不限，摆摊的形式和经营方式不限，每个摊位每天只收取少量

---

❶ 柳邦坤. 带你游黑河 [M]. 哈尔滨：黑龙江人民出版社，2000：308 - 309.

❷ 夏重伟. 黑河大写意 [M]. 哈尔滨：黑龙江人民出版社，1994：126.

工商管理费。❶ 俄货从对岸流通到黑河，同样，中国商品从黑河也流动到了对岸俄罗斯。

1993 年以后，受边贸大幅度滑坡的影响，一条街市场也开始萎缩。1997 年 3 月，俄罗斯商品一条街迁至黑河市海兰街东段，命名为"俄罗斯商品一条街"。1997 年，有业户 85 户，设有 150 个摊位，日客流量四五百人。主要商品有俄罗斯生产的食品、服装、日用品、工艺品、钟表、裘皮等 6 大类 300 多个品种。同时，也经销国产轻工产品，多以艺术品为主。迁至黑河市海兰街东段的俄罗斯商品一条街最初仍是露天市场，到 2003 年全部实现入室经营。2011 年由市政府投资对商品街进行欧式风格立面改造，并更名为"俄罗斯商品街"。商品街长约 200 米，经营业户 48 户，经营的商品已发展成以俄罗斯商品为主，兼有美国、巴西、法国、乌克兰、韩国、日本等 20 多个国家的产品，囊括了紫金、琥珀、油画、树皮画、巧克力、咖啡、罐头、糖果、蜂蜜等上千个品种的产品。俄罗斯商品不仅以其实用的价值受到不同层次消费者的喜爱，更以其异域的风情、独特的魅力成为中西方文化交融的使者。❷ 近年来，由于黑河又一俄货销售地点——"俄品多"的诞生，俄罗斯商品街的影响力稍显逊色，不过这里依然可以称得上是俄货坐商与俄货微商的聚集地。

---

❶ 柳邦坤. 大黑河岛，你独领风骚 [M]. 北京：中央广播电视大学出版社，2005：192.

❷ 这一段关于 1997 年以来"俄罗斯商品街"的情况介绍，笔者参照了黑河市政府在"俄罗斯商品街"设立的广告牌上，而且本段涉及的数据均来自广告牌的内容。

第三节　边境贸易步履艰难与
倒商谋利方式的转型

黑河边贸发展的历史顶峰是 1993 年，考察热、旅游热、开发热、房地产热、公司热……由"热"而吸引来的各界人士在高峰时每天达十几万人，并一度出现了因旅馆爆满而风餐露宿的现象。然而，在大好形势下，掩盖的是市场秩序的混乱，大量假冒伪劣商品流入俄罗斯市场、中国商人的诚信缺失、政府部门的"三乱"（乱收费、乱罚款、乱摊派）问题凸显。与此同时，中俄多领域的供给合作模式瓦解（如来自其他国家的商品竞争，俄罗斯消费市场的逐年缩减）也导致俄罗斯政府加强了对入境中国人的管控力度，对中国人的签证手续进行重新规范。❶再加上俄罗斯方面分别在进出口商品、部分商品价格、关税税种和税率、商品配额和许可证制度等方面实行了限制或提高的政策❷，使边贸环境较早期变得相对苛刻，边民互市贸易一度濒于中断。

一、不法商人施骗术与边境贸易步履艰难

黑河边贸火热时，吸引了全国各地的人参与其中。为了谋取暴利，一些不法商人在与俄罗斯人做生意时绞尽脑汁施骗术，获得了

---

❶ 赵月梅. 中俄跨国移民比较研究——以当前俄罗斯远东地区和中国东北地区为例［J］. 北方民族大学学报，2020（5）：85.

❷ 李宝书. 黑河简史［M］. 哈尔滨：黑龙江人民出版社，1999：283.

眼前利益的同时，却损害了中国及中国人的形象，导致1993年边贸发展登上顶峰之后迅速大滑坡。在当时中国人的法治意识并未完全建立的状况下，处于边境地区的不法商人视自己为完全的"理性经济人"，从而忽视了对自身行为的约束。吕先生是黑河当地人，虽然早些年并没有经商，但他对当时不法商人欺骗俄罗斯人的骗术略有耳闻，如果只用一句话来概括当时俄罗斯人的境遇，他说："90年代中国人可把俄罗斯人给坑完了。"他认为，做生意要有诚信，卖出去的东西质量要有保障，价格又不能要得太高，让顾客感受到物有所值才能形成回头客，现在的生意还能够继续下去与他自己的经营理念有很大的关系：

> （20世纪）90年代中国人可把俄罗斯人给坑完了。卖"大大泡泡糖"的时候，一个大盒里面有两层，只有上一层是泡泡糖，下面用纸壳搪成空的没有泡泡糖。还有以次充好，不好的东西能夸上天。俄罗斯人懒，不喜欢穿白鞋，有的人不了解市场情况啊，进购了白鞋，结果就是不好卖，那就有人把进来的白鞋用黑墨水染色，当黑色的鞋卖出去，卖的时候说各种好话。那时候买鞋的人不一定回来找，当然回来找也不能承认啊。还有就是给顾客看的时候是一双好鞋，包起来的时候趁顾客不注意，装一双坏的或者质量不好的鞋，即使外观看起来一样，做工、用料却可能差很远，进货价就不一样了，普通人太难看出来了。当时的人眼光浅，只想着眼前了，所以那时候骗人的东西太多了。政府管理也是一个方面，如果好好管管，也不会那样。我岳父做生意做得早，他一直都是本本分分的，告诉我不要投机取巧，得讲良心，要不是我家有回头客，估计现在的生意很难做了。（吕先生，鞋店老板，访谈时间：2017年7月20日）

不法商人欺骗俄罗斯人的骗术真是无奇不有，就连旁观者都忍不住批评当时不法商人没良心、目光短浅。当然，除了不法商人自身的经营理念问题，吕先生认为当时市场秩序的混乱与政府的不作为也有很大的关系。俄货商店老板李先生的说法也表达了同样的观点，他说："那时候政府监管不严，开公司也没执照，不用登记，工商来了交点钱就行了。好多皮包公司做一单生意就跑了，把'毛子'给坑惨了。"在李先生的印象中，1992 年和 1993 年有好多温州人到黑河这里开皮包公司，皮包公司谈成了生意，再开始组织货源。他又说："那会'毛子'实在啊，他们买东西都是先付款，验货也就看了几箱都是要的货就行了，然后回国收货。这帮南方人太不讲究了。比如说'毛子'要 50 箱鞋子，收到货后打开一看只有几箱是鞋，其他箱子里都放的是砖头，把'毛子'给坑惨了。再回来找公司就没了，找不到人了。"据此，李先生认为："为啥 1994年、1995 年那会黑河这边生意淡下来了，是因为前几年中国人把俄罗斯人骗惨了。"可以看出，中国商人也承认是自己人将大量质量低下的商品运往俄罗斯销售，导致不少俄罗斯顾客蒙受损失，从而在俄罗斯居民心里形成了中国产品质量太差的印象。因此，在一个政府监管不严、商人道德感较弱的市场中，最终"受伤"的不仅是消费者，也包含了销售者本身，甚至销售者所处国家的形象也遭殃。

1994 年与 1995 年经由黑河口岸进出境的旅客人次的大幅减少就是黑河边贸发展步履艰难的例证。从表 5 - 1 中可以看出，1992年中籍旅客与外籍旅客进出境人次分别为 20.64 万、34.73 万，1993 年中籍旅客与外籍旅客进出境人次分别为 33.67 万、28.24万。而 1994 年黑河口岸进出境中籍旅客的人次与 1992 年与 1993年相比，分别下降了 59.64% 与 75.26%，而黑河口岸进出境外籍旅客分别下降了 36.48% 与 21.88%，下降幅度十分明显。1995 年中籍旅客进出境人次同比虽有 19.21% 的增长，但与 1992 年、1993 年的数据相比则相差甚远。

表 5 - 1　黑河口岸进出境旅客统计（1989—1998 年）

（单位：万人次、%）

年份	中籍旅客		外籍旅客		运服人员	总计
	人次	同比	人次	同比		
1989	1.57	—	3.77	—	2.96	8.30
1990	5.60	256.69	4.86	28.91	3.36	13.82
1991	12.02	114.64	11.11	128.60	5.42	28.55
1992	20.64	71.71	34.73	212.60	7.88	63.25
1993	33.67	63.13	28.24	-18.69	8.57	70.48
1994	8.33	-75.26	22.06	-21.88	4.07	34.46
1995	9.93	19.21	24.19	9.66	3.99	38.11
1996	16.10	62.13	19.38	-19.88	5.09	40.57
1997	17.03	5.78	27.96	44.27	5.58	50.57
1998	21.16	24.25	23.09	-17.42	5.39	49.64

注：表中数据来源参见中华人民共和国黑河海关．黑河海关志（1909—1998）[M]．北京：中国社会科学出版社，1999：188．

　　前面提到，受边贸大幅滑坡影响，俄罗斯商品一条街也开始萎缩，当然边贸大幅度滑坡产生的影响远不止于此，"那时，中国货成为假冒伪劣商品的代名词，中国人被指责为俄市场上造假和售假的始作俑者。许多商店门上都挂上'本店不卖中国货'的招牌。中国商品一度受到抵制"❶。面对严峻的边贸形势，地方政府客观分析后认为，中俄经贸合作对俄罗斯来说有不可逆转的趋势：一是俄罗斯经济发展战略的东移会加速，二是对外大门已打开的俄罗斯不

❶　殷剑平．浅析俄罗斯商品市场上的制假、售假与打假［J］．俄罗斯中亚东欧市场，2003（12）：40.

会将大门再关上，三是俄罗斯经济结构的调整至少需要 3—5 个五年计划❶。基于这种认识，黑河市政府采取积极措施，创造环境优良的经贸"软环境"，着力解决工商及口岸联检等部门服务质量差、弄权勒卡、"三乱"等问题，并开展"改善经济环境大讨论"的活动，为边贸的回升创造了条件。从表 5 - 1 中可以看出 1996 年与 1997 年黑河口岸进出境旅客总人次均比前两年有所增长，而且增长十分明显。下一章即将提到的大黑河岛国际商贸城的建设，也是黑河全面振兴边贸发展的工作布局之一，而且为国际倒商的转型提供了新的生存空间。

二、国际倒商、赴俄华商与国内坐商并存

生产力的发展随之产生相适应的社会交往方式，而人们在他们的交往方式不再适合于既得的生产力时，就不得不改变他们继承下来的一切社会形式❷，从而建立新的社会秩序规则。随着生产力的发展、商人群体社会资本的积累，国际倒商内部的分化也就成了潜隐的发展趋势。

（一）从国际倒商到赴俄华商

改革开放以来，人们的思想观念发生了很大的变化。经历了改

---

❶　苏联 2/3 的资源在远东和西伯利亚地区，其经济发展战略的东移会随着苏联的解体和东北亚经济区域经济的崛起而速度加快，而且在特殊的国际形势下，俄罗斯同中国发展经贸合作有着最大的历史可能性和机遇。另外，在苏联解体后，各原有加盟国都面临着重塑经济结构的任务，这一过程至少需要 3—5 个五年计划，建立在双方商品互补基础上的易货贸易的背后，是结构性的互补，这奠定了双方长期经济技术合作的基础。基于此，地方政府积极改善市场环境，与俄罗斯发展长期稳定的经贸合作。

❷　许敏. 论晚明商人侨寓、定居化趋向与社会变迁 [J]. 江海学刊，2002（1）：136 - 137.

革开放的无数中国人开始以发家致富为荣，人心涌动，淘金心切。人们将目光锁定在海外，"出国热"蔚然成风。20 世纪 90 年代黑河地区中俄民间贸易活动异常活跃，并且有着高额的利润，很多人看到了去俄罗斯赚钱的商机，就开始赴俄售卖中国生产的轻工业产品。由于倒商自己往返于两国之间手拎肩扛的运输货物耗时长，再加上专门负责带包人员数量的增长和包机包税运输方式的出现❶，一些国际倒商不再自己运输货物，只需要在当地接货即可。不需要经常两国往返的国际倒商便可以长时间驻扎在俄罗斯。然而中国倒商进入俄罗斯的时期，正是其经济政治剧烈变动的时期，社会治安混乱、官员贪污盛行、社会冲突不断等。面对一个陌生的世界，中国倒商在收益与风险并存的环境下经营着自己的事业。作家张雅文在《玩命俄罗斯——中国人在俄罗斯纪实》一书中曾记录 20 世纪90 年代初到俄罗斯的中国倒商的生存环境，他们靠着自己的辛苦和努力不断拼搏，但是淘金的路并不是一帆风顺的，有的人还差点付出了生命的代价。笔者从该书中摘录了一位倒商的经商经历，以生动展现倒商当时的生活场景：

> 他是一位朝鲜族人，37 岁，曾是延边地区某市广播电视台的技术员。当时，在他的周围已经有很多人来到俄罗斯淘金，并且赚了很多钱。他想到西伯利亚曾有个亲属，于是他东借西借凑了 12000 元钱，买了一些衣服，偕同 50 岁的岳母，踏上了淘金之路。第一天买火车票就被人宰了 2000 卢布，上了去西伯利亚的火车，又被乘务员要去两套阿迪达斯外加 2000 卢布。到了西伯利亚没找到亲属，娘俩只好找个便宜旅馆住下。

---

❶ ADAMS O. Migration Patterns between the Russian Far East and China's Northeast：Lessons from Experience and Plans for the Future ［J］. Contemporary Chinese Political Economy and Strategic Relations：An International Journal，2015，1（2）：159.

　　有一次去乌苏里斯克上货，他守着小山似的货物买不到车票，最后只好像前几次一样贿赂警察。几百卢布的车票对方要价1万。还有一次，他腰缠全部现款60万卢布到格城火车站去采购货物，一到就相中一种羽绒服，正要交易，发现警察过来检查护照。他的签证已经过期，完全"黑人"一个，如果被查出来，身上的60万卢布也会立刻被没收。正在走投无路之时，忽然发现有一列火车正停在那，他完全不顾了，一头向火车底下钻去。好在火车没有开动，否则后果不堪设想。他第一次俄罗斯之行共六个月左右的时间，共赚了150万卢布，被罚去46万卢布，除了花销，手里还剩下70多万卢布。回国后，兑换成人民币，最后赚了6000元人民币。这6000元人民币可真是玩命换来的。❶

　　笔者在黑河调查期间，也访问了有过长期在俄罗斯经商经历的商人们，他们多于2007年前后回国，或继续经商或转做其他职业，他们对在俄期间惊心动魄的经历仍记忆犹新。丁先生就是一位曾于1996年从黑河口岸出境，到过俄罗斯的布拉戈维申斯克、萨哈林、符拉迪沃斯托克等多个城市经商，并于2007年初回到黑河并且继续从事商业的商人。笔者从丁先生口中获知了他的经商经历，以及他亲眼所见的其他人在俄的生活境遇，虽然他自己的经历并不是十分坎坷，但他所看到的有些人的经历确实让他捏了一把汗。1996年，当时20多岁的丁先生第一次踏上俄罗斯的土地，拿着几盒方便面，拎了两个包，和一个朋友一起报了参贸团，手持旅游签证，乘船几分钟之后就到达了布市：

　　　　那会边贸已经不是那么火了，就寻思去那边看看。坐船的

❶　张雅文. 玩命俄罗斯——中国人在俄罗斯纪实［M］. 北京：群众出版社，1994：160 – 171.

时候导游问你们到了去哪里住，真是一问三不知啊，就是冒蒙儿去的，到了之后才知道有认识的人在那里。当时走的外贸团，可以待一个月的那种，1000 多块钱。那会儿我俄语都会了，是 1993 年到黑河后自学的，买的书自己看，去俄罗斯那会儿我的水平比隔壁蒋阿姨现在的俄语说得好。刚开始到了就在大街上溜达，有个七八天的样子。家里这边寄过去的货就到了，就在市场上卖东西了，租了临时的摊位。一般都是自己带货过去，那会也不限重量啊，能拿多少拿多少呢。一个月到了就回来，等再办下来旅游照就再过去。要是回来了货没卖完就放住的地方啊，租房了。后来有一些货是通过别人带过去的，我收到货给发货的人钱就行了，如果我没收到货，损失就由发货人承担了，所以发货人要找可靠的带货人才行。

1997 年可以办一个半月的旅游照了，1998 年、1999 年兴起来了商务照（护照），可以待一年，约在 2000 年开始有了劳务照，名额少，能卖货。商务照不允许卖货，抓到关笼子里，做笔录、罚款，一般关 1—3 个小时。在江北做生意没有没被关的，被抢劫的、用枪打死的都有，还听说有的人去了之后就再没回来，消失了。我都被关过，警察跟我闹笑话呢，把我关了 3 个小时，就在我自己店的附近，在笼子里可以看到自己的店，在里面坐着，就让摊位旁边的人都忙卖下货。那会儿摊小，就 1 米多长。没拿钱就出来了，警察跟我认识，他们开玩笑说就我没被关过了。我和几个朋友曾经还遇到过抢劫的呢，枪就抵着头，抢劫的抢了东西就走了，我们报警了，最后抓到了，每个人都损失了 5000 元以上。2007 年初，俄罗斯就开始宣传取缔外国人在俄的经营活动了，清理露天市场，我就回来了。当时决定回来，价值几万卢布的东西，很便宜就出手了，有的人愿意兜货啊，等我们走了能卖上价钱。清理露天市场中国商人损失挺大的，回国的特别多。后来我知道还有一部分人又回去了。现在在江北，中国人可以做老板，但是卖货要雇当地人。（丁先生，渔具店老板，访谈时间：2017年8月30日）

有了1996年第一次在布市经商的经历，凭借其熟练的俄语和交际能力，在此后的近十年时间里，丁先生辗转于俄罗斯远东地区的各大城市，将中国商品源源不断地运往俄罗斯并销售出去。在与当地警察的周旋之中，他被铁笼"关"过、被抢劫过，不过与其他人的凭空"消失"、死亡相比，算是幸运的，可见在俄华商当时的经营环境是极其不安全的。进入21世纪以来，在俄华商的另一大"不幸"是2006年11月俄罗斯总理米哈伊尔·弗拉德科夫签署了一项限制外国人打工的法令。该法令规定："从2007年1月1日起，外国务工者将被禁止在俄罗斯从事酒类和药品贸易。从2007年1月15日到4月1日，外国人在帐篷、市场以及商店以外的场所进行零售的人数应限制在零售业总人数的40%。从2007年4月1日到12月31日，外国人在零售业总人数所占比例降为0。"❶ 这一政策的出台对在俄华商产生了较大的影响，一些人纷纷转租摊位，不再扩大经营规模，并随时做好回国的准备。虽然最后禁止外国人从事零售业的法规不了了之，但对华商造成的经济损失不可小觑，一些没有出售完的货物全部打包后便以十分低廉的价格处理掉。2013年以来世界性的经济危机、近年来俄罗斯经济的下滑，使目前在俄华商的经营状况并不乐观。虽然当时有一些像丁先生一样的人返回国内成为国货坐商，但还有很多华商仍然在俄继续坚守。关于从国际倒商到国货坐商的转型，笔者将在下一章的第一节进行论述。

---

❶ 于涛. 华商淘金莫斯科：一个迁移群体的跨国生存行动［M］. 北京：社会科学文献出版社，2016：63.

（二）从国际倒商到俄货坐商

前面提到，曾经的国际倒商一部分赴俄经商，成为名副其实的在俄华商；一部分成为国货坐商，租赁固定摊位出售中国商品给俄罗斯人；还有一部分变成俄货坐商，进口俄罗斯商品出售给黑河当地人和来自全国各地的游客，这部分人聚集于俄罗斯商品街，还有一些店铺分散在黑河的大街小巷。笔者的访谈对象赵先生曾经是名副其实的国际倒商、在俄华商，现在是俄货坐商中的一员。他 1994年从外地来到黑河之后，先是与俄罗斯人换货，1996 年后便与几位朋友一起到对岸经商直到 1998 年。在对岸经商期间，赵先生发现在俄罗斯有些东西特别便宜，如果能够将这些商品带到国内出售，便可以大赚一笔。再加上 1994 年之后那几年出售中国货的生意并不是十分景气，便转做了俄货生意。他向笔者讲述了他做的第一笔比较大的俄货生意时的状况：

> 大概是 1998 年，我在俄罗斯无意间看到有卖女士戴的戒指的，挺好看的，价格还挺便宜。我一了解国内的市场，发现要是在国内卖这种戒指的话价格会挺好。我就进了一批戒指，进价是三四块钱一个，拿回来国内是最低卖十块钱，好看一点的就能卖二三十块呢，那一次我是进了几千个戒指，赚钱不少呢，那时候赚钱容易，不像现在成天顾客都没几个人。卖俄货也能赚钱，我后面就专门做俄货生意了，有当地人买的，还有来旅游买的，我还可以进大量的货搞批发。……雇人带货回来，带回来多少东西，给带货人多少钱，说白了就是按东西算钱。我自己带不了那么多，可不就得雇人。（赵先生，俄罗斯工艺品店老板，访谈时间：2017 年 9 月 15 日）

随着生意的不断扩大，赵先生不仅自己从俄罗斯携带商品回来，还雇人携带大量的免税商品入境，获得了比较丰厚的收益。近 20 年，赵先生一直在做俄货生意，主营俄罗斯工艺品，捎带卖一些俄罗斯食品。由于赵先生主营的俄罗斯工艺品每一件售价少则几百元，多则成千上万元，不适合做微商，所以只能天天在店里等着顾客上门。在访谈中，他流露出对未来市场的担忧。虽然现在卢布贬值，进口俄罗斯商品具有价格优势，但在众多不利因素的影响下，目前在俄罗斯商品街上自主经营俄货生意的发展前景并不是很乐观。

一是边民互市交易点和"俄品多"的强势入驻，使俄罗斯商品街不再是购买俄罗斯商品的主要地点。为贯彻国家赋予边民的优惠政策，让边境地区居民享受到更多的互市贸易政策带来的实惠，2015 年 5 月，黑河市政府在大黑河岛国际商贸城北三楼创办了中俄互市商品交易点，规定黑河市民凭边民证可在交易点每日购买不超过 8000 元的免税俄货商品，为当地人提供了便利。❶ 另外，2016 年 4 月，俄罗斯商品 O2O 跨境电子商务平台——"俄品多"超市在国际商贸城一楼开始试营业，拥有多条线上、线下销售平台的"俄品多"吸引了众多原本只去俄罗斯商品街购买俄货的消费者。与俄罗斯商品街的一间间的店铺相比，新出现的边民互市交易点和"俄品多"的经营场所更加宽敞，商品的种类更加齐全，因而后两者的商品在俄货市场上占据了更大的比重。

二是反腐倡廉导致使用公款购买俄罗斯商品的情况减少。赵女士是一家俄罗斯工艺品店的老板，在访谈中她曾说道："现在东西

---

❶ 笔者分别于 2017 年 1 月、2017 年 7—9 月，以及 2018 年 1 月 3 次去过边民互市交易点购买过商品，发现购物并不像宣传中所说的需要手持边民证，任何想来购物的人都可以来购物。所以说，互市贸易政策不仅给当地人带来了实惠，也给前来黑河旅游的游客带来了实惠，但是来边民互市交易点购物的散客并不多。为了吸引更多顾客，2017 年边民互市交易点搬至国际商贸城一楼"俄品多"超市后面。2018 年笔者与那里的销售人员闲谈，对方表示这里的商品主要是被大客户批发走了，卖给散客的仅仅是一小部分。由于边民互市交易点的性质特殊，而且未发展出线上交易平台，故后文未再提及。

不好卖，一般游客能买的少。"前面提到的另一位经营俄罗斯工艺品的老板赵先生也跟笔者提及："以前上面一来检查，这边有的单位就用公款买东西送人，现在国家加大了反腐力度，所以我们这东西就不太好卖了。个人买的话卖不上价钱而且量也小啊。反腐吧，是该整治整治那些腐败分子了，只要能把纳税人的钱花到正地方，我们老百姓是支持的。"虽然反腐工作的意外后果是俄罗斯工艺品产业的萧条，但店主们对反腐工作也表示理解和支持。

近几年，来黑河旅游的游客数量渐增，中国人对俄罗斯食品的认可度也越来越高，再加上卢布贬值具有的进口优势，这些因素共同维持了俄货坐商的生计。从国际倒商到俄货坐商，不仅是商人生计方式的变迁，也反映了近30年来中国和俄罗斯两国经济社会结构的调整，以及两国关系的变迁。

第四节　流动的贸易与个体
商人财富聚集的策略

在调查过程中笔者发现，最为商人们津津乐道的美好回忆就是他们与俄商换货的经历。在中苏关系改善、我国沿边开放，以及苏联解体与俄罗斯经济震荡的背景下，黑河顷刻间回到了被誉为"万国商埠"的时代，街上人头攒动、物品林林总总，由此衍生出了一门当地独特的职业活动——换货。不仅是黑河本地人从事换货事业，也吸引了无数的外地人参与其中，来黑河换货的俄商也是络绎不绝，一幅幅繁荣街景印刻在了被访者的脑中，又机缘巧合地来到笔者的笔下。

如果说中苏关系改善、我国沿边开放，以及苏联解体与俄罗斯经济震荡等国内外因素是倒商产生的宏观社会背景，那么地方政府在落实边境地区社会发展政策、搭建商人群体发展平台所作出的努力就是国际倒商发展壮大的现实社会基础。地方政府对边贸发展的态度、对经商人员的态度，以及对未来社会发展形势的判断等，直接影响了倒商是否能够存在以及如何继续发展下去的问题。在旅游部门、海关部门的积极引导、政策调整之下，倒商从最初参与"一日游"到积极参加参贸团，换货不再是一门副业，而成了善于经商的劳动者的主业，这样一群新时期的商人群体从此便踏上了经商淘金之路，促成了1993年黑河边贸发展历史顶峰的到来。然而在考察热、旅游热、开发热、房地产热、公司热、边贸热……各种"热"之下，潜藏着的是市场秩序的混乱，导致边民互市贸易濒临中断。这在一定程度上促成了边境地区商人群体职业发展轨迹的变化，以及地方政府对市场风险的管控，从创造环境优良的经贸"软环境"到积极落实国家对边境地区的优惠政策，中俄两国边贸事业的发展又呈现了良好的发展态势，边境地区商人群体的心情也由"阴"转"晴"。

倒商在流动的贸易中无论吃了多少苦、遭了多少罪，但令他们比较满意的是自己能够在短短几年的时间里迅速积聚了财富，获得了颇丰的收益，积累的资本为后续的职业发展打下坚实的基础。法国社会学家皮埃尔·布迪厄将资本分为经济资本、社会资本和文化资本，其中文化资本是指借助不同的教育行动传递的文化，指非正式的人际技术、习惯、态度、语言、风格、教育程度与生活方式等。❶ 文化资本又以三种形式存在：一是身体化的形态，体现在人们身心中根深蒂固的那些性情倾向中；二是客体化的形态，体现在那些物品之中（如书籍、词典、机器等）；三是制度化的形态，体

---

❶ 乔纳森·特纳.社会学理论的结构：下 ［M］. 6 版. 邱泽奇，译. 北京：华夏出版社，2001：192.

现在那些特定的制度安排上（诸如教育资格的认定方面的规定）。

在文化资本身体化的形态、客体化的形态和制度化的形态❶中，令笔者最感兴趣的是文化资本的第一种存在形式，即一种体现在行动者精神和身体中的性情倾向❷。比如在调查中，笔者的大多数被访者谈到 20 世纪 80 年代末 90 年代初的换货经历时都认为：只有脑袋转不过来弯、思想比较保守的人才不敢与俄商换货，不做买卖。从最初与俄商换货的好奇之心到走上倒商的淘金之路，经商已经变成一种根植在边境地区商人精神和身体中持久的性情倾向，一种布迪厄所说的"惯习"。当然，倒商在流动的贸易中获得的文化资本还不止于此，他们掌握了与外国人沟通的语言，而对俄语掌握的熟练程度直接影响了坐商的经营规模和经济效益。实际上，语言能力不仅本身有其重要性，最重要的是语言资本可以增加其持有者的社会关系资源❸，如客户资源的多寡，这也就是布迪厄所讲的语言资本可以转换为社会资本。作为实际的或潜在的资源的集合体，社会资本为资源拥有者提供了大家共同熟悉、得到公认的，而且是一种体制化关系的网络❹，这又进一步影响了文化资本和经济资本的占有。

当然，流动的贸易为倒商积累了文化资本、社会资本的同时，也让其从中获取到了经济资本，"一桶金"不仅满足了基本生活的需要、缓解了家庭困难，也为后续经商积累了一定的原始资金，这在下一章坐商的经济活动中体现得尤为明显。总之，无论是文化资

---

❶ 杨善华，谢立中. 西方社会学理论：下 [M]. 北京：北京大学出版社，2006：171.

❷ 张兆曙. 流动的交易：多村社会经济发展的一种内生因素——以浙江省义乌市后乐村为个案的实地研究 [J]. 社会，2004（4）：15.

❸ 于涛. 华商淘金莫斯科：一个迁移群体的跨国生存行动 [M]. 北京：社会科学文献出版社，2016：172 – 174.

❹ 皮埃尔·布迪厄. 文化资本与社会炼金术：布尔迪厄访谈录 [M]. 包亚明，译. 上海：上海人民出版社，1997：202.

本、经济资本与社会资本的获得，还是三者之间的相互转化，都可以看作国际倒商的财富。而具体到倒商获得财富的行动策略，"倒"字无疑是最突出的特点，在苏联（俄罗斯）轻工业产品奇缺，急需中国商品补给的状况下，甚至有不法商人将质量不佳的中国商品"倒"到国外，进而牟取到更多的暴利。而这样的行动策略离开了当时特殊的时代背景之后，在接下来的经济行动中是否还依然奏效呢？

第六章 世纪之交国货
坐商群体的经营之道

　　上一章呈现的是中苏（俄）民间贸易发展下国际倒商、地方政府的社会行动，在表面祥和的背后，实际上正酝酿着一场未知的市场风险。在开拓异国市场的过程中，一些急功近利者抓住了假冒伪劣商品价格低廉、利润丰厚，以及苏联解体、俄罗斯经济动荡时期消费品极度匮乏、消费者购买力有限的状况，不法商人通过各种途径将大量假冒伪劣商品带到异国销售。与此同时，随着倒商队伍的不断壮大，其内部出现分化，赴俄华商、国货坐商和俄货坐商并存。本章将继续呈现主要由倒商转化而来的商人群体——国货坐商，从其雏形的出现到真正的形成，再到国货坐商从业人数的锐减和坐商经济的式微。这些变化无不与政府的社会政策、俄罗斯经济的波动和新兴商业形态的出现密切相关，而他们又不得不运用新的策略来作出应对，以维持生意的持续进行。当然，作为一种风险管控的手段，在中国境内建立设施齐全、管理规范的中俄民间贸易场所，将商人群体与异国顾客统一纳入地方政府的管理范围之内，对市场秩序的规范也具有重要意义。

第一节　边境发展新政策与商人群体的新角色

一、中俄（苏）民间互市贸易开通与国货坐商的雏形

除去一部分到俄罗斯经商的倒商、在俄罗斯商品街经营的俄货坐商，在中国边境城市还有售卖中国商品、有固定摊位的国货坐商。如果说国货坐商的雏形出现于 1991 年 3 月 6 日大黑河岛中苏民间互市贸易开通之后，那它的真正形成应该是边民互市贸易区设计后大黑河岛国际商贸城的正式开业。实际上，就在中苏边境贸易刚刚恢复不久，黑河市（原县级）政府就看中了大黑河岛发展边民互市贸易的优势，并且与阿穆尔州政府达成了"要采取新的有效的贸易形式"的共识。基于此，在报请国家批准后，黑河市于 1990 年 9 月开始进行大黑河岛中苏边民互市贸易市场的建设。

另外，根据《国务院办公厅转发经贸部等部门关于积极发展边境贸易和经济合作促进边疆繁荣稳定意见的通知》（国办发〔1991〕25 号）的指示精神，黑龙江省政府于 1991 年 2 月也正式批准了黑河市政府关于开通大黑河岛民间互市贸易的请示。❶ 最后，

---

❶ 《国务院办公厅转发经贸部等部门关于积极发展边境贸易和经济合作促进边疆繁荣稳定意见的通知》（国办发〔1991〕25 号），指出开展边境贸易和经济合作，对于促进我国边境地区经济发展，增强民族团结，繁荣、稳定边疆，巩固和发展我同周边国家的睦邻友好关系都具有重要意义；将边境贸易的形式分为边境小额易货贸易、边民互市贸易和中缅边境民间贸易，规定"边民互市进口的商品，不超过人民币三百元的，免征进口关税和产品税（增值税），超过人民币三百元的，对超过部分按国家税法规定税率征收进口关税和产品税（增值税）"。因此，本研究中所提及的大黑河岛中苏民间互市贸易的开通，以及边民互市贸易区的设立是有政策依据的。

经黑河市政府和苏联布市政府的协商，大黑河岛中苏民间互市贸易于 1991 年 3 月 6 日正式开通，只允许苏联民贸人员在大黑河岛上的封闭区内与中国人员交换所携物品。其中中方从业人员租赁若干节柜台后凭营业证进入封闭区域，而其他人员需购买 5 元一张的门票后方可进入，交易大厅印有"愿中苏两国人民世代友好"的标语。《黑河海关志》中记载："交易市场由铁栅栏围成，有两个 1280 平方米的交易大厅和 5 个 110 平方米的小贸易区，内设 1 个 360 平方米的餐厅。苏方参贸人员经过联检由布拉戈维申斯克市到大黑河岛，用其所携带的物品及中方旅行社发给的 75 元人民币，与岛上租用摊床的商贩和买门票入岛的零散人员进行交易。俄方参贸人员不得出岛交易。"❶

俄方参加互市贸易人员进入大黑河岛后，先用中餐，然后分散开来走进大小交易厅，与早已恭候多时的中国商贩进行交易，交易商品达 20 多类 2000 多个品种。中国商贩有的操着流利的俄语，俄语有些蹩脚的商贩佐以手势或者计算器，与俄方参贸人员讨价还价，叫卖声、讨价还价声响彻大小交易厅。每天 15：30，闭岛铃声响起，每一位参贸易人员都抓紧做当日的最后一笔生意，还有与中国商贩拥抱道别的俄方游客。笔者的访谈对象郑阿姨就是当时在大黑河岛上从业的人员之一，她向笔者讲述了当时她做生意的场景：

> 1991 年 3 月大岛❷不是开了交易点吗，有一个挨着一个的床子，我自己租了一个位置大约 10 来平方，把商品带过来换俄罗斯的商品。第一次开业持续了 20 多天就闭关了，因为黑龙江开始融化了，不能走车了。我在大岛换货那几天是从齐齐

---

❶ 中华人民共和国黑河海关．黑河海关志（1909—1998）[M]．北京：中国社会科学出版社，1999：125.

❷ "大岛"即大黑河岛，"大岛"是黑河当地人对大黑河岛的简称。

哈尔百货公司进货的，进了化妆盒、背心之类的东西。1991年黑河口岸闭关后我就去西柳进货了，5月开关了又继续在大岛换货、卖货。俄罗斯的东西质量很好的，有盆、儿童玩具、大衣、绞肉机、帽子、书包等，我家里现在还有那个时候交换过来的俄罗斯生产的盆呢。那时候俄罗斯人没有钱，也是带商品来，就是以货易货呗。刚开始也不知道怎么交换比较合适，然后是经常换，你心中就知道每件物品大概的价钱了。后来慢慢发展就不是以货易货了，他们过来买东西，拿卢布，我们也收啊，现场就有人做兑换货币的生意，赚差价。（郑阿姨，箱包店老板，访谈时间：2017年1月24日）

大黑河岛民间互市贸易刚开通的那几年，就像郑阿姨说的当时主要还是以货易货为主，这与上一章提到的往返于两国之间的国际"倒商"的经营方式基本一致，只不过在大黑河岛是更多的苏联（俄罗斯）人游走于封闭区域之内到处换货，而中国商人拥有了相对固定的经营场所。从1991年3月6日民贸开通到1992年7月末关闭，大黑河岛民贸市场共营业218天，总收入为882万元，纯收入526万元，实现成交额1.15亿元；共接待商客、游人7.1万人次，接待中俄民贸团组1325个，53520人次。❶

笔者的另一位访谈对象王叔叔虽然没有郑阿姨来大黑河岛经商的时间早，但他在这经营的三四年的时间里，也见证了当时民间互市贸易发展的状况。他说："我大概是1994年或1995年来的，租了三节柜台，每节1.5米长，每月租金400块。上这个通江桥人力车拉25个轮胎就要5块钱，要是汽车运货要交10块钱。其他人进入大市场要门票钱，要是有业户营业证进入市场不要交费用。那时

❶ 柳邦坤. 大黑河岛，你独领风骚［M］. 北京：中央广播电视大学出版社，2005：159.

候我卖过的东西多了去了，最开始卖轮胎了，后来就主要卖运动系列的衣服、袜子。"另有记载显示当时"中方人员用皮夹克、运动服、羊毛衫、旅游鞋、儿童玩具、餐具、中药材、小家电等物品换取苏方人员携带的呢子大衣、礼帽、儿童玩具、望远镜、照相机、香烟、工艺品和一些生活用品"❶。能够看出当时市场上的商品种类极为丰富，两国人民在互通有无中满足了各自的需求。

实际上，当时在大黑河岛上的从业人员的来源构成是比较多元的，他们不仅是国货坐商，也常常会利用一日游、参贸团等方式跨国换货，是名副其实的国际倒商；而他们换到的俄罗斯商品还需要到俄罗斯商品一条街上销售出去，所以他们又被称为俄货商人。就是在这样不同的行动策略的转换中，他们自身的价值得到了实现，但是不法商人的屡屡"作案"正在不断地挑战民间贸易中市场秩序的底线。正如前文中提到的，为了回应1993年之后两三年时间内边贸下滑的状况，黑河市政府开展了"改善经济环境大讨论"的活动，努力创造优良的经贸"软环境"，采取多项措施全面拉动边贸的回升。1997年大黑河岛边民互市贸易区的设立，给边境地区商人群体的经营之路又带来了新的希望。

二、边民互市贸易区的设立与国货坐商的形成

作为振兴中俄边境地区社会经济，促进民间互市贸易持续、健康、稳步发展工作的一部分，1997年2月黑龙江省人民政府正式批

---

❶ 中华人民共和国黑河海关．黑河海关志（1909—1998）［M］．北京：中国社会科学出版社，1999：125.

准黑河市在大黑河岛设立边民互市贸易区❶。而接下来更加有利于边民互市贸易区发展的是一系列相关配套政策的出台以及大黑河岛基础设施的改善。首先，俄公民免签入境。1998 年中俄两国签署的《关于中俄建立互贸区及简化俄公民签证手续协议的备案函》明确规定，俄罗斯联邦公民可凭有效出国护照，经海关和边防检查机关验讫后免办签证进入中方贸易综合体从事贸易活动，但不得进入该区以外的地方。1999 年 7 月起黑河互贸区对俄罗斯公民实行免签入境，为俄公民入境提供了极大的便利。其次，"允许俄罗斯公民在互贸区兴办商贸实体，在试营业半年内办理注册手续；俄罗斯公民可从事商务、劳务和文化活动。根据入境事由和合同，可办理居留手续，并允许在互贸区内外居住"，而且"俄罗斯公民或法人在国际商贸城内经营摊位租赁费给予 20% 优惠"，这为俄公民在互贸区内兴办商贸实体或来互贸区内从事其他活动也提供了极大的便利和相应的优惠。❷ 2004 年黑河互贸区区域范围由大黑河岛延伸至市区以后，允许"俄罗斯公民凭有效证件可自带交通工具，凭本国驾驶证按照中国交通规则自行驾驶，并由本人驾驶出境"，而且"允

---

❶ 边民互市贸易区（点）是指载运边民互市商品的运输工具进出、停靠，以及从事边民互市贸易商品交易、装卸，储存、发运等活动的特定区域。边民互市贸易区（点）内享受一定的优惠政策，设立边民互市贸易区（点）应符合相应的条件，详见《黑龙江省人民政府办公厅关于转发省商务厅等部门黑龙江省边民互市贸易管理规定（暂行）的通知》（黑政办发〔2016〕49 号）。

❷ 《大黑河岛中俄边民互市贸易区优惠政策》中规定对在互贸区内兴办商贸实体的俄罗斯公民或来互贸区内从事其他活动的俄公民提供一定的优惠政策，除了正文中提及的，还包括"俄罗斯公民凭中俄双方认可证件免办签证出入互贸区""互贸区允许外币自由兑换流通，俄罗斯公民或法人经营所得可自由携带或通过银行汇兑回国"等。另外，对在互贸区内经营的中国商人来说同样适用的是"在互贸区内经营一年以上者免收治安管理费、劳动力管理费和暂住费；经营两年以上者及固定资产投资达 20 万元的，可办理一户（3 人）城镇户口"。

许俄公民在互贸区内以个人名义购买商品房（门市或住宅）"❶，俄罗斯联邦公民进入黑河互市贸易区准许居留时间期限为 30 日。一系列优惠政策的出台，满足两岸人民物质生活的需要，繁荣黑河口岸城市经济，以及为吸引更多俄公民入境增加国货"坐商"的经营收入提供了一定的保障。

就大黑河岛基础设施的改善而言，最主要的做法就是大黑河岛国际商贸城的兴建，为国货"坐商"群体营造了良好的经营环境。1998 年黑河市委、市政府结合"以贸兴岛、以岛带区、以区带市"的指导方针，以及在俄罗斯和国内市场的考察结果，投资了 9000 多万元在大黑河岛上兴建了国际商贸城，于 1999 年 8 月 18 日正式营业。这种新的生存空间不仅是一个地理空间的概念，也是"坐商"群体一种重要的社会资源空间。生存空间对无论是在国内还是在国外的商人群体的经商活动都非常重要，同时也是社会学家、人类学家们在对中国商人群体进行研究时关注的核心问题之一。周敏在美国华人经商社区唐人街的研究中指出，唐人街是移民聚集区的经济。这里有人数众多的移民；稳定的源源不断地涌进来的资本；本民族的千丝万缕的密切的关系网。❷ 项飚对北京"浙江村"的研究，关注的核心议题就是"浙江村"这个"新社会空间"的形成过程，强调"浙江村人"在生意发展的不同阶段，作为社会关系资源的"圈子"和"系"的重要性。❸ 因此，对于商人，尤其是外来经商者来说，同质性高的生存空间建设至关重要。

---

❶ 内容详见《黑河市中俄边民互市贸易区优惠政策》（黑市政办字〔2004〕20 号）和《黑河中俄边民互市贸易区管理办法》（黑河市人民政府办公室 2013 年 3 月 29 日印发）。

❷ 周敏．唐人街：深具社会经济潜质的华人社区 [M]．鲍霭斌，译．北京：商务印书馆，1995：253.

❸ 项飚．跨越边界的社区——北京"浙江村"的生活史 [M]．北京：生活·读书·新知三联书店，2000：482－483.

　　入驻到国际商贸城的商人们成了边境地区商人群体中名副其实的"坐商"。据被访者孙叔叔回忆，国际商贸城是在一块荒地上盖起来的，而且还在规划之时，政府就已经开始招商并出租摊位了。孙叔叔说："我来大岛之前我儿子就在大岛上卖货了，我来这一两年之后就进国际商贸城了。那会国际商贸城这块就是荒地。大楼还没盖好的时候就要交定金，问你是要精品屋还是柜台，我要的是柜台，柜台长1.5米，租金是4500元一年，不过具体位置在哪都不知道呢，当时也没看到图纸。"当然，如果不是当时与俄罗斯人做生意收益还算相对不错，孙叔叔"是不会轻易地租下那还看不见摸不着的摊位的"。

　　笔者曾多次到访大黑河岛国际商贸城，不同时段下国际商贸城的内部结构及营业状况已经作过详细介绍，这里不再赘述。就笔者的观察和访谈结果来看，近几年国际商贸城内国货"坐商"的经营状况并不乐观，由于俄罗斯经济波动、卢布贬值，再加上跨境电商的发展等一系列因素，使到商贸城购物的俄罗斯消费者锐减，现在的景象与过去的门庭若市相去甚远。目前，面对不景气的民贸市场，国货"坐商"内心充满了矛盾，基于收益、未来发展、家庭等多种因素的考虑，既想放弃经营，可又对中俄民贸市场的发展前景充满希望。在徘徊与观望中，一部分经营者依然在摊位上继续坚守着。

　　当然，除了前面提到的国际商贸城，在大黑河岛上后来又有投资人兴建了新的经营场所——中俄自由贸易城，于2008年8月29日正式开业。开业当天，中俄自由贸易城吸引了中俄宾客1.2万余人，相关消息得到了《黑龙江日报》、《中俄经贸时报》、《消费日报》、《中国纺织报》和《国际商报》等多家纸媒的竞相报道。中俄自由贸易城的建设，也得到了国家商务部、黑龙江省及黑河市政府以及黑龙江对岸俄罗斯布市政府的高度关注和支持。

中俄自由贸易城主体建筑结构三层，建筑面积7万平方米，有服装、百货、皮草、五金电子、精品运动服饰、床上用品、童装、数码家电、餐饮等九大主营业态。开盘招商以后，来自北京雅宝路、江苏常熟、绥芬河、满洲里、二连浩特、俄罗斯布市的800余家实力雄厚的品牌商户纷纷入驻。可是好景不长，开业后的自由贸易城在三四年之后便衰落下去，直至关门停业。目前，只有一家俄罗斯商品店处在开店营业中。鉴于此，接下来笔者将主要以大黑河岛国际商贸城为田野点，讲述这里的国货"坐商"的市场体验。

第二节　经济活动的开展与经营策略的运用

大黑河岛国际商贸城是黑河市对俄民间贸易的主要交易场所。8：00开门之后，店主们都陆陆续续到达自己的摊位前，开始了一天的经营活动。11：00左右，卖盒饭老大娘的吆喝声开始在商贸城里回荡，没有带饭的店主从老大娘那购买午饭是一个不错的选择。17：00是商贸城关门的时间（夏季），在生意萧条的情况下会有一些店主提前离开，而顾客多的时候大楼管理者会允许店主们经营到17：30左右，直到顾客渐渐散去。笔者在国际商贸城中重点观察和深度访谈了几位经商时间久、经历丰富的国货"坐商"之后，总结出了在市场经营中的最重要的几项经济活动：租位与上货、摆货与售货、换币与收益盘点，而每一项活动的开展都展现了商人群体在不同经济社会环境中的行动策略。

一、租位与上货

（一）租位：经济活动的开始

国际商贸城中的摊位名称有两种，分别叫柜台和精品屋。笔者将租赁柜台和租赁精品屋进行市场经营的活动称为租位。国际商贸城还未兴建起来之前，地方政府就开始招商引资，吸引个体经营者入驻，当时的租金是一节 1.5 米长的柜台每年租金 4500 元。同一个位置的租金并不是一成不变的，市场十分景气的情况下，租金会被炒得非常高，商人需通过竞拍获得租赁权，而获得租赁权的商人还可以通过转租方式获得一笔额外的好处费。前文中提到的百货商店老板蒋阿姨就曾花费 8 万元转租到目前她所使用的精品屋，她说："生意最好的时候，多少钱都能转租出去。现在租的这个精品屋是大楼生意最好的时候，我花了 8 万元的好处费才租到的，我姑娘经营了三年床上用品赚回来了，后两年是我转租给别人了，最后是我到这里来了。"当然在生意最好的时候多花出去的好处费是可以赚回来的。除此之外，还有人通过对外宣称"合作"的方式获得一笔额外的收入：

> 2004 年到二楼卖床上用品，这块地是天桥，原来是空着的，是一个可以抽烟休息的地方，这块地方大，我看中了。我家床上用品这个店租金最高的时候一年是 20 多万元，那会儿生意好啊，好多人都来问我能不能租一块地方给他们。我家这地方大，两个过道到墙的位置弄成小格子租出去了，对外宣称是合作。租出去两个小店的价格差不多就能把我一年的租金挣出来。（鲁阿姨，床品店老板，访谈时间：2017 年 8 月 18 日）

实际上，鲁阿姨是赶上了真正的好时机，在生意还不是十分景气的情况下便选中了偌大一块区域，而在 2004—2005 年、2007—2008 年国际商贸城生意最景气时，以对外宣称"合作"的方式，赚取了相当于整个店的租金的收入，这还不包括她个人的经营收入。不过在最近三四年的时间里，随着商人实际收益的递减，无论是柜台还是精品屋的租金都下降了很多。在调查的过程中，笔者了解到北二层销售服装、鞋的老板普遍反映顾客数量锐减，经营收益难以保证。经过长时间的观察，无论是夏季还是冬季确实一天看不见几个俄罗斯人从门前经过。就是在这种情况下，为了减少经营的开支，出现了两位或三位商户合租精品屋的情况。当然，也有商户干脆将自己租来的精品屋当成库房而不来这里经营，选择把更多的精力放在早市上，而且早市结束之后还可以去做其他的工作。

与租金一样，任何一个商户的租位也不是始终不变的，位置好而租金又便宜的地方总是经营者竞相争逐的。原来在比较偏位置的店主，在适当的时机会选择租位置比较好的地方；原来在租金比较贵的位置的店主，在生意不好的情况下会选择租金相对便宜的位置，这是自己主动选择租位的变更。有时候一些外在的原因也会使店主不得不更换位置。就像前面提到的鲁阿姨，她之所以到二楼经营，是因为她原来整租的国际商贸城北楼三层租期到了之后，大楼管理方要将三楼改建成一个个的精品屋，在 2004 年生意兴隆的状况下，改建后的精品屋就可以租给更多的商户，从而创造出更多的租金收益。

就笔者所知，租位的变动并不一定会损失大量的老客户，当商人的租位发生变化之前，他们会口头通知回头客自己要搬到什么位置，或者搬完之后告诉顾客自己是从哪个位置搬过来的。以前顾客多的时候，为了获取回头客，商人们会给顾客发名片，以便他们再次光顾国际商贸城的时候可以很快地找到上次买过货的地方。不过，现在给顾客发名片的商家越来越少了，甚至来商贸城里做商人生意的广告公司也不见了。

（二）上货：经济活动中最重要的一环

租位之后接下来的工作就是上货。笔者根据货源的不同将国货"坐商"上货的方式分为两种：一种是与供应商（或生产商）直接联系，另一种是代售、兜货、串货等其他货源方式。

1. 与供应商（或生产商）直接联系

货源是商人的生命线，关系到商人的盈利空间与经营策略。20世纪80年代末90年代初通信并不是十分发达，上货需要店主亲自去外地找货源，经过长途的旅程之后到达广东、河北、北京、辽宁等省份，进购心仪的商品。进购的商品多，自己不能带回来，就需要通过货车把货拉回来。随着货站的兴起，货到付款的上货方式流行开来。这种方式的运行过程是商人找到供货商之后，说明需购商品的数量、样式、如何打包等基本信息，供货商将货物打包后由货站前去拉货，而后把货物送到商人的手中，商人将货物和运货的费用交给货站，最终由货站向供货商结算货物的钱。对于商户来说这种做法不存在任何风险，但对于供货商来说这里面存在的问题是，货站并不会及时向其支付货款，货站收了货款跑路的事件也时有发生，这样供货商就遭受了重大损失。在这种情况下供货商更希望与商人直接联系。

随着通信技术迅猛发展，以及供货商与坐商信任关系的建立，商人与供货商直接联系变成了现实。供货商通过社交软件发布商品的图片，商人通过浏览商品图片的方式，订购需要的商品的数量和样式，网上付款后商家会很快发货。发货量大选择快递运输很不划算，双方商定依然是通过货站来运输，只不过一些供货商不再需要货站收货款而已。与以往自己亲自去看货源的方式相比，社交软件上货的方式给商户带来了极大的方便。当然并不是说所有的商品都可以通过社交软件查看图片的方式上货，销售渔具的孙叔叔就是每年都会去参加渔具展销会，他说："现在每年正月十五前后都得出门，参加渔具的展销会，看看新产品，需要的然后就进货啊，订好了供应商就给发货了。"可以看出，孙叔叔参加展销会或订购可能会畅销的商品，或仅仅是去看看新的样品，以备后来之需。

除了主动与供应商（或生产商）取得联系，也有一些公司的业务员会直接到国际商贸城里找到可能需要自己公司产品的商户，主动推销自己公司的产品。蒋阿姨说："以前生意好的时候，哈尔滨好多公司的业务员都下来推销，对自己来说确实方便了一点，不过自己要是大量进货的话，还是会去哈尔滨看看，毕竟去一次家家的货都能看，而且可选择性更大。"不过最近几年来主动推销的业务员非常少了，笔者在 2017 年 7—9 月的调研时间里，只有两个推销员来国际商贸城市推销过糖果，再无其他人上门推销，这背后实际上预示着商户进货渠道和市场秩序的双重变革。

2. 其他货源方式

上面提到的是商人直接与供货商（或生产商）联系上货，当然还有另外几种获取货源的方式。笔者站在上货人的角度，将其他上货方式分为代售、兜货、串货三种，如表 6 - 1 所示，通过对这些货源方式的了解，可以看出商人之间的互动状况及经营策略。

表6-1　其他货源方式的运作过程与利弊分析

货源	运作过程	利弊分析	
		放货人	代售者
代售	放货人从供货商（或生产商）处进货，"放货"给代售者	省去了零卖所消耗的时间，劣势在于需要压钱在货物上	周转租金少，货物售出后与放货人结算货款；劣势在于售卖商品的价格高于放货人售卖同商品的价格
		兜货人	出售者
兜货	准备转行的人将未出售完的货物一次性打包销售	价格实惠，转手零买后预期收益高；缺点在于货物为积压货，且需全部购买	积压货一次性售出，缺点在于比自己零售获益少
		被串货人	串货人
串货	顾客需求串货人没有或销售完的商品时，店主会去卖同样产品的其他店里借	多了一个商品"推销员"，缺点在于有时串货人忘记归还货品而又不好意思提醒	应急，留住顾客；缺点在于售出该商品的收益低

通过分析发现，代售这种获取货源的方式常常在经商起步的人身上，以便在实践中更好地了解市场发展的前景，并为后续的经营积累经验。放货人以批发的价格把货物放给代售者，代售者销售时商品的价格必然高于放货人销售同样货物的价格，不过在生意好、顾客多的时候，经营同类产品的商家很多，有些顾客不太可能找到最便宜的卖家，所以代售商人才有生存的空间。就兜货而言，通常发生在有人急需退出市场的时候，兜货人便可用十分优惠的价格购买到价值相对较高的货物。如果是串货的话，若最终没有成交，串货人会将商品直接还回去；若成交，等到串货人自己进货之后便会还回去同样的货，或支付给被串货人现金，当然这时的现金总额小

于或等于被串货人出售该商品的价格。除了上述三种情况，还有一种就是请同在商贸城经营的其他店主帮忙上货，如果两家或三家同时进购一种商品，可以达到供货商要求的最低进货数量时，每个人的利益都达到最大化，不过这种进购方式仅限于小物件商品。

所以坐商组织货源的方式并不是一种，而具体采取何种或哪几种上货方式一般取决于商人的社会关系网络、经济实力、对市场前景的预期等方面。每一种上货方式承载了不同程度的收益和风险，需要商人仔细盘算。当然，如果是某商家主营的核心商品，通常不会出现与他人串货和代上货的情况，一是不同进货渠道下，表面上看起来同样的商品其质量是否等同，二是任何一个商人都不希望他人知道自己核心商品的进货渠道，这是商人圈中不言自明的共识，也是商人之间从来不会涉及的聊天内容。因此，商人之间的"合作"通常是建立在"共赢"基础之上的。埃米尔·涂尔干曾认为，现代社会是以有机联系（团结）区别于传统社会的机械联系（团结）；斐迪南·滕尼斯则认为，传统社会限于共同体联系，注重于地域性的情感和认同，而现代社会则表现为超地域的、理性化的、非情感性的社会联系。❶ 不过，从分析来看，本研究中商人之间的社会联系首先应该属于共同体的联系，他们内部存在地缘或血缘关系，在相互理解和相互信任的面对面关系基础上增进日常互动；其次，他们之间存在的是工具性的联合❷，以功利的方式联系在一起。因此，商人之间的"共赢"是建立在人与人之间共同体联系与工具性联合的基础之上的。

除了进货渠道，商人还需考虑的一个问题就是上什么样的货，

---

❶ 王春光. 移民空间的建构——巴黎温州人跟踪研究 [M]. 北京：社会科学文献出版社，2017：100.

❷ 戴维·米勒. 社会正义原则 [M]. 应奇，译. 南京：江苏人民出版社，2008：32-37.

他们要紧跟市场的形势和俄罗斯人的喜好不断地进行调整，因为市场上的中国商品不再是 20 世纪 80 年代末 90 年代初时的一抢而空。现阶段中国处于物质极大丰富的时代，即使是同一类型的商品，其款式、颜色、质量、原材料等也有着很大的不同，商家进货不能再仅仅考虑价格，商品的样式、质量等也是需要重点考虑的。同时，为了寻求更好的收益，他们也需要不断"尝试新品"，即选择进购一些自己从未销售的商品类型，来审视市场对这种商品的欢迎程度。当然，"尝试新品"可能成功，也可能失败，对于可能带来的未知风险，商人们已经练就了良好的心态。有了货物，接下来就是如何摆货的问题了。

二、摆货与售货

（一）摆货：与自己对话

如何摆货通常要考虑这样几种因素，一是商品的特性，如商品是否畅销、大小是否齐全；二是季节的变化，在下一个季节到来之前就摆好即将可能畅销的商品；三是充分利用空间，将能摆放商品的地方都放满，避免给顾客产生空的感觉；四是根据顾客的喜好来摆放商品。当然这几种因素并不是独立存在的，通常情况下是多种因素共同构成了货物的摆放规则。百货商店老板蒋阿姨关于如何摆货的心得具有很强的代表性。以摆放散装茶叶为例，就不能只摆放一两罐，在种类不多的情况下，也要摆放多个罐子，即使每一罐中放的都是同样的茶叶，以免给顾客造成"空"和"少"的感觉。另外，蒋阿姨的店里还销售多款拖鞋和多种中国糖。

　　你就说卖鞋吧，要是这款鞋码不全了，摆货就放旁边，鞋码比较全的往中间放，中间的位置是顾客比较容易看到的。鞋没有大号了，你往中间放，顾客一问有没有大码，你说没有不是耽误事吗。大号的好卖，所以拿货的时候大号的就要多一点。还有就是比较畅销的放中间位置，更有利于吸引顾客进屋里来看。现在夏季，正是销售拖鞋的旺季，你看我这拖鞋就摆出来的特别多，每种颜色的都摆上。有的销售比较好的鞋子，我会在两面墙上都摆上，要是"毛子"没在这面墙看见，在那面墙看见了，也是好事啊。"毛子"买东西跟咱中国人还有点不一样，你看这是夏天，有的"毛子"会买棉手套棉拖鞋，而且这些东西的价格全年是一样的，咱们中国人要是买反季节的东西，都是看到反季节东西的价格优惠，和"毛子"就不一样。所以我在拖鞋的下方就会留出来一排挂上手套，带着卖呗。（蒋阿姨，百货商店老板，访谈时间：2017 年 8 月 16 日）

就糖果的摆放而言，长时间经营之后已经能摸索出俄罗斯人购物的特点了，如果是长一点形状的商品，他们喜欢拿竖起来的。因此售货人常常将这种类型新上货的糖横着放，而陈货竖着放，这样陈货就不会总被压着而卖不出了。因此如何摆货也是一门学问。不过，如何摆货是商人在与自己一次次的对话中完成的，不仅要照顾到顾客的选择偏好、自己的审美需求，以及商品的特性等因素，也要与店铺的设计格局完美融合。商品如何摆放，是影响商品是否能够畅销的因素之一，也是商人经商策略中非常重要的内容。

（二）售货：与顾客面对面

售货需要有足够的人手，特别是在生意十分景气的情况下。在笔者的被访者中，要么是雇用过服务员，要么是邀请家里人一起来经营，以应对络绎不绝的顾客。除了保证足够的人手，俄语的熟练程度在售货中也非常关键。有的老板会雇用俄语好的服务员来专门负责售货，而有的老板会雇用俄语不太好的服务员仅帮忙招揽顾客。因为俄语的熟练程度与雇员的工资是紧密相关的，所以老板往往会根据自己的需要而选择不同的雇用策略。在最近几年生意不景气的情况下，雇人的情况越来越少了。为了减少开销，一个店里往往只有一位店主，如果需要去库房取货时就麻烦邻居帮忙看一下店即可。当然，只有一个人在也有忙不过来的时候，假如店里已经有一拨顾客正在选购了，而再有一拨顾客进店老板就忙不过来了，可能会导致客户流失。不过这样的时候还是少见，相比于雇人卖货与客户的流失相比，店主们认为现在的状况下选择后者更为划算。

售货也分淡旺季。淡季的时候空闲时间多，通过看看手机、聊聊天打发无聊的时间，特别是不卖货的时候，店主心情难免沉重，可能产生烦躁情绪。国际商贸城里的顾客以俄罗斯人居多，只是在旅游旺季的七、八月有一些中国游客光顾这里，购买一些急需用的商品，如拖鞋、袜子和厚衣服等。除此之外，国际商贸城里还出现过一拨特殊的中国"顾客"——拼缝人。"拼缝"主要是利用买卖双方信息不通畅，为实现买卖双方的交易而从中收取费用的中间人，"拼缝"与牙商、捎客含义相同。从下面的材料中能够看出，店主对"拼缝"的态度是又爱又恨，爱他们可以带来顾客，促进交易，恨是指拼缝人不顾个人脸面，扰乱市场秩序。

> 以前"毛子"多，拼缝的人也特别多。就是帮你介绍买卖，然后你付给对方一定的钱。有时候"毛子"进店了，后面立马跑出来一个中国人，就说这个"毛子"是我带进来买东西的，买成了要给我一部分钱。拼缝的还会问你这个衣服最低价是多少钱，他帮你卖出去。假如说一件衣服我说最低价是300块，那他最终卖成350元了，那50块钱就是拼缝的了。实际上我们能看出来，有时候顾客根本就不是中国人领进来的，是"毛子"自己来的，但是拼缝的人还脸皮厚的赖着不走，吵架还耽误自己做生意，市管员还说业户，卖出去的是大货，就给

拼缝的四十五十的，卖的是小货就给个十块二十块，打发他们走。要真是中国人领进屋子里的，买卖成功了绝对不是给这么少，给得少拼缝的也不走。（苏阿姨，服装店老板，访谈时间：2017 年 9 月 10 日）

售货的过程中还有一个非常有意思的环节，就是顾客讲价。经常有老板向笔者提起："现在'毛子'买东西并不是像早些年前那样了，我们说多少价钱就给多少，他们也学会了用中国的方式讲价了。"面对普遍会讲价的顾客，为了保证利润的实现，老板们自然会有他们的应对策略，要么是抬高价，让顾客砍价；要么是自砍价，让顾客有占了便宜之感。抬高价，意思就是在顾客询问商品价格的时候，把商品的价格说得高一些，给顾客一定的讲价空间。从商人自身的角度来看，抬高价自然有好处。如若遇到不懂行情、不会讲价的"冤大头"，可大赚一笔。自砍价，即自动在自己要高价的基础上降价，以示对顾客的让步，让顾客有占了大便宜之感。事实上，商人们已经学会满足顾客贪图便宜的心理，表面上看是帮助顾客砍自己说出的高价，实则是想要促成生意。

售出商品后，商人们往往喜欢俄罗斯顾客用卢布结算。为了便于找零、价格记忆，商家通常将商品价格的百位数设定为一个整数，十位数上是 5 或 0，个位数是 0。如果将商家设定的商品价格换算成人民币的价格就非常有意思了，就会发现目前的汇率"正适合"。以 1 元人民币＝8.85 卢布的汇率为例，假若 3 双袜子的售价是 100 卢布，而 100 卢布换算成人民币是 11 元或 12 元。那店主在出售给俄罗斯人袜子时，绝对不会先说 3 双袜子 11 元人民币，若说人民币的价格也只会说 10 元，因为 11 元听起来十分蹩脚。如果是出售 3 双同样的袜子，顾客分别用 100 卢布和 10 元人民币结算，对商家的利润就是不同的，因此商家更喜欢顾客用卢布结算。可以看出售货的艺术不仅是与顾客面对面，处理好与顾客的关系这么简单；还需要有足够的人手、掌握熟练的俄语、斗得过"拼缝"，以及掌握好售出商品的结算方式。

三、换币与收益盘点

在市场中经营的国货坐商，商品出售给俄罗斯人后一般是按照卢布结算，只有少量俄罗斯人已经在别处兑换了卢布后才会付人民币，所以一段时间后部分"坐商"手中会积攒大量卢布，而这些卢布又必须换成人民币，以便更好地在国内市场流通。由于卢布兑人民币的汇率变化对商人的经商收益影响非常大，因此商人每天都要观察汇率的涨跌，以便选择一个合适的点位出手卢布。有的商户倾向于当天将卢布兑换成人民币，因为并不好预测明天的汇率是多少，也有的人喜欢积攒卢布以便等待好价格再出手。不过，到底何时出手卢布涉及很多影响因素，这里不作详细探讨。有时候商户选择换币的时机在他们看来可能并不是最佳的选择，如在换币的第二天汇率点位比前一天更好，那他们就会非常懊恼，不过他们常常用如果后天的点位更不好了来庆幸自己已经把卢布兑换了。不过即使在汇率对商户来说是最好的时候，商户也并不会将手中所有的卢布都兑换出去，因为还要留有几千甚至上万的卢布用来给来店消费的顾客找零。如果顾客使用的是卢布，在找零的时候通常也会找卢布。

对于一位经常来国际商贸城里换币的人，大家都称呼她为凤姐，一般是每天下午 1 点多来，挨家走，收走商户手中的卢布。最终，这些被收集起来的卢布会出现在各大外贸公司，因为他们在进口俄罗斯商品时通常是用卢布支付。笔者将这种非官方性质的民间货币兑换方式称为"流动银行"，"流动银行"主要出现在中国边境城市，它是随着中国与邻国关系不断改善，边境贸易和旅游业的繁荣、发展而产生的。这里的"流动"主要有两点体现，一是承担兑换货币的人往往是在一定范围内随意走动，上门兑换；二是流入中国境内的货币最终又通过进口俄罗斯商品的方式流回俄罗斯。可以说"流动银行"是边境贸易发展中的一种特殊现象，是边境地区的商人群体应对不同货币结算时的民间对策，也是撬动边境地区民间贸易往来的重要杠杆。

除了出手卢布，商户自己也可以与他人换币，入手卢布后再出手。有的俄罗斯顾客不仅在国际商贸城里买东西，还会到黑河街里如华富商城、海华购物中心、商联大厦等大型商城购物。据国际商贸城里的商户介绍，街里的店铺老板不是特别喜欢要卢布，因为每日一变的汇率让他们头疼，另一方面街里还是中国顾客更多，收到少量的卢布也不好出手。因此想到街里购物的俄罗斯人通常会从海关处熟悉的换币人或国际商贸城里经常去购物的那家店的商户那里兑换人民币。国际商贸城里的商户兑换卢布之前，会问周围商户当天的汇率是多少，如果大家说法不一还会打电话问经常换币的朋友，确定了价格之后再与俄罗斯人换。如果当天的汇率是8.85，那这里的商户与俄罗斯人说的汇率就肯定比8.85高，如8.90，只有这样才能赚到差价。有时店主还会把换币的业务推荐给其他关系好的商户，以更好地维系相互之间的情感。2017年8月29日，笔者正在吕老板那里访谈，恰巧记录下他将换币业务推荐给他人的一幕。

> 下午去了鞋店老板那里，进屋的时候他正在玩手机，耳机插在手机上，店里没有顾客。他背向屋内，抬头就能看见门口走动的人群。聊着聊着，一位俄罗斯女士急匆匆跑进来，因为不懂语言，不知道发生了什么。我看见老板将她带到了门口卖电子产品的女老板那儿，两个女人都从包里拿出了钱，我才知道这位俄罗斯女士是要兑换人民币。老板回来后我就非常好奇

地问，为啥把那个俄罗斯女士推荐给了门口的女老板。鞋店老板的回答让我意想不到，原来竟是为了还人情。他说："我把这个人推荐给门口卖电子产品的人了，是因为我经常在那里买东西啊，老板给我的价格都特别优惠，虽然我自己也能换钱，但我想也让她赚点钱。没有从我身上赚，从我推荐的人身上赚到钱也是好的。这就是礼尚往来的事情。"事后回想，好像自己问了一个特别傻的问题。（摘自 2017 年 8 月 29 日笔者的田野日记）

入手卢布再高价转手出去，是商人们增加收益的一个副业。从上面的案例可以看出，除了具有购买商品的功能，卢布本身似乎又可成为一种可以交换的"礼物"，间接地维系着商人之间的关系。商人在一次次的出手卢布与入手卢布的交易中，盘点着某一段时间以来自己的收益状况，为后续的经济活动提供一定的参考。

第三节　坐商经济的式微

近几年，坐商经济式微，与以往的经营方式相比，目前是"去家庭化"经营与一店经营占主导。在卢布贬值、跨境电商的发展与语言的短板等综合因素的影响下，坐商有了新的应对生意状况不佳的策略，在去与留的选择中徘徊，或开发副业增加收益，或转行成为俄货微商。他们也期待俄罗斯经济的好转与黑龙江大桥的建成通车，为其市场经营带来新一轮的发展机遇。

一、表现："去家庭化"经营与一店经营占主导

　　家庭经营，是指同一家庭中的多位成员都在国际商贸城里经商，或一个家庭有一个摊位，或一个家庭里的每个成员各有一个摊位。孙叔叔家是笔者调查期间遇到的在国际商贸城里曾经精品屋最多的，共3个，分别由孙叔叔、其女儿和其儿子经营。正如孙叔叔所言："我家在国际商贸城里曾有三个摊儿，儿子、女儿和我各有一个，都是卖渔具。我不是想着我去上货，就把孩子的货一起上了省事。"这就能明显看出家庭经营的优势，一是市场垄断，"这个店不卖货那个店还能卖"；二是节约人力成本，精通渔具的3人可以在其他店里顾客多时前去救场，以减少顾客的流失。除了精品屋最多的孙叔叔，也有曾经柜台数量最多的蒋阿姨，她也是和家人一起参与市场经营。据她的回忆："最多的时候有六节柜台加一个精品屋，一年租金就需要四万七千多元，经营了有七八年的样子。我家姑娘初中毕业后就不上学了，后来就在我现在这个位置卖床上用品。这个位置后两年是转租给别人了，2016年底我就从后边往前挪到这里来了。"这种家庭经营和多店经营的方式在生意状况最佳的几年前十分流行，以至于早些年没有入驻国际商贸城的租户在这里生意十分景气的情况下很难租到柜台或精品屋，在错综复杂的社会关系网络中垄断现象可见一斑。

　　调查中笔者发现，近年以来国货坐商的经营方式出现了从家庭经营到"去家庭化"经营的趋势，这表明坐商群体经营策略的改变。目前孙叔叔家只租了一个精品屋，由孙叔叔自己经营，他的两个孩子都"另起炉灶"，开始了新的工作。而蒋阿姨目前只租了一个精品屋，其他6个柜台早已退租，不再雇店员，其女儿也不在国际商贸城里继续经营，而是选择到俄罗斯圣彼得堡做导游。在生意

不景气的状况下，即使店里有多位家庭成员，其经营收益并不会因为劳动力数量投入的增加而增加，劳动力投入的边际效益接近于零，这种劳动力内卷化❶导致的结果就是人力资源的浪费。

相比较而言，青年人可以通过被雇用的方式在市场上获得相应的收入，因而可以根据市场价格来计算自己的机会成本。但对于家庭中年龄稍大一点的人来说，有自主经营的生意时，他们可以被作为劳动力使用，但是他们进入劳动力市场获得的机会成本是很小的。不同类型的家庭劳动力在市场上的意义是不一样的，因而国际商贸城里最常见的家庭策略是青年人脱离自家生意选择另谋出路，而年长者继续经营。❷ 现在"幸存"下来继续在国际商贸城里经营的人，曾经都是这里的"大户"，用当地人的话来说就是"瘦死的骆驼比马大"。

多店铺多人的家庭经营方式面对坐商经济的式微，其经营策略是缩减店面和减少从业人员。当然，始终只有一个店面的老板，如果想继续经营但又不想影响家庭整体的经济收入，便只能通过减少店里家庭成员的方式来回应"坐商"经济的式微。前文中提到的丁先生一家夫妻两人 2007 年进入国际商贸城经营以来，一直由夫妻两人共同经营一个渔具店，从来没有雇过店员，直到 2016 年在生意很惨淡的情况下，丁先生的爱人便出去寻找了另外的工作——化妆品、保健品直销。用丁先生的话来说就是："我一个人在这卖货还闲着呢，用不了两个人都在这里守着，没顾客的时候我没事就看看电视，和别人聊聊天、玩玩牌打发时间，要不然时间真的很难熬过去。多一个人在这待着还不如出去找点事情做。"实际上，从家

---

❶ 黄宗智. 华北的小农经济与社会变迁 [M]. 北京：中华书局，2000：6.
❷ 关于家庭经营中劳动力的机会成本问题，参见刘玉照. 家庭经营的成本核算与经营决策——以白洋淀塑料加工户为例 [J]. 社会，2009，29（2）：64－67.

庭经营到"去家庭化"经营,从多店经营到一店占主导,这背后隐含的是国货坐商从业人数的锐减,边境地区劳动者职业结构的变化,中国商品销售模式的变革等。无论如何,坐商退出在国际商贸城里自主经营后,个人职业的重新选择是家庭经济策略调整的一部分,分散承担了家庭经济的重担。

二、原因:卢布贬值与跨境电商的发展

(一)卢布贬值与外国籍人员进出境人次的变化

2014 年,乌克兰危机引发欧美国家对俄罗斯实行严厉的经济制裁,导致俄罗斯出现经济危机,卢布汇率急剧下跌,从 2014 年年初 1 元人民币约兑 5.5 卢布到 2014 年底的 1 元人民币约兑 8.5 卢布。这相当于 2014 年初在中国境内花费 550 卢布可购买到的商品,在年底就需要支付 850 卢布才能买到,这对俄罗斯人来说最大的感觉就是中国商品"贵"了,而实际上却是卢布贬值。就 GDP 增速而言,2014 年俄罗斯 GDP 增速继续下降至 0.7%,2015 年全年GDP 下降 3.7%,经济出现负增长;就居民生活水平而言,2014 年俄罗斯居民实际可支配收入同比下降 0.7%,2015 年下降 4%❶。不过,与 2015 年第一季度时 1 元人民币约兑 9.7 卢布相比,2016年底以来人民币兑卢布汇率稍有回升。为了挽救俄罗斯经济形势的逐渐恶化,2014 年以来俄政府相继出台了一系列政策措施,如禁止从实施制裁的国家进口农产品、原料及食品,在农业及食品工业领域实施"进口替代"战略,加强与亚洲国家的合作融入亚太经济

❶ 郭晓琼. 危机与应对:普京第三任期俄罗斯经济发展 [J]. 东北亚论坛, 2017, 26 (6):112 –113.

圈等，对稳定社会经济局势发挥了重要作用，2017 年以来俄罗斯经济继续下降的趋势已基本得到遏制。但是就 2018 年 1 月时人民币兑卢布汇率的状况而言，与 2014 年初以前的状况相比仍有很大的差距，卢布仍处于贬值状态。

正是这种外部环境的变化直接影响了黑河口岸外国籍人员的进出境人次。如表 6 - 2 所示，2007—2012 年，仅有 2007 年和 2008年两个年份通过黑河口岸的外国籍人士超过 100 万人，达到黑河口岸进出境人次的高峰。而受到 2008 年下半年全球性金融危机的影响，2009 年通过黑河口岸的外国籍人士比 2008 年减少了约47.62%，是 2007—2012 年外国籍人士在黑河口岸进出境人次最低的一年。这种进出境人次的变化与前文中被访者所讲述的生意状况的变化情况是一致的，因而可以得出黑河口岸进出境外国籍人员人次的变动影响国货"坐商"生意状况的结论。

表 6 - 2　黑河口岸 2007—2012 年进出境人员统计

（单位：万人次、%）

年份	旅客		运服人员		进出境总数			
					中国籍		外国籍	
	中国籍	外国籍	中国籍	外国籍	人次	同比	人次	同比
2007	18. 24	94. 40	4. 01	9. 65	22. 25	—	104. 05	—
2008	22. 41	103. 56	4. 25	9. 66	26. 66	18. 82	113. 22	8. 81
2009	24. 24	54. 16	3. 20	5. 15	27. 44	2. 93	59. 30	- 47. 62
2010	24. 20	71. 43	3. 33	5. 29	27. 53	0. 33	76. 72	29. 38
2011	26. 55	76. 54	3. 47	5. 83	30. 02	9. 04	82. 38	7. 38
2012	29. 92	70. 89	3. 71	6. 11	33. 63	12. 03	77. 00	- 6. 53
合计	145. 56	470. 98	21. 97	41. 69	167. 53	—	512. 67	—

注：数据根据《黑河海关志（1999—2012）》第 201 页的"黑河海关 2007—2012 年进出境人员统计表"整理得出。

　　另外，从表6－2还可以看出，2007—2012年中国籍旅客通过黑河口岸的人次始终低于外国籍旅客人次，这可以在一定程度上说明中国对外国籍人士更具有吸引力。

　　由于黑河口岸特殊的地理位置，通过黑河口岸出入境的外国籍人士以俄罗斯籍为主，从2014年开始，黑河市人民政府网站陆续公布了一些以中国籍和俄罗斯籍为分类指标的不同时段下黑河口岸出入境人员的情况。从表6－3中可以看出，2014—2017年上半年黑河口岸中方出入境人员中，2015年达到顶峰，为14.91万人次，同比上涨幅度超过10%；2017年中方出入境人员13.63万人次，同比下降6.51%。2015年上半年俄方出入境人员同比下降68.94%，2016年与2017年上半年俄方进出境人员的人次处于增长状态。而2015年与2016年第三季度中方和俄方进出境人次变化不大。

　　通过表6－3，能够看出仅2014年，俄方出入境人次是中方出入境人次的3倍左右，而2016年和2017年上半年俄方出入境人次只是略高于中方出入境人次，与2007—2012年外国籍出入境人次至少是中国籍出入境人次2倍以上的事实形成鲜明对比。另外，从上述两个表中的数据还可以看出，2015年1—9月与2016年1—9月中方出入境人员的人次已经高于2007—2012年中任何一年中国籍旅客在黑河口岸的出入境人次总和。就此能够推断出近四年以来卢布出现贬值后，俄方出入境人次占黑河口岸总出入境人次比例下降，而中方出入境人次占黑河口岸总出入境人次比例有所上升。入境旅游人数的相对减少也直接影响到黑河市内的餐饮、娱乐、商店等场所，往日"生意兴隆"的场面已不复存在，而与之相反的是中国居民赴俄旅游人数大幅增加，他们看中了卢布贬值后俄罗斯商品价格的大幅"瘦身"，使购买俄罗斯商品成为一种时尚与当代热潮。

表 6 – 3 黑河口岸 2014—2017 年部分季度进出境人员统计

(单位：万人次、%)

时间		中方出入境		俄方出入境		合计	
		人次	同比	人次	同比	人次	同比
2014 年	1—6 月	13.17	—	39.60	—	—	—
2015 年	1—6 月	14.91	13.23	12.30	-68.94	27.21	-22.37
	7—9 月	15.87	—	11.40	—	—	—
2016 年	1—6 月	14.58	-2.26	15.06	22.51	29.64	8.93
	7—9 月	15.41	-2.90	11.54	1.22	26.95	-1.18
2017 年	1—6 月	13.63	-6.51	16.35	8.59	29.98	1.16

注：根据黑河市人民政府网站相关报道中呈现的数据整理而成。

与中国人对卢布贬值的感知不同，卢布贬值给俄罗斯公民最直接的影响是俄罗斯人来华旅游、购物成本增加，原来 1000 卢布能买到的商品，现在再也买不到了。现实情况确实如此，这在很大程度上就会限制俄罗斯公民来华消费，所以通过黑河口岸进入中国的外国籍人士减少也就得到了合理的解释。孙叔叔从事对俄民间贸易多年，卢布贬值对中国人和俄罗斯人的影响，他深有体会：

> 昨天在对岸卖渔具的两个人过来溜达，我问那边的情况怎么样，对方说也不好卖。卢布掉价了，比如说有的东西原来我卖 1000 卢布，挣了一点，但是现在就不能卖 1000 卢布了，比如说要 2000 卢布，那"毛子"就会感觉东西贵了啊，说以前1000 卢布，现在怎么变多了。那是因为 1000 卢布现在能兑换的人民币少了啊。现在带机器的船不好卖，合成卢布"毛子"感觉贵啊。卢布贬值对俄罗斯国内影响不大，对我们就影响大了。（孙叔叔，渔具店老板，访谈时间：2017 年 8 月 10 日）

实际上卢布贬值不仅对俄罗斯国内产生不利影响，如俄居民实际收入下降并导致消费能力降低、国内进口商品价格上涨、外国资本从俄罗斯撤资等，也对以俄罗斯顾客为主要消费群体的边境地区的中国商人产生了很大影响，如导致"坐商"收益下降、从业人数减少等。因此，卢布贬值成了"坐商"经济式微的重要助推器。

（二）中俄跨境电商的发展与跨境包裹数量的增长

在电子商务迅速发展的基础上，跨境电商在 2014 年也迎来了新一轮的发展机遇。2014 年 5 月 10 日，习近平总书记考察郑州市跨境贸易电子商务服务试点项目时，提出了"买全球卖全球"的目标。这个具有重要意义的事件进一步推动了中国电子商务"走出去"，特别是跨境电子商务的发展。据俄罗斯网络经济研究机构"东西数字新闻"（East-West Digital News）统计，2014 年俄罗斯公民在中国网店的订单量约 5000 万份，比 2013 年增加了 40%，2014 年中国企业销售额占俄罗斯电子商务市场销售总额（50 亿美元）的 70%，越来越多的中国商家对俄罗斯市场兴趣大增，俄罗斯公民在中国阿里巴巴旗下的全球速卖通上的下单量最多，其次是淘宝、天猫。❶

2015 年中俄跨境电子商务呈现快速发展势头，中国京东等有实力的电商企业也在不断加大对俄罗斯市场的开拓，致力于实现跨境物流的快速发展。仅 2015 年"双十一"及俄罗斯"黑色星期五"期间，超过 100 万件包裹被寄至俄罗斯，较去年同期增长 2 倍多；2016 年第一季度，俄罗斯居民跨境网购包裹数量达 4800 万件，其中 90%（4320 万件）寄往俄罗斯的包裹来自中国❷。就黑河口

❶ 中国网店覆盖 70% 俄电子商务市场 ［EB/OL］. （2015 - 04 - 22）［2017 - 11 - 10］. http：//it. people. com. cn/n/2015/0422/c1009 - 26886430. html.

❷ 俄罗斯电商协会称 90% 寄往俄罗斯的包裹来自中国 ［EB/OL］. （2016 - 05 - 30）［2017 - 11 - 19］. http：//news. 163. com/16/0530/09/BOAA9N0000014AED_mobile. html.

岸而言，2015 年出境邮包 53.33 万件次，其中约 98% 是寄往俄罗斯，出境包裹的主要品种为鞋帽、玩具、服装、小百货、汽车饰品等，卢布下滑刺激俄罗斯减少了对欧美奢侈品的依赖，中国商品成为更理性的选择。❶ 2016 年，中俄电商贸易额约 23 亿美元，占俄跨境电商贸易总额的 54%；2017 年上半年俄罗斯网民线上购买的中国商品订单同比增长 5 倍❷，可见俄罗斯消费者对中俄跨境电商发展的欢迎和对中国商品的认可。

中俄跨境电商的快速发展使足不出户的俄罗斯人即可通过跨境电商的平台购买到心仪的中国商品，而且中俄两国间包裹邮递速度也大大提升。从 2015 年初开始，黑河邮政局新开通对俄邮政国际小包业务，以往需从新疆、珲春等口岸邮寄到俄罗斯境内的 2 公斤以下的包裹允许从黑河口岸出境通达俄罗斯全境，缩短了俄方网购邮寄时长。❸ 在此状况下，来光顾中国商品市场的俄罗斯人的数量不可避免地受到影响。中国边境地区作为依靠俄罗斯顾客而生存的国货坐商，在面临顾客锐减的状况后，不得不考虑未来的出路。一部分人选择离开，还有一部分人选择坚守，等待新的经济增长点的到来。当然，中俄跨境电商的发展对商贸城里的一些商户来说并不是一无是处，这为他们开启了一门副业——帮俄罗斯人签收包裹，

---

❶ 黑河口岸 2015 年出入境邮包巨量增长十四倍［EB/OL］.（2016 - 01 - 25）［2017 - 12 - 28］. http：//www. heihe. gov. cn/info/1103/74692. htm.

❷ 中俄经贸"稳增长、调结构、转方式"取得显著成效［EB/OL］.（2017 - 11 - 21）［2018 - 01 - 21］. http：//www. ccpit. org/Contents/Channel _4117/2017/1121/917210/content_917210. htm.

❸ 王明亮，高殿辉. 从黑河市边贸数据看当前中俄贸易发展现状［J］. 黑龙江金融，2016（1）：70 - 71. 伴随着跨境电子商务的迅猛发展，黑龙江省政府出台了《黑龙江省推进跨境电子商务健康快速发展工作方案》，并对推进全省跨境电商快递协同发展进行了部署。在相关政策的指引下，黑河市也全力构建跨境电子商务综合服务平台，通过开展对俄小包邮递、新建边境仓等有效措施，大力缩短运输时限，为电商发展构建优质服务平台，全力助推跨境电商快速发展。

从而获取一定的保管费。正像被访者赵丽所言："中国商户可以代收货，俄罗斯人来这边之后再带回去，自己带也不用缴税的。你只负责收货，人家给你每个月 800 块还是 1000 块的费用，这不挺好吗，也是商户的一部分收入。"能够看到，国货坐商面对不利于自身发展的社会经济环境时，能够用自身所能及的力量去调整行动策略，从而获得比较满意的收益。

三、应对：去留的抉择与开发副业

（一）去留的抉择——综合因素的考量

能够从黑河中俄民间贸易市场全身而退的坐商，通常是身体健康、有冲劲的中青年人，他们或选择其他职业重新开始，或转战到其他中国边境城市❶继续从事边境贸易的生意。然而还有一批个体经营者没有选择离开，或是经济利益的驱使，或是身体条件的限制，或是对未来充满了期待，在众多综合因素的考虑之下，维持着中俄民间贸易的正常进行。笔者看到国际商贸城里的生意萧条，但依然有人在这经营，便对个体经营者的去留抉择产生了好奇，是什么因素在影响这群人的抉择？

调研中笔者发现，家里有孩子正在上学、年纪在四十岁左右的商人，他们对孩子的教育问题都格外重视，寄希望于子女能够通过教育改变命运，孩子未来要上一个好的初中、高中和大学，因此害

---

❶ 笔者听到最多的是原来在黑河经商的人远赴霍尔果斯继续开展边境贸易。霍尔果斯口岸与黑河口岸一样，在历史上曾是中俄贸易的重要通道。1983 年，作为对苏（苏联）贸易的口岸——霍尔果斯口岸重新开放；1992 年经国务院批准后建设了边民互市区。在"一带一路"倡议提出之后，霍尔果斯越来越成为新疆面向中亚和欧洲开放的窗口。

怕自己工作地点的变动给孩子造成不利的影响。❶ 所以孩子的教育问题也就成了影响商人去留抉择的因素之一，正如赵女士所言，"要不是孩子，我早就去南方了"。

> 我老公是武汉人，早些年前他来这边做茶叶的生意，认识后结婚生孩子的，现在两个小孩，老大高一了，学习成绩排在100多名，老二10岁，小学三年级，现在生意不景气，几天可能都不开张，要不是孩子，我早就去南方了。以后肯定让老大到南方上大学，那边人头脑灵活。另外，也想着俄罗斯那边的经济要是好了的话，生意还能起色。所以现在的精品屋还这么养着，就是赔钱，可现在要是不租了，以后生意好的时候，就租不到位置了，一天天就在这待着。（赵女士，茶叶店老板，访谈时间：2017年1月15日）

从赵女士的表述中可以看出，除了考虑孩子的教育问题，她还对未来俄罗斯的经济形势充满期待，即使在"赔钱"的状况下，精品屋还是要租着，以防生意有起色之后无店面可租。还有的被访者观察比较细心，试图帮助笔者梳理影响他们去留抉择的因素。

> 我们二楼没多少家店了，原来都是满满的，你去年来那就很萧条了，要是前几年来看就不一样了。现在还在这边坚持的，无非几个方面的原因，一是孩子上学，不能远走，转学对孩子影响挺大的，还有就是经济实力不错，以前赚着钱了，现

---

❶　长时间的实地调研之后，笔者发现自己在询问被访对象关于某些问题的看法时，他们常常也向我提出一些问题等待我的回答。也许正是这样的良性互动，逐渐拉近了笔者与被访对象的关系。基于上述发现，笔者在接触家里有孩子正在读书的老板时，往往从教育问题开始聊起，然后再进入正式的访谈。笔者与被访对象常常一起探讨的问题有如何看待在职教师校外补课、中央民族大学附中招生的政策的解读，以及如何让学生爱阅读等。

在虽然不像以前赚那么多钱，但是也赔不着，你就看看周围这几家卖的东西你就能看出来，家底都厚实。再就是对未来还有期待的，要是生意好还能赚一笔，楼梯口的位置好啊，要是不干了以后生意好了，租不到这个位置了。（刁先生，貂帽店老板，访谈时间：2017年8月1日）

笔者赞同刁先生对继续在这里经营的商户的原因解读：一是孩子的教育问题，对家里有孩子正在读小学、中学的商户来说，他们害怕因转学给孩子的学习成绩带来不利影响；二是经济实力雄厚的商户面对生意的不景气能够支撑得住，"瘦死的骆驼比马大"；三是对未来还充满期待，如果现在不租下黄金铺位，以后极有可能租不到。当然，以上三点原因在某些情况下并不是孤立存在，而是共同影响商人的抉择。调研中，笔者还发现了另外一种影响商人选择是否退出市场的因素，即商人自身的身体条件。鞋店老板丁先生曾生过一场大病，目前腿脚不灵便，很难选择从事自主经营之外的事情。对他来说目前继续在商贸城经营确实是无奈之举。

近几年效益这么不好，中午不舍得到饭店去吃，去一次好几十元的。中午有来卖盒饭的，就买一盒。晚上回家了再好好做一顿饭。我这是天天在这，都不赚钱了，就不能那么花了。就这孩子一年就得花老钱了，以前上幼儿园的时候一年就得1万来块，现在上小学了费用也不能少了。在这继续坚守，要不然没啥干的啊。我这腿脚不好，给别人打工谁要啊，也不能出早市。这里下班早正好可以去接孩子。这边生意未来的前景，也不好说会怎么样啊，不知道这个跨江大桥修起来后会不会火一把。再火一把赚点钱就够养老了。现在就是吃老本了，没办法啊，从2016年12月底到今年8月底，我总共才卖出去12000多块，一年租金是9000多块，你说这几个月我才赚了几

个钱，现在眼瞅着销售旺季就过去了。（丁先生，鞋店老板，访谈时间：2017年9月1日）

不过从另一方面来说，继续在国际商贸城里经营，使丁先生有相对自由的工作时间，可以在孩子放学的时候去接孩子，而且周末时还可以将孩子带到店里看管，他的妻子便可投入更多的时间到工作中。这是一个不错的家庭策略。这种家庭策略强调家庭本身的主体性、能动性和其应对复杂多元化社会中的调整与适应，并对家庭的运行和发展，作出合理的安排❶。当然，有些时候丁先生也免不了对生活有所抱怨，而家庭责任、孩子的未来，以及对未来可能的生意期待成了安慰自己的有力话语。与丁先生紧邻的是前文中提到的服装店老板苏女士，她因早年的劳累致使腿部患病，走路一瘸一拐的她与丁先生常常相互鼓励，她说："我最少还要干五年，除非商贸城关门不让干了。"

2013年我国"一带一路"倡议提出后，地方政府纷纷制定各级规划积极融入"一带一路"倡议，以期促进区域经济增长。黑河市在此背景下，不断加强中俄边境地区基础设施建设与两国的文化交流，积极拓展对俄经贸合作的广度和深度。与此同时，国家发展改革委员会出台了《国家新型城镇化规划（2014—2020年）》，将黑河市纳入面向东北亚的国家重点建设的16个陆路边境口岸城镇之一，并提出要培育壮大陆路边境口岸城镇，完善边境贸易、金融服务、交通枢纽等功能，建设国际贸易物流节点和加工基地。这样，边境口岸成为边境地区的增长极、国家建立开放性经济新体制的实践者。❷ 2015—2017年黑河市商务局公布的数据显示，2015年

❶ 麻国庆. 家庭策略研究与社会转型 [J]. 思想战线，2016，42（3）：1.
❷ 李青. 我国边境贸易的历史回顾与"十三五"发展的新特征 [J]. 区域经济评论，2015（2）：96.

边境小额贸易完成 3.01 亿美元，同比下降 58.66%。2016 年边境小额贸易完成 3.87 亿美元，同比增长 28.61%。2017 年边境小额贸易完成 5.01 亿美元，同比增长 32.35%。❶ 从以上统计数据可以看出，2015—2017 年黑河市对俄边境小额贸易态势呈现好转。这些外部环境的变化，似乎也在潜移默化地影响着国货"坐商"的选择，造就了他们徘徊与观望下的继续坚守。

（二）开发副业

每年进入 8 月下旬，光顾国际商贸城的俄罗斯人明显减少，没有生意的时候，店主们大多是通过玩手机、与周围人聊天的方式度过漫长的时光。在笔者的思维中，生意不太好的时候店主完全可以不来店里在家休息几天，而这样的想法没有一名被访者赞同。坐商的想法是：即使人少，没有特别要紧的事，也要来店里。一个非常重要的原因是，在这里经营的人少则七八年，多则十来年，甚至很多人从国际商贸城开业起就在这里经营，这么多年来多少积攒了一些回头客，如果哪一天自己的店没有开门，已经形成的回头客很有可能被同行"抢"去，所以没有要紧事宜，店主都会来店里，如果自己确实有事，也会叫其他人过来帮忙看店。一年中，一般情况下只有春节期间国际商贸城停业 3 天，其他时间都正常营业。在调研期间，笔者常常听到无聊、看手机眼睛累、腻味等词，表达了店主们对生意不景气的无奈。不过，为了应对每况愈下的生意，一些商户便开始另辟蹊径，开发副业以增加收入。

前面提到跨境电商迅猛发展，一些俄罗斯人通过跨境电商平台

---

❶ 翟立强，潘胤州，王小琬."一带一路"视域下黑河市对俄贸易发展的现状、问题及建议［J］.黑河学院学报，2018（9）：106-108.

购买中国商品。❶ 由于跨境物流通关时间相对较长、费用相对较高，一些俄罗斯人通过跨境电商平台购买中国商品之后，并不是选择直接将货邮寄到俄罗斯，而是邮寄到国货坐商的手中，要么是买货的人亲自过境来取，要么是请他人将包裹带到俄罗斯境内。那些专门帮俄罗斯人收快递的坐商，每签收一件快递，根据包装的大小，收取2—10元不等的佣金。这种情况是专门代收快递。当然除了代收快递这项副业，还有一种情况，就是国货坐商帮助俄罗斯人从中国淘宝网直接购买中国商品，根据商品的价格收取不等的佣金。柴先生帮助俄罗斯人收快递、代买商品已经有近三年的时间了，虽然这份副业赚钱不多，却让清闲的日子充实了起来。

> 前几天从网上买的吉他昨天到了，我还打开包装检查了一下，没有问题。"毛子"今天下午过来取。这一单赚了几十元，因为吉他本身的价格比较贵。这个"毛子"是我的老顾客了，有的时候是他自己需要的东西让我买，有的时候是别人需要的，他托我买，从中也能赚点。这个对我来说不碍事，我只管买商品，然后收货。现在我屋里还有三件快递，"毛子"没来取呢。大一点的快递占地方啊，收的钱就多，小件的话一般就是2块或5块。别看在这里做生意的人不少，但这个活不是所有人都能干的，像你蒋阿姨她只会用俄语说她卖的那些东西，日常唠嗑不怎么会，这就不行了。干这个不赚不赚一个月也有几百块，要不然在这里干守着不也是那么回事。（柴先生，电子产品店老板，访谈时间：2017年7月21日）

---

❶　尽管中国和俄罗斯之间的跨境贸易总体上是互惠互利的，并且受两国经济互补性的推动，但俄罗斯方面似乎并未阐明跨境交换的连贯政策或战略。参见 RYZHOVA N, IOFFCC G. Trans-border Exchange between Russia and China：The Case of Blagoveshchensk and Heihe ［J］. Eurasian Geography and Economics, 2009, 50（3）：361.

另外，国货坐商还帮助有需要的在俄华商收取货物。国货坐商收到货物之后，重新打包，然后由专门带货的俄罗斯人将货物以手拎肩扛的方式带到俄罗斯境内交给在俄华商。之所以要重新打包，是因为俄罗斯海关规定每名进境的俄罗斯人每天只可以免税携带小于等于50公斤的东西，而且同样的东西最多只能携带5份。人们将携带重新打包货物的俄罗斯人称为"俄带"。笔者刚开始进入国际商贸城调查的时候，看到每天上午送货的小推车一趟一趟地在狭窄的过道里穿梭，看到三五成群的俄罗斯人在闲逛，笔者认为商户口中"生意惨淡，状况不佳"并不完全属实，因为自己观察到的情况和被访者的诉说存在差异。正是带着这份好奇，笔者询问孙叔叔这其中的原委。他说："你看这来来往往的人挺多，实际上这些'毛子'都是带货的，一个人能拿50公斤过去，一公斤大概是15块，来回费用自己出（船票138元，人头税95元），一趟能赚个两三百块钱。这边发货的人告诉带货的人把东西交给那边谁谁谁。你看那边卖药的那家，天天有货到，那些新到的货物都不是自己的，都是代收的，要重新打包。"这样的说法对笔者特别有启发，而且也得到了其他被访者的印证。

除了代买商品、代收快递和打包货物，有些国货坐商们开始转战国内市场，增加了俄货微商的业务。这是下一章将要讨论的内容。开发副业的国货"坐商"，有一个共同的特点是他们不仅精通"市场俄语"，而且能够用俄语熟练地与俄罗斯人进行日常交流，这为副业的开展提供了强有力的文化资本，也是跨国网络构建的必备条件之一。

四、未来：期待俄罗斯经济好转与黑龙江大桥建成通车

国货坐商的未来充满了不确定性。依然保持阳光心态的他们期

待俄罗斯经济好转，卢布升值，黑龙江大桥建成通车，以引发中俄民间贸易发展的又一高潮。前文中提到的茶叶、茶具店老板赵女士对俄罗斯经济的发展以及大国关系就十分关注。她说："大家比较关注 2017 年 1 月 20 日，这不是美国总统换届了嘛，特朗普上台后美俄关系的变化得关注啊，特朗普支持俄罗斯支持普京。2017 年俄罗斯的经济形势不知道能不能好一些。奥巴马和普京关系不是不好嘛，之前奥巴马对俄罗斯制裁啊。不过不管怎么样俄罗斯经济都得恢复一段时间，不能立马有起色。"所以，国货坐商并不会在俄罗斯经济形势不明朗的情况下作出选择，而是继续观望。

特朗普上台之后，于 2017 年 8 月签署了一项针对俄罗斯、伊朗和朝鲜三国的制裁法案，"制裁俄罗斯"的相关措施正式成为美国法律中的一条。虽然与 2014 年初相比，当前的卢布依然处于贬值状态，这对俄罗斯公民的消费能力产生了极大的影响，但进入 2017 年以来，人民币兑卢布汇率有所回升。这对于"坐商"经济的发展是一个新的信号。除了对俄罗斯经济好转的期待，中俄黑龙江阿穆尔河大桥（以下简称"黑龙江大桥"）的建成通车无疑是另一个可以期待的大事件。

建设黑龙江大桥愿望的表达是中苏恢复边境贸易以后，随着中苏经济贸易合作的进一步发展提出来的。此后，建设黑龙江大桥一事一直在不断反复中积极争取，两国政府一直没有放弃努力❶，但是建桥事件一直没有实质性进展。这次建桥事件的转机是 2016 年 9 月，国家发改委批复了黑龙江省发改委《关于批复黑河—布拉戈维申斯克黑龙江（阿穆尔河）公路大桥工程可行性研究报告调整报告的请示》（黑发改交通〔2016〕298 号）。2016 年 12 月 24 日，黑

---

❶ 司汉科，曲静，胡日查. 黑河人的黑龙江大桥之梦［N］. 黑龙江日报，2005 –09 – 25（1）.

龙江大桥终于在中俄界河黑龙江上启动建设。"跨江大桥项目，起点位于中国黑龙江省黑河市长发屯，终点位于俄罗斯阿穆尔州布拉戈维申斯克市卡尼库尔干村……计划工期三年，2019 年 10 月交工通车。大桥建成后将新辟一条东北振兴经贸大通道。"❶

　　之所以强调黑龙江大桥的建设，是因为它所具有的潜在影响力。20 世纪 80 年代黑河行署筹建了黑龙江大桥领导小组，其成员郭洪亮曾说："从我国来说，这座大桥将为东北地区与苏联西伯利亚和远东地区的经济技术合作，贸易往来发挥重大作用。从东北亚各国的全局看，这座大桥将为中苏日朝的经济技术合作和贸易往来产生积极的影响……从实现我国东北地区与苏联西伯利亚和远东地区的经济技术、贸易合作来说，有着得天独厚的条件。"❷ 黑龙江大桥启动建设之时，黑河市委书记秦恩亭也说，"黑河—布拉戈维申斯克黑龙江（阿穆尔河）大桥是中国'一带一路'建设重要成果，也是'中俄蒙经济走廊'对俄互联互通重要跨境基础设施，将带动跨境旅游和多产业融合发展，密切两国地区经济、人文交流与合作"。❸

　　黑河人民悬着的心终于落地了。他们不敢相信黑龙江大桥的建设已成事实，因为之前经历了太多口头消息——即只听说要建设黑龙江大桥，却没有实质性进展。黑龙江大桥办公室主任姚世国也感叹地说："仅工程可行性研究报告就召开了 15 次专家论证会。至于黑河与俄罗斯阿穆尔州就大桥的会谈、磋商到底有多少次谁也记不清了。"❹ 在未来，黑龙江大桥将发挥不可替代的作用，因而中俄

　　❶❸ 中俄首座跨江现代化公路大桥启动建设 [EB/OL]. (2016–12–25) [2017–12–28]. http://www.ce.cn/xwzx/gnsz/gdxw/201612/25/t20161225_19093882.shtml.
　　❷ 郭洪亮. 论建设黑河黑龙江国际大桥的必要性 [J]. 黑河学刊，1990 (4)：23.
　　❹ 司汉科，曲静，胡日查. 黑河人的黑龙江大桥之梦 [N]. 黑龙江日报，2005–09–25 (1).

民贸人员对它的期待也就无可厚非。

可以说2019年黑龙江大桥建成后，将形成新的国际物流、人流大通道，实现中国东北和俄罗斯远东的直接互联互通。不过也有部分人士对其能够给自身带来的社会经济效益持怀疑态度，一是有人认为黑龙江大桥的主要用途在于货运，能够带来的客流量有限，即使有客流量，可能也不会选择直接到大黑河岛购物，而是选择去市区中央街；二是目前的生意状况不佳，不知道是否能够支撑到黑龙江大桥正式通车；三是由于黑龙江大桥的建设，担心位于大黑河岛的旅检口岸迁移至黑龙江大桥中国境内的起点长发屯附近，彻底截断大黑河岛的客源。不过，黑龙江大桥未来能够给整个黑河甚至黑龙江省的经济发展带来的机遇是黑河人一致期待的。

黑龙江大桥中俄部分已于2019年5月31日正式合龙，标志着公路桥已经建设完成。2020年5月，俄罗斯联邦建设和住房公用事业部根据《俄罗斯联邦城市法》第55条正式颁发了这座桥投入运行的许可证，黑龙江大桥将在新冠肺炎病毒限制措施解除后开始运行。●

第四节　市场秩序与个体商人经济行动的策略性调整

在中苏（俄）民间贸易恢复早期，特殊时代背景下出现的倒商在不断的跨国流动中促成了两国人民在经贸、文化和社会方面的交

● 黑龙江大桥已获投入运营许可［EB/OL］.（2020 – 05 – 22）［2020 – 06 – 30］. http：//www.heihe.gov.cn/info/1186/109071.htm.

流，为倒商后续的市场经营积累了资本。20 世纪 90 年代末期以来，坐商与以往流动交易中的倒商相比拥有着固定的生存场，在大黑河岛国际商贸城里经营了近 20 年的他们一直从事着与俄罗斯人打交道的商业活动。虽然后起之秀——中国自由贸易城在开业之际赢得了很高的声誉，国际商贸城里的坐商也纷纷到自由贸易城里再开一店。但它作为坐商生存场的时间却如此短暂，以至于部分坐商最后不得不黯然回归由政府出资建造、市商务部门直接管理的国际商贸城里继续经营。

生存场是坐商进行商品交易活动的具体区域，它不仅体现为一个特定的地理空间，还体现了坐商在经济活动过程中所构建的"在地化"的社会关系网络。这里的"在地化"一是强调从中俄边境地区商人群体的特征（外地人与本地人共同组成）分析他们的行动策略，二是强调外地商人在居住地的社会融入过程，虽然他们在黑河的时间尚短，但"非生于斯而老于斯"的观念在部分商人的头脑中已经形成。李亚平认为："客商在地化是一个循序渐进、不断发生的过程。从进入到适应再到融合，客商的在地化过程突破了传统中国浓厚的乡土意识。就'融合'阶段而言，在地化客商一个显见的特征是'非生于斯而老于斯'。"❶

就新时期黑河地区商人群体的人员构成方面，笔者在前文中提到了国企下岗职工、停薪留职人员、进城寻找就业机会的农民和慕名而来的南方商人四类。他们中的一些人通过亲缘、血缘和地缘等乡土资源实现了连锁流动，在从倒商到坐商经营方式转变的过程中，他们将商业活动和日常生活的重心更多地放在了现居地，而且与家庭成员一起进行家庭式经营和多店经营。在持续的市场经营

---

❶ 李亚平. 客商"在地化"的概念、进程与其意义——以近代兰州客商为中心 [J]. 兰州学刊, 2014 (4): 40-44.

中，外来"客商"通过与当地人的交往逐渐构建了"在地化"的社会关系网络，扩展了原有的乡土资源，在业缘关系中实现了良性的社会互动。

在充满竞争的生存场中，每一位坐商都在自己租位于上货、摆货与售货、换币与收益盘点的经济活动中运用一定的经营策略，例如租到电梯口附近的位置、进别人家没有的畅销货、雇用俄语比较好的店员等，以期获得可观的收益。但是为了稳定客源，坐商又不得不在必要时降低自家商品的售价、赠送顾客一定的小礼物，维持与顾客良好的社会关系，而在"朋友介绍朋友"的模式之下，这又为坐商带来了新的客源。另外，同在国际商贸城里经营不同类型商品的坐商之间也会互相介绍客户，这就在业缘关系的基础上构建了范围更大的潜在客户圈。近几年，由于俄罗斯的卢布贬值与中俄跨境电商的迅猛发展，坐商经济式微，表现为"去家庭化"经营与一店经营占主导的经营方式。在去与留的抉择中，部分坐商开发了副业并期待俄罗斯经济的好转与黑龙江大桥建成通车。

行动者不能自由地选择如何创造社会，而是受限于他们无法选择的历史位置的约束，但结构又能为人类的行动提供各种资源，因此结构具有约束人类行动和促成人类行动的双重能力。❶ 就坐商本身而言，它的形成是中俄民间贸易发展到一定阶段的结果，也是地方政府风险管控下商人群体呈现的新的经营形式。坐商在固定的生存场中，积累了各种资源，并实现了它们之间的相互转化，使坐商经济的延续得到了一定的保障。当坐商面对俄罗斯顾客锐减、商品质量不高、商品力不足和形象力不佳等市场秩序时，并不是所有的坐商都毫无能动性，精通"市场俄语"能够用俄语熟练地与俄罗斯人进行日常交流的坐商选择开发副业，如帮助俄罗斯人代收快递、

---

❶ 金小红. 吉登斯的结构化理论与建构主义思潮 [J]. 江汉论坛, 2007 (12): 95.

代购物、代打包货物等来改善收入下降的状况。也有坐商在继续经营中国商品的同时，开始瞄准国内消费者，做起了销售俄罗斯商品的微商。能够看到，笔者所论述的边境地区商人群体经营方式和行动策略的变化，是与在经济和社会结构层面发生的巨大变化相伴而生的；在此过程中，商人群体并不是被动地受制于结构性因素，各种行动策略的运用充分展现了他们的能动性。

第七章 "互联网+"时代 网商群体的新生之路

　　走在黑河的大街小巷，百步之内便会经过几家俄货商店，特别是俄罗斯商品街附近，那里是俄货的集散地，每家商店里都摆满了琳琅满目的俄货。起初，俄货并没有引起笔者的注意，直到某一天笔者去了"俄品多"大黑河岛旗舰店之后，想法才有所改变。那是2016年7月9日上午，笔者第一次到位于大黑河岛国际商贸城南区一楼的"俄品多"闲逛，那里比俄罗斯商品街上的任何一家店都要大，而且商品品目繁多、星罗棋布。最重要的是，在"俄品多"里面挑选俄货的顾客非常多，这让笔者第一次亲眼见证了俄货之热。● 确切地说，如果是第一次见到那样的情景，想象这里是在免费发放商品也不足为奇。

　　每年七八月，黑河旅游旺季的到来又进一步推动了俄货热，而食品贸易又是巩固中俄经济联系的重要环节。面对安全性高、营养丰富、价格亲民等特点并存的俄罗斯食品在中国边境城市的畅销，

　　● "俄品多"里的顾客是一直都很多，还是偶发情况呢？带着这样的疑问，在接下来的日子里，笔者又多次选择不同时间段进入"俄品多"，通过观察法了解顾客进店的情况。时间来到2016年7月底，进店顾客比以往更多了，几次下午三四点钟进入"俄品多"之后，发现大部分货架都空了，特别是销售咖啡的货架，而购物的顾客仍不见减少。

随之而来的问题是：俄罗斯商品特别是食品，为何会进入中国市场且在边境城市颇受欢迎，在"互联网＋"时代背景下边境地区的商人群体又是运用了怎样的行动策略，创造了怎样的经营之路呢？

第一节　俄货热的推力

我们知道，俄罗斯原来是重工业比较发达的国家，很多轻工业产品不能自给自足，需要依靠进口。自普京总统上台以来，俄罗斯的领导层制定了相关的政策并大力扶持了农业连带食品产业，甚至有了大量出口食品的能力。❶再加上近几年欧美的贸易制裁，进一步催生了俄罗斯的内生发展。这在一定程度上为中国顾客能够吃到俄罗斯食品提供了宏观的社会背景。当然，俄罗斯商品能够进入中国市场并受到中国人欢迎，还有另外两个重要影响因素：一是中国食品安全危机催生了消费者对俄罗斯安全食品的需求，需求量的增加进一步推动了俄货在中国边境地区乃至全中国的销售热潮；二是俄罗斯商品具有作为礼物的社会功能，它在我们看似普通的日常社会互动中扮演了重要的角色。

---

❶　普京总统在就任初期就提出："我们最优先的任务是要将粮食产出提升至八十年代末九十年代初的水平，并大幅降低整个国家对食品进口的依赖。"2005 年俄罗斯开始对进口肉类征收限制性关税，继而支持国内畜牧业发展和增加对国内饲料类谷物的需求。2008 年开始提高小麦出口关税，出现歉收之后又在 2010 年禁止出口小麦。在 2012 年时，俄罗斯的农产品进口额仍高达 460 亿美元，其中肉奶和酒类占超 30%。2014 年为"回应"西方制裁，俄罗斯开始禁止从美国、加拿大、澳大利亚和欧盟等国进口农产品，大大刺激了国内的肉奶生产。资料来源：崛起中的俄罗斯农业［EB/OL］.（2017 - 03 - 15）［2017 - 12 - 30］. www. xncsb. cn/newsf/50375. htm.

一、食品安全危机导致对俄罗斯安全食品的需求

国内的食品安全问题一直是一个备受关注的话题。比如国内出现过的三聚氰胺奶粉事件（2008 年）、地沟油事件（2010 年）、上海福喜公司使用过期肉事件（2014 年）、"饿了么"黑心作坊事件（2016 年），以及近年来出现的其他各种食品安全事件，都引起了中国消费者对食品安全问题的重视，也严重冲击了公众消费中国制造的食品的信心。俗话说"民以食为天，食以安为先"，面对近年来我国的食品安全状况，进口的安全食品在一定程度上满足了中国消费者的消费需求。

位于黑河市大黑河岛的"俄品多"销售的俄罗斯商品是原装进口，因而包装袋上没有任何中文标识。对于不认识俄语的顾客来说，想要了解某种商品的基本信息，只能查看与商品一一对应的位于货架上的标签，不过标签上呈现的内容是十分有限的，通常包括商品的重量、成分、生产日期、保质期等，不包括商品如何食用。虽然笔者不懂俄语，但经常到"俄品多"闲逛并购物，便对俄罗斯商品略知一二，这就给笔者提供了给他人做"翻译"的机会。一天笔者正在"俄品多"挑选商品，偶遇一位正在旁边选购食品的女士，她说自己第一次买俄罗斯商品而且又不认识俄文，不知道一种水果味的燕麦如何食用。恰巧笔者食用过这种燕麦，解答她的问题之后，笔者顺便当起了她的"翻译"，与她在"俄品多"里逛了几圈。利用这一契机笔者便与其攀谈起来，聊到了她旅行的行程、对黑河的印象，以及对俄罗斯食品的看法等问题。通过聊天，笔者了解到她对俄罗斯食品的认可度比较高，这种认知的来源归纳起来主要有以下四点：一是来自互联网上关于俄罗斯农业发展状况的相关报道，二是来自朋友对俄罗斯食品的正面宣传，三是商家对俄罗斯

食品的海报宣传，四是对负责进口国外食品的公司及其监管部门的信任。虽然上述四条没有一条是来自她的直接经验，但她依然对俄罗斯食品保持了良好的印象。

就黑河本地人而言，消费俄罗斯食品已经成为日常生活中不可缺少的部分。小碗是笔者于 2018 年 1 月经朋友介绍认识的一位宝妈，她跟笔者说："我认识的宝妈中选择给宝宝喝俄罗斯奶粉的有几位，我知道也有很多大人都喜欢喝俄罗斯奶粉的。我是认识俄文的，所以挑选奶粉的时候会仔细看奶粉的营养成分，试过几次孩子吃哪个牌子的奶粉基本就固定了。我们宝妈有微信群，也经常分享挑选奶粉的心得。"经过调查，笔者发现在黑河当地除了有宝妈喜欢的俄罗斯奶粉，也有备受欢迎的俄罗斯成人奶粉和面粉。

> 我是经常喝奶粉，中午不愿意带饭了就冲点儿奶粉吃几块饼干，俄罗斯产的奶粉冲了之后奶味很浓啊，饼干奶味也很浓，我管我自己吃的东西叫作西餐，哈哈。我这年龄越来越大了，感觉健康真的是太重要了，现在吃东西真的是要多注意了，得吃绿色安全食品。最近两年我喝这俄罗斯奶粉是怎么来的呢，我都是便宜买来的。经常来这唠嗑的那老太太在俄品多做保洁。一整进来的货有压扁的，包装坏的就便宜卖，内部员工就可以买了，包装的商品是不上货架的，外边人买不着，每次我都是让她帮我带个两袋三袋，她自己也买个四五袋的，多买点，这事不是经常有啊，一袋能便宜 10 块钱差不多，就是包装坏了点，不影响质量啊，所以喝着没事，我这不是就省钱了嘛。

> 黑河当地有面粉厂，面粉的价格和俄罗斯产的面粉价格差不多，当地的面粉筋道没有俄罗斯产的面粉筋道足，当地的面粉比俄罗斯产的面粉白一些。你看山东产的面粉也很白，不过它的价格感觉高一些。我是在想当地产的面粉和山东产的面粉

里面不知道添加了什么，怎么那么白。山东产的面粉我一般不买，价格贵点，当地的面粉和俄罗斯产的面粉我都买，不过最近几年感觉好像俄罗斯产的面粉我们当地人吃的越来越多了，大家都说那个好，就买那个。还有就是我家儿媳妇喜欢吃俄罗斯产的面粉，她跟我说那边种粮食好像管理挺严格的，化肥农药不能乱用。有时候她就往家里买面了，不用我操心。（苏女士，服装店老板，访谈时间：2018 年 1 月 22 日）

从上述访谈能够看出，被访者选择购买俄罗斯产的奶粉和面粉，一方面是靠朋友和家人的关系，可以买到价格实惠的奶粉，另一方面就是俄罗斯食品本身具有的高品质和安全性影响了购买偏好。实际上无论是外地游客还是黑河本地人，对俄罗斯安全食品的需求并非平白无故。追本溯源，发现除了前面提到的中国食品安全问题，还有另外一个重要因素是俄罗斯食品的生产标准问题。据文献记载，俄罗斯联邦政府的确对食品安全卫生管理非常严格。"俄罗斯为了保证食品安全，制定严格的准入制度和检验标准。除法律外，食品安全问题在俄罗斯还得到了全民监督。在联邦消费者权益保护和公益监督局的网页上，公众热线投诉电话非常显著。在俄罗斯大小超市及市场内的食品上都有明确的标签，标签上注明产品名称、产品成分、生产日期、产地、保质期等信息。"❶

在笔者的访谈中，一些顾客认为，俄罗斯生产食品遵循标准非常高，有几大类农药就是残留比较高、危害性大的完全不能使用，处罚也很严格，这跟俄罗斯商品在中国受欢迎程度高有很大的关系。因此，目前"无添加"和"高营养"已经成为俄产食品在中国的标签。再加上目前中国消费者的消费能力正在不断提升，而消

---

❶ 曹喜凤，樊红云. 俄罗斯食品在中国市场的发展研究［J］. 对外经贸，2017 (8)：17.

费升级的一个主要特点就是对国外优质商品的购买力和欲望的增加，这样自然也会惠及进口的安全食品上。俄罗斯《消息报》曾报道称"中国首次超过土耳其成为俄罗斯最大食品进口国"，仅 2016 年上半年俄罗斯向中国出口食品总额就达 7.53 亿美元，而 2015 年同期为 7.07 亿美元❶；2017 年 1 月 18 日《华尔街日报》报道，中国去年从俄罗斯购买了逾 10 亿美元的食品❷。可见，食品贸易是巩固中俄经济联系的重要环节。

二、俄罗斯商品作为馈赠礼物的社会功能的体现

俄罗斯商品除了消费者自己食用以外，还可以"送礼"。成为礼物的俄罗斯商品具有了另外一项社会功能，这也是它在中国风靡的原因之一。礼物中的"礼"指仪式、礼节和诸如忠孝的道德理念的礼仪性表达，"物"的意思是物质的东西。❸ 哈路弥·贝夫（Harumi Befu）认为，礼物交换同时具有表达性和工具性的功能，"表达性功能即赠者和收者之间既有的地位关系决定了礼物交换的情状，而馈赠支持了该地位关系。这与礼物馈赠的工具性运用形成了对照。在后一种类型中，交换状况决定了地位关系；即一个人通过送礼而操纵了地位关系"。❹ 当然，在实践当中，礼物并没有完全纯粹的表达性和工具性之分，只是在不同馈赠活动中二者所占有

---

❶ 柳玉鹏．中国首次超过土耳其成为俄罗斯最大食品进口国［EB/OL］．（2016 - 08 - 19）［2018 - 01 - 21］．https：//finance. huanqiu. com/article/9CaKrnJX9wE？w = 280.

❷ 中国成俄罗斯食品最大进口国［EB/OL］．（2017 - 01 - 19）［2018 - 01 - 21］．http：//de. mofcom. gov. cn/article/jmxw/201701/20170102504089. shtml.

❸ 转引自阎云翔．礼物的流动：一个中国村庄中的互惠原则与社会网络［M］．李放春，刘瑜，译．上海：上海人民出版社，2017：51.

❹ 阎云翔．礼物的流动：一个中国村庄中的互惠原则与社会网络［M］．李放春，刘瑜，译．上海：上海人民出版社，2017：52.

的比率高低不同而已。消费者将俄罗斯商品作为礼物的一种，在礼物交换的过程中，同样具有表达性和工具性功能。如果按照礼物交换的情景——仪式性和非仪式性来分类，那么俄罗斯商品往往出现在非仪式性的交换情景中，例如，亲戚、朋友之间的互访，日常生活中的食品交换、探望病人等。俄罗斯商品就是在这样看似普通的社会互动中扮演了重要的角色。

小小花是国际商贸城里一位服装店老板的孩子，2017 年 9 月初在父母的陪同下去位于南方某省的高校报到，开启大学生活。之所以认识小小花，是因为她妈妈的原因，笔者经常在小小花妈妈的店里逗留。那一天小小花的妈妈恰巧有事外出，是小小花过来看店，便与她结识。起初，笔者担心与她有代沟，便没有主动与她搭讪，后来听别人介绍笔者才知道她是谁。她在与苏阿姨聊天的过程中，苏阿姨向她介绍说笔者是从北京来的大学生，过来做社会实践的。大概是出于对大学生活的向往，又了解甚少，小小花便主动问笔者一些问题。就这样一问一答，两人聊了很长时间，这也给笔者了解俄罗斯商品的社会功能提供了契机。小小花说："还有几天就要去报到了，还不知道给同学们带点什么特产，我们这是边境城市，挨着俄罗斯，怎么也得带点俄罗斯食品给大家尝尝吧，我目前只是买了几种小包装的巧克力，还有几种糖，其他的不知道带什么了，哪天我再好好逛逛'俄品多'吧，再选点要不然怕不够分，我也想了解了解南方同学的口味，要是大家都喜欢，我以后还能做俄罗斯食品代购呢，赚点生活费。"可以看出，小小花购买俄罗斯食品并不是自己食用，而是作为礼物送给即将认识的新同学。而且有从事微商生意打算的她也想通过这次给同学"送礼"，了解南方人的口味，为自己以后选择销售哪些种类的俄罗斯食品打下基础。

通过调查发现，将俄罗斯商品作为礼物的现象比比皆是，特别是在重大节日和商品出现特价的时候，能够进一步激起消费者的购买欲。笔者在 2017 年夏季调研期间，恰逢教师节即将来临，一些学生家长便选择俄罗斯食品作为礼物送给老师。晓梅便是这些学生家长之一，同时她也帮助外地的朋友购买俄罗斯食品送礼。她说："昨天和前天一共有两个朋友给我打电话，都是让我帮忙买俄罗斯蜂蜜，说是要送给孩子的老师，这不是教师节马上就到了吗。实际上售卖俄罗斯蜂蜜的地方特别多，但是现在市场上假货也多，她们还是不放心，寻思我在这地方可能了解多一些，就让我帮忙买了。我就是在'俄品多'买的，明天我就拿出去寄了，然后告诉朋友一共花了多少钱就行了。"虽然现在市场上的俄货商品良莠不齐，但是出于对新奇商品的需求，再加上朋友的保驾护航，俄罗斯商品的需求并未减弱。

"俄品多"经常会有临期的商品打特价，在 2017 年 8 月底，几款特价巧克力格外受到欢迎。渔具店老板丁先生的孩子 2017 年考上了哈尔滨市的某大学，去报到的时间很快就到了，得知巧克力打特价的消息，丁先生立即去购买了 20 多盒，以便在去哈尔滨送孩子上大学的时候顺便送给亲戚家的孩子。他说："虽然是特价商品，但也代表我的心意，我不说，谁知道是特价商品，原来一块 10 元左右呢，现在才 2.5 元，上哪去找这个价啊，不过价格都是次要的，孩子们爱吃巧克力，俄罗斯巧克力品质真好啊，送礼也有面子。"丁先生精品屋斜对面的柴老板也在巧克力打折期间，一下就买了 40 盒，花了 100 元，说是给外地的两个亲戚家寄去，因为之前他去亲戚家带过，亲戚家的孩子很喜欢吃，正好赶上特价就再寄过去一些。

以上呈现的都是当地人将俄罗斯商品作为礼物，通过礼物所蕴含的表达性和工具性功能，进一步维系了人们相互之间的关系，促进社会交换在不同人群中的实现。当然，来黑河旅游的外地游客也不例外。他们除购买自己食用的俄罗斯商品之外，更是将俄罗斯商品作为礼物，带给家乡的亲戚朋友，或随身携带，或购买完直接邮寄。到了黑河而没有购买过任何俄罗斯商品，似乎是很奇怪的事情。礼物的流动使来黑河旅游的外地游客在亲戚、朋友中能够彰显自身的优势地位，获得炫耀的资本，也能成为他人"羡慕"的对象。而这一切都是外出旅游者内心隐藏的期待，它只不过是通过向他人赠送俄罗斯商品这种方式来实现。由于俄罗斯商品的包装看起来并不精美、高雅，也多无礼盒包装，只是非常普通的包装，考虑到送礼中"面子"的问题，所以它多出现在非仪式性的交换情景中。不过这并不影响它受欢迎的程度，正如本章开篇所提到的俄货热，这给俄罗斯商品持续进入中国市场提供了正当性，也为边境地区商人群体的市场经营提供了新生之路。

第二节 俄货微商——信息传送和货物中转功能的执行者

一、俄货微商的兴起及其运作实践

无论是纯粹的消费者还是有意识的观察者，在"俄品多"都能够看见俄货热，但还有一种经营俄货的方式是不容易被察觉的，那就是微商。他们主要通过在微信朋友圈中发送相应产品的图片、文字广告，来吸引顾客购物。如果有外地顾客需要某种商品，通过微信告知后，销售人员便会把商品通过邮寄的方式快递到顾客的手上。那么，俄货微商是何时兴起以及如何运作的呢？笔者通过讲述一位国货坐商转型的故事，来更形象地展现俄货微商的兴起及其运作实践。

前文中提到 1992 年来到黑河的李先生,他在与俄罗斯人一次次的换货中获得了颇丰的收益。此后,他一直做边贸生意,并长时间在布市销售中国商品,直到 2008 年中俄自由贸易城开业前夕,他才回到黑河继续销售中国商品给俄罗斯人。约在 2012 年他发现销售中国商品的生意越来越不景气,便开始尝试销售俄罗斯商品。2013 年他完全转向对内销售,成为俄货商店老板,而不再销售中国商品。

> 我家 2013 年完全转成对内的了,以前就是对外。那时候还是在自由贸易城二楼,俄罗斯经济不好之后,我最开始就是一节床子(柜台)卖俄罗斯巧克力和咖啡,一看挺好啊,3 块钱一块进来的巧克力我卖 15 元一块,中国人一盒子一盒子地买,一盒子里有十多块,一盒就能赚 200 多元。一箱子里有 10 盒,一上午就全部卖完赚了 2000 多元。咖啡我进 25 块钱一袋,卖的话是六七十块钱,就是个买啊。咖啡和巧克力是我自己带回来的。我看这个好啊,中国货不好卖就甩货处理了,之后专门销售俄罗斯产品了。怎么选的巧克力和咖啡,说来话长啊。当时有中国人就是游客来这边玩就过来问我们,说有没有俄罗斯巧克力,我说有但是这东西挺贵啊,游客说没关系东西好就行。以前生意好时中国人要进自由贸易城,门口的保安就撵,说这是对内的,不让进。游客就说都到这来了想进来看看,说点好话也就让进了。
>
> 我是自由贸易城里第一家卖俄罗斯巧克力和咖啡的,隔壁的看我卖得挺好啊,红眼了,也就开始卖了。那大家都卖这个东西怎么办,就是打价格战。我的货是自己从对岸批发市场带过来的,别人的是从黑河当地进货,我卖的价格就是别人进货的价格,你说在价格方面我不是就有优势了。做生意要随着市

场走，不好的时候不能硬挺，要把生意做活，该转换就转换。（李先生，俄货商店老板／微商，访谈时间：2017年7月29日）

能够看到，在对外销售中国商品生意受阻的情况下，李先生对边境贸易的市场走向作出了自己的判断，并果断选择转为内销俄罗斯商品，就像他自己说的那样，"要把生意做活，该转换就转换"，这也就有了后来的俄货微商。不过还没有使用微信之前，他会给前来店里购物的顾客送名片，如果外地的顾客需要俄罗斯商品就打电话给他。大概是2014年，经销售手机人员的介绍，他开始使用微信这个软件，通过添加微信好友的方式积累顾客，并在微信里完成俄罗斯商品的线上销售。

> 我用微信在黑河微商圈里应该算是比较早的，大概是2014年，买的智能手机带的微信这个软件，业务员给介绍的，刚开始我也不懂。一介绍就感觉微信这东西挺好，能说话还能视频。第一个添加我微信的是广东人，来我店里买东西，南方人头脑灵活啊，他就问我能不能加个微信，他说他以后要什么东西就微信喊我。
>
> 每天我都在朋友圈发产品的消息，有图片和文字，是俄罗斯朋友帮忙编辑的，我直接拿过来发就行了，谁看中哪件商品了就微信联系我，一般吃完晚饭后要货的多。白天太忙没时间处理客户的咨询，大部分都是晚上回复。第二天早晨我就打包好发货。冬天就你们吉林松原那边的水产店从我这里进俄罗斯大虾，一个大虾十多厘米长，一箱里有十盒，要货的非常多，我一盒赚个几块钱，积少成多了。除了松原，吉林市、长春、白城、延吉都有客户。（李先生，俄货商店老板／微商，访谈时间：2017年7月29日）

通过上述案例，能够看到俄货微商的兴起是国内外经济形势变动与俄货需求旺盛共同促成的结果，当然，这也离不开交易发生的载体——微信的普及及使用。正如李先生自述的那样，如果不是顾客的一再询问，让他抓住了商机，也许他并不会开始售卖俄货，也就没有了后来的俄货商店，也就不会成为俄货微商。前面提到以前没有微信的时候，顾客是通过打电话的方式与李先生取得联系。这种方式能够发挥作用的前提是需要顾客先主动搜寻、了解俄罗斯商品，然后在此基础上产生购买意向，这与微信朋友圈中主动给顾客推送俄罗斯商品信息完全不同，因为顾客往往会在被信息推送的俄罗斯商品中产生购买意向。后来随着智能手机的普及和微信用户的大增，李先生俄货的生意就有了新的商机。客户越积累越多，也就形成了李先生俄货生意风生水起的局面。当然，我国网上支付普及化进程的加速，为微商交易提供了更便捷的支付条件。

由于微商与客户的交易是通过手机来操作，而手机相对于其他个人物品来说又承载着更多的隐私，再加上微商对自己的收入状况和客户信息的绝对保密，这给笔者的观察和访谈带来了极大的不便。为了体验与俄货微商做生意的经过，笔者主动加李先生为微信好友。浏览其朋友圈的无数条消息之后，笔者选中了一款价格适中且方便携带的面膜。虽然笔者当时就在李先生的店里，但李先生告诉笔者，需要在微信里跟他说下需要的产品名称和数量，晚上他会把这些产品清单报给在俄罗斯布市的商品供货商，第二天早晨就会有专人过海关把东西送到他的店里或者黑河海关附近，当天下午便可到店里来拿货。果真，第二天下午货就到了，笔者便通过微信红包的形式付款了。通过访谈得知，其他人通过微信购买俄货的流程与笔者相似。若是人在黑河本地，告知需求产品之后，可隔天到店里拿货并付款；若是外地人，需先通过微信红包或转账付款后等待收货，通常情况下卖家都会尽快发货，以让买家获得更好的购物体验。

此次购物还有个小插曲，就是面膜如何使用的问题。由于朋友圈中并没有介绍面膜的使用方法，仅有产品的包装样式和功能，在购买时笔者就在李先生的店里进行了当面咨询，李先生说一袋面膜可以用六七次，是涂抹于面部干了之后揭下来的那种。笔者信以为真。第二天笔者去取货的时候，当场在手部试用了一下，发现这款面膜的使用方法与之前李先生告诉笔者的并不相同，它在面部涂抹了一定时间之后需要用清水洗掉，这样的小插曲让笔者始料未及。在笔者的想象中，商人是完全了解自己所经营产品的用途、功效、规格等基本信息的。这段小插曲的发生，无疑暴露了微商自身存在的问题，即他们并不一定对自己经营的所有产品的信息都完全熟知。因此，笔者认为，与自身了解俄罗斯商品的基本信息相比，俄货微商更倾向于通过在朋友圈发布已经被编辑好的图片，让顾客自己去通过多途径了解图片中并未包含的俄罗斯商品的信息。据此来看，俄货微商本身仅仅是俄货信息的传递者和俄货商品的中转站，目的在于实现商品从供应商手中到顾客手中的流动。而在货物的流动中，俄货微商既实现了与客户关系的建立，又获得了一定的经济收益。

二、层级的体系与代理之间的关系

根据货源的不同，微商可分成不同的层级。仅就俄货微商而言，笔者将直接从国外俄货生产商、代理商或经销店中拿货并且商品价格相对优惠的微商称为一级微商。一级微商通常会以高于其进货价而低于其零售的价格将商品批发或零售给二级微商，也就是说二级微商是从一级微商处获得商品，三级、四级、五级……微商的拿货方式以此类推。但这种层级体系并不会无限延伸下去，因为越处于层级体系底端的微商其商品的进货价格将越接近于该商品在市场上的零售价格，其利润就越小。相对于一级微商而言，二级微商被其称为代理，而三级微商是二级微商的代理……只是同一体系中的隔层代理之间互不相识，这也就维系了多层代理的存在。

前面提到的李先生是于2013年完全转向俄货生意并随后开展俄货微商业务的，根据上述分类，他可以被划归为一级微商。他有多位遍布全国各地的二级代理，而且从他这里拿货的所有代理并不需要支付任何代理费。他说："刚开始是有人问我，可不可以做代理，所以做代理不是我最早想出来的。在我这做代理的特别多，江西的、沈阳的、上海的、天津的，好多地方。我在微信里发的东西，代理看见了，有人要的话我批发价给他，他多少钱卖出去是他的事，我直接给买货的人发货。我知道客户的消息啊，但是我不能把代理的客户截下来啊，那是啥事啊。我这压本钱，代理不压货也不用本钱，没有代理费。我家货就是自己从俄罗斯带，沉的东西就雇人，有扛包的。"实际上，从李先生这里拿货的二级代理将某一件商品卖成了多少钱，李先生并不清楚，他只要能够保证自己从二级代理处获得一定的收益即可。

为了深入了解各级微商之间的关系，笔者对二级微商的相关状况也进行了调查。于女士是一名没有实体店的俄货二级微商，她2000年到黑河后最开始做的是销售服装的生意，后来由于俄罗斯经济萧条，来黑河买衣服的俄罗斯顾客减少，在收益入不敷出的状况下，便在2015年开始专门做了俄货微商，而且生意有了起色之后，她也发展出了代理。任何一项事业的起步阶段都是比较艰难的，就像于女士一样，如果没有外地朋友的帮忙，她的微商事业并不会发展那么快，这充分印证了强关系在个体事业发展中的作用。

　　我有个亲戚来黑河比我早两年，说这边做生意还可以，我就过来了。他生意做得不错，卖服装赚了些钱，不过2013年左右就慢慢转型了，卖起了俄罗斯商品。他会说俄语，也会写，在俄罗斯还有朋友，所以卖俄货货源有保证，而且进货价格也相对不高。后来我的服装生意做不下去了，服装就都便宜甩卖了，我看他卖俄货收益还不错，我也就开始卖俄货了。有顾客买东西，我就去他店里拿货，价格挺实惠的，我通常是拿几件之后一块算钱，要不然拿一件给一件钱比较麻烦。我卖出去的价格肯定高一些，除去快递费还要赚点的，要不然白忙活了。我家附近就有一个快递点，经常在这寄件享受内部价。刚开始干的时候生意不行，没顾客啊，慢慢才打开市场，老家的朋友挺帮忙的，还给介绍客户。还有一个朋友在广州上班，做微商是她的副业，她相当于成了我的代理，我给她的价格很优惠，至于一件东西她赚了多少我就不知道了。有客户找她买东西了，她把货款、商品名称和数量，以及收货地址一起发过来就行了，我直接给她的客户寄快递。要是先寄给她，她再给客户寄，没必要这么麻烦。（于女士，俄货微商，访谈时间：2017 年 7 月 31 日）

李先生和于女士的案例共同说明，二级、三级微商并不需要向上一级微商支付代理费，而且还可以以低于市场价的相对优惠的价格获得商品。如果下一层级的微商将商品销售出去，可以由上一级的微商代为发货，也可以直接到上一级微商处取货后自己发货。各级微商正是在这样的体系之下形成利益共同体。这种层层代理的经营方式对于下一级的微商来说，无成本压力、无库存压力，只需动动手指将产品的消息发至朋友圈即可。当然下一级微商出售的商品，其价格完全由自己决定，能够赚取的是商品进货价和出售价之间的差额。对于上一级的微商来说，虽有成本、库存的压力，但下一级的微商可以说是其免费的产品宣传员，越多的代理就意味着他有越多的销售渠道。相比较而言，对不同层级的俄货微商都有优势的经营方式自然受到了双方的欢迎。

通过上述案例的呈现，还有一点是值得注意的，那就是社会关系网络在俄货微商生意拓展中的作用。不过，由于经商经历、客户基础的不同，李先生与于女士运用社会关系网络的策略有所不同。前者李先生在生意未完全转型之前，已经通过试卖俄罗斯商品接触了原本陌生的中国顾客，通过客户积累的方式完成了前期的资本积累，并且与陌生顾客主动建立了朋友关系，而"朋友介绍朋友"的连锁式介绍，就助推了李先生俄货生意圈的持续扩大。而后者于女士在经营中国服装时，主要面向国外顾客很难有机会与中国顾客相遇，更谈不上获得可靠的市场需求信息。因此，在经营转型之后，她开始向"熟人"寻求帮助，一是从当地朋友那里获得俄罗斯商品的货源，二是赢得外地朋友的支持，渐渐将生意圈打开。所以，李先生与于女士在运用社会关系网络时，一条路径是从陌生人切入，将陌生人关系转化为朋友关系；另一条路径是从已有的朋友关系切入，在朋友关系的基础上以朋友为中心再拓展生意圈。无论哪种方式，都不可忽视的问题是社会关系网络与经济行动之间的关联。

第三节　跨境电商"俄品多"—— 一种独树一帜的自主经营方式

　　前文中多次提及"俄品多"，而且在"俄品多"大黑河岛旗舰店中笔者也是第一次感受到俄货之热，这就让笔者对"俄品多"产生了更多的好奇，"俄品多"有着哪些独特的行动策略，为什么这里的销售场面十分火热？笔者将在这一节揭开"俄品多"的神秘面纱。

一、独立自主的跨境电商品牌与独一无二的社会地位

还没有去黑河之前,笔者通过互联网了解黑河当地过去和当下发生的事情,从而寻找进入当地的突破点,以免到了之后会像无头苍蝇到处乱撞。记得当时看到了一条"俄品多"跨境商品交易中心于 2016 年 5 月 22 日正式开业的消息,新闻报道中写不仅有黑龙江省和黑河市的领导,还有阿穆尔州政府的领导参加了开业庆典。❶为什么一个俄货商店的开业竟会如此声势浩大?到达黑河深入了解之后,笔者之前的疑惑才得以解开,这是因为"俄品多"所具有的独一无二的社会地位。

"俄品多"是黑龙江的自主品牌,是在"互联网＋"背景下催生的、致力于推动黑龙江省外贸转型升级的中俄跨境商品交易平台,因而得到了黑龙江省和黑河市政府的高度重视。2016 年 11 月 1 日,黑龙江省省长、省商务厅厅长、黑河市委书记、黑河市副市长等多位领导一同到"俄品多"黑河店调研指导,并对开业以来"俄品多"黑河店线上线下互动、营业额月增长近 30% 的业绩表示赞赏❷,这充分体现了政府层面对"俄品多"的支持与肯定。可以说,在中俄经贸合作特别是食品贸易大发展的背景下,"俄品多"是"互联网＋外贸"的践行者,这不仅是贯彻国家"一带一路"倡议、推进"龙江陆海丝绸之路经济带"建设的需要,也充分发挥了黑龙江省对俄经贸合作的地缘优势,加快了外贸一体化进程。按照发展规划,"俄品多"将搭建中国最大的俄罗斯商品 O2O、B2B、

---

❶ 汪巍巍. 打造优质俄货购物平台 助力黑河新兴产业发展 [N]. 黑河日报,2016 - 05 - 23 (1).

❷ 黑龙江省长陆昊一行莅临"俄品多"黑河店 [EB/OL]. (2016 - 11 - 01) [2017 - 12 - 30]. http://www.chinaru.info/huarenhuashang/eluosihuashang/44677.shtm.

B2C 跨境商品批发交易平台，未来发展前景十分广阔。而且"俄品多"名字的来由就与它的未来发展规划有关系，它的基本意涵就是俄罗斯商品种类多，这完全与它的发展目标相一致。

除了具有良好的品牌价值，"俄品多"还具有良好的经济社会效益。这主要体现在为当地居民提供就业岗位、为顾客提供货真价实的俄货，为大黑河岛社会地位重建带来一线生机等。近三四年来，俄罗斯经济下滑对中国经营国货的"坐商"冲击很大，前面提到了一些"坐商"仍然在坚持经营，然而还有一些人选择退出，而黑河"俄品多"的 120 多名工作人员中有 25% 左右是来自退出自主经营的国货"坐商"❶，这种就业岗位的提供为失业人员寻求了一条谋生出路。另外，目前中国市场上的俄货商品质量参差不齐，如果不是专业人士，顾客实际上是很难分辨商品真假的。"俄品多"的宣传标语是"原产进口、低价批发、正源正品"，体现了商品的货真价实，无疑给有意向购买俄货的顾客吃了一颗定心丸。

如果"俄品多"所具有的前两种经济社会效益是针对社会个体而言的，那么它良好的经济社会效益还体现在对大黑河岛这一区域的人气聚集上。就大黑河岛的社会地位来说，曾被誉为"北方沙头角"的它在近几年的人气聚集力不断下降，仅在中俄文化大集、各种商品展销会期间会迎来大批游客、顾客。而"俄品多"的出现吸引了大量的中国游客前来购物，给黑河俄罗斯商品的销售带来一个很大的而且稳定的增量，进一步提升了大黑河岛的名气。据"俄品多"官网微信介绍，"2016 年 9 月初，'俄品多'大黑河岛旗舰店每天进店 3000—5000 人次，每个收银台前持续不断地排队结账，

---

❶ 数据来源于"俄品多"大黑河岛旗舰店的副总助理之口，笔者于 2018 年 1 月 22 日对其进行了关于"俄品多"发展状况的专访，内容涉及"俄品多"的成长历程、竞争优势以及经济社会效益等方面。

收银员连吃中午饭的时间都一推再推";同年 10 月 4 日,"俄品多"大黑河岛旗舰店迎来入店客流最高峰,入店人数达到高峰 7000 人次,可见它受欢迎的程度。另外,大量游客光顾"俄品多"之后,往往会走到国际商贸城另一侧销售俄罗斯工艺品、貂皮帽子、貂皮大衣的区域,这对于俄货坐商的生意也起到了带动的作用。正如"俄品多"大黑河岛旗舰店的副总助理杨女士所言:"我们现在做的是利国利民的事业。"这种说法得到了当地消费者的认同。

> 以前我家就是卖俄罗斯饼干和糖的,关系好的告诉你哪个商品是真的,不是内行根本看不出来。现在"互联网＋"挺好的,俄品多也就开了一个多月吧,看起来发展特别好。那里面打工的好多都是原来干个体的,自己干不下去了就去那边打工了。俄品多打的广告就是真商品,这回我家买东西就去那里买,有保障了啊,这是好事,我看这俄货市场真得规范规范了。还是外地人来俄品多买东西的多,这边开业然后俄罗斯商品一条街的生意就不好做了。(赵女士,俄工艺品店老板,访谈时间:2016 年 7 月 15 日)

与以往俄货经销商相比,"俄品多"的经营种类主要涉及食品、饮品、化妆品等,商品种类相对齐全,而且从俄罗斯原装进口,再加上宽敞的经营场所和线上交易平台,塑造了一种值得消费者信赖的良好形象。不过,这却给经营俄罗斯食品、饮品、化妆品的散户带来了一定的冲击,以往旅游团都是到俄罗斯商品街购物,而现在旅游团直接将车开到了"俄品多"大黑河岛旗舰店的门口。由于"俄品多"的名气越来越大,外地来黑河旅游的散客也很快集中到了这里。"俄品多"的出现满足了黑河市民的生活需求,也是省内外、国内外大型采购商选购俄罗斯优质商品的不二之选。

二、"免税"型进货渠道与"线下＋线上"型销售模式

(一)"免税"型进货渠道与边境地区的优惠政策

前面展现了俄货是在何种背景下进入中国并且受到中国人热烈追捧的，那么具体而言，俄罗斯商品是通过什么渠道进入中国境内的呢？实际上这里面有深层的奥秘，因为俄货微商销售的所有俄罗斯商品可以说都是免税商品，而"俄品多"中的80%的俄罗斯食品也是免税商品。那这是如何实现的呢？原来这主要归功于中央政府给予国家级边民互市贸易区的优惠政策。为促进边境地区边民互市贸易发展，惠及边境地区居民，《国务院关于促进边境地区经济贸易发展问题的批复》第2条指出："同意自2008年11月1日起将边民互市进口的生活用品免税额度提高到每人每日人民币8000元。"

然而一直以来，由于黑龙江省并没有出台边民互市进口生活用品名录、受惠范围也无严格、明确的界定，这就给海关、检验检疫部门对边民进口生活用品实行免税验收增加了难度，边民受惠范围不大。为了解决这一问题，黑河市结合互贸区发展实际，参照云南、广西等地沿边口岸的经验办法，由商务、海关、检验检疫部门研究确定了首批《黑河市中俄边民互市贸易区进口生活用品名录》，并采取边民证制度，将受惠范围加以界定，为海关、检验检疫部门及互贸区日常监管工作提供了重要依据。这在黑河乃至黑龙江全省边民互市贸易历史上尚属首次。另外，黑河市人民政府办公室于2013年3月29日印发的《黑河中俄边民互市贸易区管理办法》第15条规定："口岸查验部门凭边民证执行国家赋予沿境地区互市贸易边民携带进境生活用品8000元免税政策。边民证由市商务局统

一印制发放，发放范围为边境地区户籍人口。"可以说，《黑河市中俄边民互市贸易区进口生活用品名录》与边民证制度的完美结合，为边境地区中俄贸易的发展带来了新的契机。

就一级俄货微商而言，他们的货物是通过手拎肩扛的方式从俄罗斯直接带回，只要符合免税的条件并不需要走正常的报关渠道。俄货微商要么是雇人带回俄罗斯商品，要么是自己过境后带回，而每次带回的商品只要符合旅客携带包裹的相关法律法规即可，这样便获取了免税资格。如果俄货微商并不是边民，可以雇边民将货物带回。

> 我现在也是在对岸的批发市场进货，那边有经常合作的，跟那边联系也方便，要什么货了就有人送到俄罗斯海关那块，然后有专门带货的人就给我带回了，到中国海关了就给我打电话，我去拿就行，很方便。只要花钱就有人干，何况花不了多少钱。有时候我也自己去拿货，很方便的，我进货的价格相对来说便宜啊，赚钱的利润空间还是不错的……（李先生，俄货商店老板/微商，访谈时间：2017 年 7 月 29 日）

上面提到的是一级俄货微商的进货方式，海关按照对旅客携带包裹的相关规定进行查验，只要符合《黑河中俄边民互市贸易区管理办法》以及黑河海关的相关规定即可享受免税政策，而以这种方式进口商品通常被称为民贸。"俄品多"销售的食品中80％也是通过民贸渠道进入中国的，不过问题在于民贸进口的商品是不允许往边境省份之外的省份去推广销售的。这也就解释了消费者的一个疑问：为什么"俄品多"线上销售的食品种类少于实体店销售的食品种类。"俄品多"公司董事长说，目前公司进口的俄罗斯食品80％都是民间贸易进来的。民贸比大贸进口要便宜20％以上。但是民贸进口的商品是不允许往边境省份之外的省份去推广销售的。他们从上千种的商品中筛选出来符合大贸条件的一百多种放到公司网站上销售，网站监管比较严格，这样也就避免不必要的麻烦。线上是面向全国，所以没有办法把所有种类的商品都放到网站上销售。●

民贸进口是"俄品多"的优势，大量批发购入，俄罗斯商品在国内销售时自然就有了价格优势。受到相关规定的影响，"俄品多"线上销售平台销售的食品种类远远少于实体店，而这实际上对其销售商品的全国性推广，以及俄罗斯商品在中国的快速传播就有了一定的限制。不过"民贸进口的商品是不允许往边境省份之外的省份去推广销售"的规定对俄货微商来说并没有任何限制，因为它是在带有私密性的私人微信朋友圈进行商品推广。

> 我们这边当地人办边民证享受优惠政策，每天能带 8000 块钱的俄罗斯商品回来，都免税的。实际上按照相关规定，带回来的东西应该是自用合理，现在出现的情况是，本来自用的商品向市场流通了，开淘宝店、在微信朋友圈卖俄罗斯商品的，这边人能享受这样的优惠政策啊。放宽了说，带回来的东西自己用不完卖也没啥不可以的，现在就有好多人专门这么做俄货生意啊。进口的东西得有商品检验证书，个人自己带回来的并没有，有开淘宝店的就遇到麻烦了。买家要求提供商检证，后来我联系检疫局那边给出了一个证明，问题才解决了。对企业我们肯定还是要按规章严格要求的。（马先生，黑河市商务局某科室主任，访谈时间：2018 年 1 月 25 日）

能够看到，地方政府对不同的俄货"网商"采取了不同的行为规范标准，一是默认黑河市人民在享受优惠政策状况下，将带入中

● 资料来源于"俄品多俄罗斯进口门户"公众号，2017 年 7 月 15 日推送的报告《俄罗斯愿意向"俄品多"大量供应质优价廉的俄罗斯食品》。

国境内的俄罗斯商品通过淘宝、微信朋友圈向省内外的顾客进行推广销售；二是为了避免不必要的麻烦，对企业严格执行相关规定，不允许"俄品多"的线上销售平台销售通过民贸进口的商品，因为网络平台的受众包含了边境省份之外的省份的买家。地方政府这样的行动策略在既遵守相关规定红线的同时，又在政策解读方面稍加扩展，最大限度上扩大俄罗斯商品从黑河走向内地市场的份额，以便将黑河打造成俄罗斯商品集散地。

（二）销售模式："线下＋线上"的资源整合

前文提到，位于大黑河岛国际商贸城的"俄品多"大黑河岛旗舰店于 2016 年 5 月 22 日正式营业，它率先顺应了"互联网＋"时代背景下中俄边境贸易转型升级的需要，对国内俄罗斯商品这一巨大的市场空缺作出了回应，也满足了中国众多消费人群的购买欲。当然，除了大黑河岛旗舰店，不断发展壮大的"俄品多"在黑河市区还有教育大厦店、中龙购物广场店、海华购物广场店等，以满足居住于不同区域的消费者的需求。除了线下体验店，为了满足大客户的批发需求，"俄品多"在黑河市边境经济合作区二公河跨境电子商务产业园区还设有占地面积 7000 平方米的线下工厂店，并于 2017 年 1 月 1 日正式开业。"俄品多"跨境 O2O 批发交易中心物流部负责人表示，俄品多的库房主要是以仓储物流发货为主，然后这边有自己的工厂店，这个工厂店是面向大客户，例如，成件的或者说几十件的都可以在这个地方（买）。"俄品多"还组建了仓储、配送、分销和体验链条，实现俄罗斯商家与中国经销商、消费者"面对面"对接。❶

---

❶ 资料来源于"俄品多俄罗斯进口门户"公众号。

能够看出，"俄品多"采取的是体验店与工厂店相结合的线下销售模式。当然，在网络社会大发展背景下，商品的销售还离不开线上的销售平台。目前"俄品多"线上已经与京东、天猫和淘宝等多家电商平台合作，分别开设了俄品多食品专营店、俄品多旗舰店以及俄品多淘宝店，而且还构建了俄品多线上微信商城，可以说基本完成了电商跨境直销体系的搭建。同时它设有自己独立的销售网站——"俄品多商城"，目前已邀请了2000多家俄罗斯知名企业入驻，免费提供中文翻译、销售渠道、中国市场咨询等系列服务。"俄品多"大黑河岛旗舰店副总经理助理杨女士对"俄品多"的发展状况进行了解读。

"俄品多"筹建阶段我就来这上班了，之前是在俄罗斯做翻译。我们线上与京东、天猫和淘宝合作，都是不同的销售团队，因为每个团队都要有它自己的想法啊。而且线上和线下的团队也是必然分开的，会做实体店的不一定会做网店，每个团队专攻领域不同。我们既有线上和线下，实际上最终的目的是把线下流量引到线上去。现在我们的货架上有很多二维码，如果通过扫描二维码进入微信商城购买产品，这个二维码的拥有者可以分享3%的佣金，以前是1%，这样可以让我们这里的工作人员获得一笔额外的收入，而且让大家有动力将顾客从线下引到线上来。

还有就是说，你在我们这里买了东西感觉不错，但是回到自己家乡发现没有线下实体店，那么就可以通过微信商城或者其他平台购买，认准我们这个品牌，流量就到线上了。你看我们这里面的货架跟一般的不同，这是仓储型超市，给消费者带来不一样的购物体验。俄罗斯商品生产遵照欧盟标准，要求非常严格，它的包装特别简单，很注重商品质量，我们不断研究推出礼盒装的俄罗斯商品，就是我们自己设计适合送礼的包

装，一般在节日推出。（杨女士，"俄品多"大黑河岛旗舰店副总经理助理，访谈时间：2018年1月22日）

正如杨女士所言，"把线下流量引到线上去"，这是"俄品多"发展的最终目的。走进"俄品多"你会发现，"俄品多"微信商城的二维码位于商品标签的左下角，通过手机扫一扫之后便可直接进入网上销售平台，正如宣传语中所说："扫码购物零排队，送货自提由你定。"商品标签的如此设计，就是在引导顾客从线下购物走向线上购物。而每个二维码对应的又是不同的工作人员，如果顾客通过这个二维码下单购物，所产生的佣金便由这个二维码所属的工作人员获得，而且佣金由原来销售额的1%提升至3%，从而更加激励了工作人员向顾客推荐线上购物的方式。另外，一个巧妙的设计是，顾客注册"俄品多"微信商城后，通过在微信朋友圈分享商城里的商品，其他人购买后，分享消息者也会获得销售额的3%的佣金，这不仅体现了分享经济的理念，也扩充了"俄品多"线上销售的渠道。

开业8个月左右的时间，"俄品多"总销售额达到了37.24亿元人民币（其中实体店销售额3723万元），平均每天销售1.3万件商品，库存周转率远高于麦德龙和家乐福，在员工心中可谓是创造了事业发展的奇迹。❶当笔者对"俄品多"大黑河岛旗舰店副总经理助理杨女士进行访谈时，她表示自己当初刚回国找工作，发现"俄品多"正在招聘，当时楼下那个卖货的屋子里还什么都没有，经过不到一个月的筹备就有了很大的进展，刚开始并没有想到"俄

---

❶ 数据来源于"俄品多商城"中的"数说2017"视频。俄品多库存周转率为20，平均每17天就可以将库存商品销售一空。库存周转率，即在一年中库存的商品可以周转多少次且返回现金，其中麦德龙和家乐福的库存周转率分别为13和11。麦德龙是德国最大、欧洲第二、世界第三的零售批发超市集团，家乐福是大卖场业态的首创者，是欧洲第一大零售商、世界第二大国际化零售连锁集团。

品多"会发展这么快，而且这个黑河店里的员工以前没有一个人是做超市的，现在能发展到这么好，可以说是奇迹了。另外，杨女士还谈道："在黑河这边的公司上班，很少听说需要员工加班的情况，'俄品多'的情况不同，在最开始一段时间人员紧张，加班情况普遍，少数不能适应这样工作的人就选择离开了，不过还是有很多人愿意选择留下来一起拼搏，正是大家的不懈努力才创造了今日的成绩。""俄品多"线下与线上的齐步向前，创造了在"互联网＋"时代背景下边境地区商人群体的新生之路。

不过就像前面提到的，因为受进货渠道的影响，"俄品多"线上销售平台销售的商品种类要远远少于线下体验店。这在一定程度上为以个人为主体的俄货微商提供了一个广阔的发展空间，就像俄货微商于女士半开玩笑时说的："只要你想买，没有买不到的。"当然，这也存在一定的安全隐患。例如，通过俄货微商个人随身携带入境的俄罗斯商品，如何保证产品的贮存条件；消费者与居住在边境城市、打着俄罗斯商品原装进口旗号的俄货微商交易的过程中遇到的纠纷，该如何解决？这些问题不仅关系着俄货微商和顾客关系的建立，也直接影响国内俄罗斯商品市场的交易秩序。

第四节　信任：俄货网商的运作逻辑

一、"俄品多"正品低价捍卫消费者的利益

俄罗斯众多食品类别中，在中国受欢迎度比较高的除了前面提到的奶粉、面粉，还有巧克力、提拉米苏和紫皮糖等。但有一个奇

怪的现象是，在俄货微商朋友圈销售记录良好的双山提拉米苏竟然无法在"俄品多"线下体验店中找到。"俄品多"工作人员回应称："据了解，目前在中国流通的该款双山提拉米苏大多为国内厂家仿冒生产，并不是俄罗斯进口，为了秉持正源正品原则，暂时不会上架该款商品，直至提拉米苏市场净化。"就像 2016 年国家商务部部长到"俄品多"调研时说过的一样："'俄品多'只卖正品，只要有假冒商品，宁可空货架也不卖！" 2018 年 1 月 22 日当笔者就"俄品多"的竞争优势与大黑河岛旗舰店副总经理助理杨女士交谈时，她表达的想法与上述思想完全一致，她说："我自己认为现在'俄品多'发展比较好的原因是保真、低价、品种多。我们是大规模经营，这本身就给消费者带来了一种信任，就像一进门电子显示屏上打出的标语'质量是企业的生命线'，我们规范经营、品牌经营，我们就是要做好这利国利民的事业。"从目前的发展形势来看，"俄品多"用实际行动证明了这点。

另外，"俄品多"的其他工作人员还介绍说："保正品，做低价，假一罚万这样的宣传语在'俄品多'不是口号，2017 年'俄品多'在入货质检时发现了一些俄罗斯厂家中国代理，销售和制造假冒伪劣商品的行为，这些商品被堵截在'俄品多'门外，捍卫了消费者利益。俄罗斯厂商严格执行食品安全规定，对于食品安全非常重视，过期商品一律销毁，一旦流通处罚力度加大。"能够看出，面对防不胜防的不法代理商，"俄品多"在商品进口环节严把质量关。"俄品多俄罗斯进口门户"公众号中的相关报道称："俄品多"实际上有严格的采购、质检、上架、下架、退货流程，从制度上确保了"俄品多"商品质量。可以说"俄品多"通过多种途径加强管理以坚守保正品的原则，这在无形之中就增加了消费者对"俄品多"的信任，越来越多的消费者选择在"俄品多"购物也就不足为奇了。

"俄品多"采购、质检、上架、下架、退货流程❶

1. 采购。"俄品多"供货商必须是俄罗斯厂家或俄罗斯厂家中国区总代理,地区代理,必须缴纳质保金,确保商品质量,一旦提供的商品出现问题将给予假一罚万!

2. 质检。"俄品多"有严格的质检制度和专业质检人员,从业人员均经过俄罗斯质检专业培训,每个人都精通俄文,具有俄罗斯商品检查经验基础,责任心强,工作认真,对入库商品严格检查。

3. 上架。商品上架由专业理货员进行检查,如果商品在储存过程中出现问题,一经发现不得上架销售,每天商品摆放完都要检查商品情况,查看商品有效期,以及商品包装是否存在问题。

4. 下架。"俄品多"商品有效期严格把控,临期45天"俄品多"会通知俄罗斯厂商对商品进行打折促销,让利消费者,食用期短的食品临期10天下架,食用期长的食品临期25天下架,禁止销售。

5. 退货。"俄品多"与厂家有明确的退货机制,俄罗斯厂家商品临期后未销售的商品,未及时办理出库造成损失的由俄罗斯厂家承担,"俄品多"启动退货流程,所以"俄品多"永远不需要对商品日期进行造假,确保了"俄品多"保正品的原则。

对于专业人员而言,分辨假冒俄罗斯商品时亦存在难度,更何况普通的消费者。国内良莠不齐的俄罗斯商品市场给消费者的选择造成了困惑。目前俄罗斯食品实体店销售点以口岸城市居多,而其

---

❶ 资料来源于"俄品多俄罗斯进口门户"公众号,2017 年 7 月 8 日推送的文章《打击制售假冒商品、假冒商品日期,俄品多在行动!》。

他地方的实体店数量有限,即使很多人来边境地区后吃过俄罗斯食品,但想再次购买时就会发现自己工作或生活的区域并没有销售俄罗斯食品的实体店。若在网上购买,往往会产生这样的问题:那么多网店该怎么选择,为什么同一种商品在不同店里销售的价格差别如此之大,怎么判断哪些是真货哪些是假货……这一系列问题的背后就是:我该相信谁。这也是前面提到的外地人委托黑河当地人购买俄罗斯商品的原因:一是基于对朋友的信任;二是对朋友关于俄罗斯商品知识结构的认可。

二、俄货微商多措施并举赢得消费者的青睐

前面提到,目前在中国市场上流通的双山提拉米苏大多为国内厂家仿冒生产,但这并不是说俄货微商销售的该款双山提拉米苏均为假货。与"俄品多"拥有专业的质检团队不同,俄货微商均需自己根据经验对商品的真假进行判断。那么面对俄货食品真假难辨、市场失序的状况,对于俄货微商而言,他们将如何取得消费者的信任,扩大自己的生意并不断经营下去?这便是他们需要思考的最重要的问题。前面提到过的鞋店老板吕先生,在朋友圈卖俄罗斯商品十分流行的最初时间里,他也开展了自己的副业,做起了俄货微商,主营俄罗斯食品。但非常遗憾的是,仅仅经营了约一年的时间,他就不得不放弃俄货生意了。据他分析,之所以不卖俄罗斯商品的原因,一是国内俄罗斯食品假货太多,市场秩序混乱;二是盈利空间有限,假货售价低,自己销售真货无法与销售假货的商人进行价格竞争,没有获得预期收益。不过他始终坚称自己卖的俄罗斯商品都是真货,所以不能像假货那样便宜出售,并表示自己放弃俄货生意实属无奈。

> 我卖俄罗斯东西,就是在微信朋友圈发,谁看见谁买。货

是通过一个曾经在我家干过的服务员整的，她从我家不干了之后就去对岸了，做起了俄货生意，那会儿挺流行的。因为卢布贬值不值钱，相对来说你买俄罗斯东西就便宜，后来卢布升值了，俄罗斯商品进价就贵了，再加上假货多冲击的就不干了，真货卖不过假货的。我卖的是真货，价格肯定就要高一点啊，可是买东西的人不会辨别真伪，就说我的商品贵，这你有啥办法。东西就卖不出去，后来想想就算了。（吕先生，男，鞋店老板，访谈时间：2017 年 8 月 29 日）

但是当笔者继续追问吕先生"你是如何确保你进购的商品是真的"时，他回答说："我相信在我家干过的服务员，她那个人人品不错，而且东西都是直接从俄罗斯带来了，所以我相信我卖的东西就是真的。"与吕先生通过语言来告知顾客自己销售的商品并非假货不同，前面提到过的专门做俄货生意的李先生还使用了其他的办法，来取得消费者的信任。他认为做俄货微商最好能够满足以下两个条件：一是要有实体店，能够在顾客需要时提供商品的小视频；二是要在微信朋友圈分享自己去俄罗斯进货的消息，以展示自己的商品是从俄罗斯带回来的。

> 做微商要有实体店，要不然不好做啊。要是别人要个东西让你给拍个实体的，没有不行啊，还可以发小录像，告诉客户这是你家的店。不管店大小，反正要有一个。这样更真实，客户更相信你。还有过境的时候发点图片和视频，分享在朋友圈，大家都能看见。有的客户就直接说帮我带什么什么的。我随时都能过去，俄罗斯酱油我都给上海的客户买过，那东西没有添加剂，纯粮食酿造。酱油这东西我不常卖啊，也不知道价钱，我跟客户说我先去买然后再告诉你多少钱。有的客户啥都要啊。还有客户介绍客户的。你必须保证质量才行。我这是长

期的买卖，客户一要俄罗斯东西就能想到我了。（李先生，俄货商店老板/微商，访谈时间：2017年7月29日）

笔者在李先生的实体店观察期间，发现拥有实体店的俄货微商会向询问自己商品价格的游客提出添加微信好友的请求，即使游客没有在店里购买任何商品，添加微信好友以后游客就是微商的潜在客户。在此基础上，俄货微商收获了朋友圈商品展示的"线上观众"，也能够分享比较符合消费者需求的商品。当然，如果仅仅是卖家宣称自己的商品低价、质量好，浏览朋友圈的潜在客户会认为这是"王婆卖瓜自卖自夸"。作为卖家，自然也懂得这个道理，因此通常会将买家信息反馈的内容截屏后发到微信朋友圈，希望以此增加微商自身话语的可信度。这种信任的话语建构是由俄货微商自身和消费者共同完成的。

多措施并举之下，李先生的生意顺风顺水。同样，笔者也追问了李先生"你是如何确保你进购的商品是真的"这一问题，他斩钉截铁地回答说："我进的都是真的，质量有保证。"但是他并没有给出更多的解释，也没有说明自己作出这样判断的依据。与两位俄货微商深入交流之后，笔者开始思考：信任从哪里来，又是如何维持的呢？是吕先生遇到的顾客天生就不具有维持合乎道德秩序的期望❶，还是李先生俄货生意的成功是基于顾客的"盲目信任"❷？

信任是什么呢？最一般的理解是"相信对方会照样做"的预期。项飚认为，"信任"是个主观性很强、个性很强的词，指的是

---

❶ 加芬克尔通过"破坏性试验"从反面来证实人们天生具有一种维持合乎道德秩序的期望。这种期望是一种基本信任，而这种基本信任产生的基础是道德。刘少杰. 国外社会学理论 [M]. 北京：高等教育出版社，2006：547.

❷ 安东尼·吉登斯. 现代性与自我认同：晚期现代中的自我与社会 [M]. 赵旭东，方文，王铭铭，译. 北京：生活·读书·新知三联书店，1998：275.

个体的心理状态，和"喜欢""讨厌"等相似，并且从社会学的角度看，它并不具有很大的分析潜力。❶ 项飙认为"浙江村"的具有明显网络特征的经济体系并不是靠"信任"维系的，而是"锁住"，通过"锁住"策略，生意人可以减少自己的风险。笔者认为，项飙分析的"浙江村人"的生意圈强调的是商人与商人之间的关系，一方需要有"锁住"另一方的能力。而本研究中强调的是商人与顾客之间的关系，二者展开交易的前提是基于道德的信任，即顾客相信商人会按照他们的承诺行事。何谓信任，如何维系？关于信任的问题在社会学学科中依然具有很大的分析潜力，而关于边境地区商人群体的信任营造也是未来可以继续研究的问题。

信任是稳定社会关系的基本因素，直接关系着社会的良性运行和协调发展。"如果信任不像理性证据或个人经验那样强或更强，也很少有什么关系能够持续下来。"❷ 无论是个体和个体之间，群体和群体之间，还是个体和群体之间，信任一旦出了问题，轻者会妨碍各种社会交往、交换活动的顺利进行，重者则会造成社会秩序混乱。事实上，信任问题已经成了社会上普遍存在的问题。熟人社会中的"杀熟"现象并不少见，因"熟"而落入陷阱使熟人是否可信打了问号。曾几何时，人们面对面的同一场域是社会互动的重要条件，同一场域约制着人们的日常行动；而现在的"在场"突破了地域限制，社会交往空间从"线下"转变成了"线下与线上"空间并存。"在一个快速变化的世界中，传统的社会形式趋于瓦解。在过去，对他人的信任建立在当地团体的基础上。然而，生活在一

❶ 项飙. 跨越边界的社区——北京"浙江村"的生活史 [M]. 北京：生活·读书·新知三联书店，2000：458-459.

❷ 西美尔. 货币哲学 [M]. 陈戎女，耿开君，文聘元，译. 北京：华夏出版社，2002：111.

个更全球化的社会里，我们的生活受到从未谋面的，生活在远离我们的世界的另一端的人们的影响。"❶ 伴随着社会交往地域、空间的无限扩大，建立在亲人、朋友和熟人等基础上的特殊信任逐步弱化甚至无法发挥作用。信任的社会基础已经发生了变化，面对"半熟人社会"，甚至是"陌生人社会"或"生人社会"，所有社会成员共同创造美好生活才是社会进步的表现。

第五节 网络社会的大发展与
商人群体的新型行动策略

网络社会的大发展与全球一体化和智能通信技术发展密切相关，它改变了我们的生活方式、思维模式以及行为方式。在网络购物日兴，微信互动风行的背景下，社会生活已经"无网不利"，原本素昧平生的人通过即时通信，也能够实现商品的买卖了。另外，随着互联网和社会媒体的传播，越来越多的人将和"技术官僚—金融—管理精英"❷一样，将他们的生活方式融入或者置于互联网技术中，而且网络空间的实践性也促使它形成灵活多样的群体形式（如微信群、朋友圈）。虽然微信群、朋友圈这种观念群体开展的主

---

❶ 安东尼·吉登斯. 社会学［M］. 4版. 赵旭东，齐心，王兵，等译. 北京：北京大学出版社，2003：866.

❷ 曼纽尔·卡斯特认为，那些在大型跨国公司或机构中工作的人，以及处于全球金融流动网络中的人，构成了社会的统治群体。他称之"技术官僚—金融—管理精英"。这些精英在世界体系中占据着指挥控制的重要职位，他们倾向于生活在全球性城市中——在那里，跨国实践和利益得以再生产。然而，随着互联网和社会媒体的传播，利用流动的空间来展示权力的那种统一的、大都市的全球精英观看起来过于简单化，越来越多的人将和社会主宰群体一样，将他们的生活方式融入或者置于互联网技术中。

要是情感沟通、生活体验、价值评价、信念表达和戏谑调侃等感性意识交流，但它们已经成为人们在日常生活中喜闻乐见、积极参与的群体形式❶。笔者认为，本研究中的网商与顾客之间是一种观念群体，二者之间的相互认同便促成了商品的交易。因此，不得不说"网商"群体的兴起与发展壮大是得益于网络社会的大发展，特别是互联网技术在普通人中间的广泛应用。

前文中笔者在阐述俄货热的推力时，提及中国消费者消费升级背景下对安全食品的需求，以及俄罗斯商品作为礼物的社会功能，实际上在这两个因素的背后隐含的是边境地区近些年发生的一个重要变化，即边境地区旅游业的发展给黑河带来的人气聚集。而人气的聚集又带动了俄罗斯商品的销售，以及黑河在国内俄罗斯商品集散地中的社会地位。正是基于这样的人气与地缘相结合的优势，在经营国产商品遇到瓶颈并且对俄货市场发展前景十分看好的国货"坐商"便做起了俄货生意，或开发副业，或完全转型。俄货微商是俄货信息的传送带，在联结国外供货商与中国顾客的过程中实现了货物的中转，完成商品交易。除了俄货微商在边境地区的迅速崛起，中俄跨境电商的发展也不甘示弱，"网商"群体悄然成为边境地区商人的新形象。

随着"互联网＋"行动计划的提出，"互联网＋外贸"成为边境地区对外贸易转型升级的新方案。从中央到地方，政府层面不断推进跨境电子商务的健康发展，引爆了边境地区新的经济增长点。作为黑龙江省的自主品牌"俄品多"，以"互联网＋外贸"为发展契机，努力打造中国最大的俄罗斯商品 O2O、B2B、B2C 跨境商品批发交易平台，成为黑河市乃至黑龙江省一颗闪亮的新星，具有良好的经济社会效益。虽然"俄品多"拥有线下与线上相结合的销售

---

❶ 刘少杰. 网络空间的现实性、实践性与群体性［J］. 学习与探索, 2017（2）：40.

渠道，但由于相关政策管理规定，其线上与线下销售的食品种类大有不同，这给俄货网商的发展留下了一片广阔的市场天地。当然，网商发展离不开消费者对他们的信任，也离不开各级政府对国家级边民互市贸易区所赋予的优惠政策的支持。与倒商和坐商相比，网商群体的一个独特策略是重视"信任"关系的构建，通过"陌生关系熟悉化"[1] 来优化市场交易秩序，提升自己在同类网商中的竞争力。无论是口头承诺式的表达还是销售"真货"式的实际行动，取得消费者的"信任"成了网商群体俄货生意持续运转的基础。当然，俄货网商群体的"陌生关系熟悉化"并不是简单地让所有交易都发生在熟人之间，毕竟熟人是从陌生人中发展出来的。具体而言，"陌生关系熟悉化"有两条策略：一是双方通过重复交易的方式让彼此关系逐渐熟悉起来，例如网商寻找"回头客"或曾经的顾客给网商推荐新顾客；二是交易双方使产品信息公开化，增加对产品的熟悉[2]，例如网商通过朋友圈发布产品的图片和文字介绍，将产品信息定格在可查阅的网络空间中，增加了顾客对网商的信任。

今日世界的快速发展，全球性流动的加快，不仅只有消费性商品、资本和人群在全球跨界流通，信息的流通也变得越来越重要。信息时代和网络社会的出现，为理解全球化和信息技术给人类生活所带来的巨大转变提供了一套强大的分析工具。在分享经济成为一种新的经济发展形势之际，"网商"群体的发展将会越来越依赖信息传播给其带来的经济收益，而在获得经济收益的同时，也要重视"信任"关系的构建。目前"网商"是边境地区最

---

[1] 刘少杰. 陌生关系熟悉化的市场意义——关于培育市场交易秩序的本土化探索 [J]. 天津社会科学，2010（4）：43 – 47.

[2] 张军. 在熟人与陌生人之间——中关村电子市场交易秩序研究 [D]. 北京：中国人民大学，2010：139.

主要的商人群体，他们将俄货生意与互联网技术相结合。这种新型的经济行动策略代表了边境地区商业发展的新方向，必将助力边境地区社会经济的发展，也将为中俄边境贸易黄金时代的重现注入新鲜血液。

第八章　结论与讨论

社会学家应该时刻牢记，我们自身观点的具体表现也是建立在某种见解之上的一种观点。我们唯有通过将我们的研究对象重新置于社会空间的情景之中，并接受这一独特的（在某种意义上还是享有特权的）观点——即有必要使自身能（在思想上）考虑到所有可能的观点——之后，才能再产生我们针对研究对象的观点。而且，我们也只有达到能将自身对象化的程度，在冷酷地将自己赋在社会世界的位置之时……才会领悟到倘若我们处在他们的位置上我们无疑也会如他们那般地行为和思考。

——布迪厄❶

第一节　结　　论

一、依附性与跨国性是中俄（苏）边境地区商人群体的基本特征

本研究所述的中俄（苏）边境地区的商人群体具体指 20 世纪

---

❶ 转引自符平. 市场的社会逻辑 [M]. 上海：上海三联书店，2013：244.

80年代以来形成的、在黑河地区从事边境贸易的"倒商"、"坐商"和"网商"。他们的经济行动一方面依附于黑河位于中俄边境的地缘优势,另一方面是基于中俄两国社会经济环境变动下的策略性调整。在此状况下,他们创造过市场经营的辉煌,也遇见过事业发展的低谷,而且还将面对无法预知的未来。但无论在任何时段,依附性都是边境地区商人群体的基本特征,具体表现为对社会环境的依附和对地理环境的依附两个方面。

商人,无论是在当下还是在过去的中国,它既是个体谋求生存的一种职业身份,也是创造社会财富的主体之一,他们中的一些人甚至承担着"推动社会创新"的历史使命。如俄品多科技有限公司在"互联网+外贸"的模式下创造了黑龙江省跨境电商的自主品牌,引领边境贸易的升级转型,创造了良好的社会经济效益。同样,俄货销售人员也在不断摸索中,利用网络社会大发展的机遇创造了俄货微商,与俄货电商共同走上了事业发展的新生之路。然而,市场经营中的商人都不得不面对两种不确定性:一是市场的不确定性,二是政策的不确定性。因此,从这个意义上来说,中国商人并不完全是按照市场经济的市场实践逻辑在行事❶,还要依附于各级政府政策的导向以及其他社会环境的变动,因为任何一次变动对商人来说都是未知的机遇或挑战。例如,1997年大黑河岛边民互市贸易区设立之后,地方政府出台了一系列相关配套政策并改善了大黑河岛的基础设施;2004年黑河互贸区区域范围由大黑河岛延伸至市区后,俄罗斯公民可以凭有效证件免签进入黑河市区。这也就说明了边境地区商人群体的经济行动并非经济学意义上的"理性经济人",他们的行动选择还受到制度因素的影响。因此,作为

---

❶ 陈林生.市场的社会结构——市场社会学的当代理论与中国经验[M].北京:中国社会科学出版社,2015:276.

专门做俄罗斯人生意的国货坐商就需对政府出台的上述政策作出准确解读，从而为后续的市场经营决策提供参考依据。

与社会环境的依附不同，地理环境的依附是边境地区商人群体生存与发展的先赋条件。黑河地处中俄交界，与俄罗斯远东阿穆尔州布拉戈维申斯克市隔江相望，历史上这两座城市就是两国边民进行贸易活动的黄金地带。正是这种先天的地理环境，使边境地区商人的经营活动无法与邻国脱离，或出售商品给邻国人民，或进口邻国商品销往国内，所以他们的经济行动必然受到邻国的经济环境、社会政策与文化等因素的影响。具体到本研究而言，书中所述的"倒商"、"坐商"和"网商"都不得不依附于黑河的地理环境，不过这给他们带来的既有喜悦，也有忧伤。因此，依附性对边境地区的商人群体而言是一把"双刃剑"。

与以往关于商人群体的研究进行对比，笔者认为本研究所发现的商人群体的依附性特征与以往商人群体的特征有所不同。例如，王春光对巴黎温州人的研究与项飚对北京"浙江村"的研究强调的多是社会关系网络对商人群体经济行动的影响，浙商之所以能够把生意做强做大、能够应对各种不同的风险，离不开浙商群体内部的社会关系网络。笔者将浙商群体的特征称为内部依附性，而本研究中所强调的依附性主要是指社会环境的依附和对地理环境的依附，可以称为外部依附性。也就是说，中俄边境地区商人群体的行动策略，更多的是受到群体之外的社会因素的影响。因此，依附对象是依附者无法改变的，只能是依附者在适应依附对象的基础上作出适应性调整，以满足自身发展的需要。外部依附性实质上强调了社会结构约制下行动者主观能动性发挥的有限性。

从改革开放初期国际"倒商"群体的淘金之途，到世纪之交国货"坐商"群体的经营之道，再到"互联网＋"时代"网商"群体的新生之路，边境地区商人群体的形成与发展始终受到多重关系相互作用而形成的合力的影响，因此在归纳他们的基本特征时，我们的眼界不能仅仅局限于居住国的视角，也不能只从国外方面审视他们的生存问题，而应放在具体的跨国社会空间中进行考察，这就凸显出除依附性特征之外的边境地区商人群体的另外一个基本特征——跨国性。有研究认为："跨国性是移民形成并维持其连接祖籍国与移居国的多重社会关系的过程。它强调移民大都建立的跨地理、跨文化并超越政治界线的社会场景，发展并保持了包括家庭、经济、社会、组织、宗教与政治的多重跨界关系。"❶ 而本研究的"跨国性"与上述意涵有所不同：一方面，"倒商"、"坐商"和"网商"是居于中国边境地区的商人群体，而非居于国外的商人移民群体；另一方面，笔者更强调边境地区商人群体的跨越中俄地理边界的跨界行动，即经济活动的"超地域性"❷。

20 世纪 80 年代以来，在中苏关系改善、我国沿边开放以及两国经贸往来日益频繁的背景下，边境地区商人群体自产生之初便具有了跨国性，这种跨国性最主要的体现就是他们经济活动的"超地域性"，意味着与外部世界更多的相互联系。无论是最初往返于两国淘金的"倒商"，还是以俄罗斯顾客为主要消费人群的"坐商"，以及将俄罗斯商品销往中国的俄货"网商"，他们所从事的经济活动的全部环节都不仅仅是中国人参与并且在中国境内实现的。黑河边境地区的商人群体时常会由于各种原因穿梭于两国之间，或取货送货，或探望朋友，或旅游观光。出国对于他们来说比去省会哈尔滨都要便利和快捷，无论是春夏还是秋冬，每天都可往返黑河与布市多次。随着通信技术的日益发达，利用电话、电脑等设备便可与

---

❶ BASCH L, SCHILLER N, BLANC C. Nations Unbound: Transnational Projects, Post-colonial Predicaments and Deterritorialized Nation-states [M]. London: Routledge, 1994: 7.

❷ 于涛. 华商淘金莫斯科：一个迁移群体的跨国生存行动 [M]. 北京：社会科学文献出版社，2016: 181.

异国人士进行实时沟通，这为商人群体的跨国流动提供了极大的便利。在黑河，边贸商人与俄罗斯人打交道是生活常态。综上，黑河边境地区商人群体的行动是超越地域性的，不仅限于边境小城黑河，而且还把黑河变成了向北开放的前沿阵地，让中国商品"走出去"的同时也带回了异国商品，实现了中俄经贸文化的交流。

二、适应性调整是边境地区商人群体行动策略的内在逻辑

边境地区商人群体的经营方式及其行动策略的改变，是与经济和社会结构层面发生的巨大变化相伴而生的。通过全书所述能够看出，新时期边境地区商人群体的产生与我国计划经济体制向市场经济体制的转型不无关系，个体经济是社会主义公有制经济必要的、有益的补充。边境地区商人群体从倒商到坐商再到网商，沿边开放、促进边境地区繁荣发展的社会政策，以及国际政治经济环境的变化皆扮演了重要角色。除此之外，不同时段下不同的社会关系网络与技术因素，也在一定程度上促进了边境地区商人群体最主要的经营方式和独特的行动策略的形成。

就 20 世纪 80 年代而言，如果没有中苏关系的改善、我国黑河口岸的恢复、"一日游"的开通等，无论是中国商人到访邻国，还是邻国友人到访中国，这种大规模的人口跨境流动都是不可能发生的，国际倒商也就没有了生存的土壤，"倒"的这种行动策略也就不会从国内走向国际。面对当时的社会环境，黑河地区的商人群体从经济利益出发选择主动"归顺"，通过参加旅游团、参贸团的方式往返于中俄（苏）两国以货易货。倒商还根据中俄两国海关的相关规定，运用各种策略尽量携带更多的货物通关，并开发出了"灰色清关"的策略以加快货物通关的速度。如此种种的行动策略选择造就了国际倒商的淘金之路，也奠定了国际倒商在中俄（苏）民间

贸易发展中的历史地位。

20 世纪 90 年代初期，中俄边境贸易的"黄金时代"影响深远，吸引了全国各地的有识之士参与其中。但在市场繁荣的背后酝酿着一场未知的风险，大量假冒伪劣商品流入异国，随后中国、中国商人和中国商品在异国的形象崩塌，严重影响了边境贸易的继续发展和倒商群体的生存。作为地方政府风险管控的一种手段，在国内兴建经营场所、将风险控制在一定范围之内便是黑河市政府经贸工作中的重中之重。国货坐商就是在这样的背景下大规模出现，并成为 20 世纪 90 年代末期以来边境地区商人群体中十分重要的一部分。经过了 20 年的发展，国货坐商经历了生意的繁荣与挫败，而唯一不变的是他们的命运与俄罗斯的经济状况始终密切相关。这也就是为什么笔者在本章的第一部分就强调，依附性与跨国性是中俄边境地区商人群体的基本特征。

与倒商群体"倒"的策略不同，在经济形势良好的状况下，坐商群体通过对边境发展新政策的运用与"在地化"社会关系网络的构建，来开展租位与上货、摆货与售货、换币与收益盘点等经济活动。然而面对社会个体无法改变的卢布贬值与跨境电商的迅猛发展，坐商被迫"服从"现存的社会环境因素，调整自身的行动策略，或在原本生意的基础上缩减规模，或开发副业，抑或完全转型。无论如何，国货坐商群体在不断地策略性调整中，选择了与当下社会环境基本适应的经营之路。

近年来，俄罗斯经济下滑以及跨境电商发展给坐商经济带来巨大的冲击。而与此境况相反的是，在"互联网＋"现代科技的助力之下，俄货微商、跨境电商两类网商群体在边境地区迅速崛起，这充分体现了技术与经济行动之间的关联。为了促进边境地区居民互市贸易的健康发展，繁荣边境经济，我国各级政府对边民互市贸易区均出台了一系列优惠政策，而位于边境城市黑河的网商群体均利用了非边境地区俄货网商所无法享受的"边民互市进口的生活用品免税额度"来获得免税的俄罗斯商品，为其市场经营获得了一定的价格优势。在实际经营中，网商群体还采取多种措施来取得消费者的信任，从而维持生意的持续运转。可以说，边境地区的网商群体面对不断变化的宏观社会经济结构，选择了主动顺应网络社会的大发展，从而创造了属于他们的新生之路。

研究边境地区商人群体经营方式及其行动策略的改变，商人个体的能动性是无法回避的问题。面对外部社会经济结构的变化，边境地区的商人群体不断调整自身的经济行动策略，以在复杂的社会经济环境中求得生存。笔者认为，边境地区商人群体从倒商到坐商再到网商的经营方式的改变，是商人群体在适应现存的宏观社会经济结构后对自身行动策略进行调整的结果，因此"适应性调整"是边境地区商人群体行动策略的内在逻辑。不过现存的宏观社会经济结构对商人群体来说并非都是不利因素，所以"适应性调整"中的"适应性"既包含了商人群体在宏观社会经济结构面前的主动"归顺"，也有他们对宏观社会经济结构无法改变的被迫"服从"；而所谓"调整"，是商人群体适应现存的宏观社会经济结构后自身能动性的发挥，从而使每一种经营方式之下的商人群体都找到了与他们所处社会环境相适应的生存之路。依笔者来看，任何一个学术概念的社会价值无非有两点：一是它对社会现实的解释能力，二是它是否具有与类似概念对话的现实基础，而后者是建立在前者之上的。书中提出的"适应性调整"虽然仅做到了第一点而有些遗憾，但笔者在追求学术概念社会价值的路上却有了更明确的未来研究方向。

笔者发现，社会学最大的魅力在于让我们对问题的看法不再局限于个人经历，而是能把自己放在社会的大背景下去观察我们身边的事物，思考我们的日常生活。通过深入调查，笔者发现，面对一系列巨变，销售不同商品类型的商人应对市场风险的能力不均。有些群体所承受的社会变迁负面效应实在太大，如销售服装、鞋的坐商不得不面对顾客锐减十分严重的事实，销售貂皮帽子、貂皮大衣的坐商不得不开始"伺候"中国顾客；而销售俄罗斯商品的微商和电商，在互联网技术的发展中抓住了商机，迎来了新的发展机遇。这些事实告诉我们，不能将边境地区的商人群体看成同质化的人群，应注重考察边境地区不同类型的商人群体的成长环境、行动策略和发展困境等，在更生动、更翔实资料的基础上进行深入研究。与此同时，我们也应该注意了解中国东北、西北、西南边境地区的商人群体的异同，以期实现对中国边境地区商人群体的整体性认识，为中国边疆研究与边境地区社会经济发展贡献智慧。

第二节 讨 论

一、"理性"在商人群体经济行动研究中的内涵

社会科学是关于"人"的学问，但在如何界定"人"的问题上，经济学界和社会学界分别给出了不同的解读。前者研究问题的基点是"个人"，认为个人是追求效用最大化的"理性人"或"经济人"；而后者研究问题的基点是"群体"，预设了"社会人"的前提。这也就在不同学科中产生了经济行动是否是以"理性"选择为基础的讨论。

1976 年加里·贝克尔（Gary Becker）出版了《人类行为的经济分析》一书，意在坚持用"经济人"假设解释人类行为。在他

看来，各种活动的目的只有一个，那就是追求效用最大，换句话说，人类的一切活动都蕴含着效用最大化动机，都可以运用经济分析加以研究和说明。❶ 所以，在加里·贝克尔的研究中，新古典主义经济学的"理性选择"视角也就普遍地适用于分析一切人类的行为，而传统上由社会学、人类学和法学各自不同视角加以分析的那部分人类行为，实际上都可以由"理性选择"给出解释。这种理论视野的大规模扩张无疑使经济学面临空前丰富的新问题，并以此而引起了一大批经济学家许多崭新的理论兴奋。例如，以威廉·瑞克（William Riker）为代表的罗切斯特学派和以詹姆斯·布坎南（James Buchanan）为代表的弗吉尼亚学派，就是把新古典主义经济学理性选择理论的原则与方法，未加改变地运用到政治行为的研究中，进而形成风靡一时的公共选择理论。❷ 然而在社会学界，加里·贝克尔的研究却引发出两类截然不同的反响。

詹姆斯·科尔曼（Coleman James）赞同加里·贝克尔用"理性选择"来分析一切人类行为，但前者多从相同或不同个体间关系出发，分析的是社会行动，而后者的理论多从个体的角度出发。詹姆斯·科尔曼在 1986 年的《社会理论、社会研究和行动理论》一文中，企图以"理性选择"为基础来构建社会理论，并且将社会研究和理论的焦点从个体行为的层面转换到宏观的社会功能层面。❸ 然而，大多数社会学家如尼尔·斯梅尔瑟（Neil Smelser）、哈里森·怀特、罗纳德·伯特和马克·格兰诺维特等人则反对以加里·

---

❶ 加里·贝克尔. 人类行为的经济分析［M］. 王业宇，陈琪，译. 上海：格致出版社，上海三联书店，上海人民出版社，2008：译者的话 4.

❷ 刘少杰. 经济社会学的新视野——理性选择与感性选择［M］. 北京：社会科学文献出版社，2005：6.

❸ COLEMAN J. Social Theory, Social Research, and a Theory of Action［J］. American Journal of Sociology, 1986, 91（6）：1309.

贝克尔为代表的"理性选择"学派的做法，因为在社会学家的眼中，经济学的"理性选择"方法过于简单，而且社会关系网络、文化和制度等因素都悬置或者压缩到了个人行为效用最大化的框架之中。基于此，一大批从社会学视角出发研究经济生活现象的著作出现，并发展出了分析经济行动的社会关系网络视角、文化视角和制度视角，而且还出现了视角整合的趋势。

在经济行动的研究中，还有一个非常重要的研究视角是笔者在前文未提及的，就是以赫伯特·西蒙（Herbert Simon）为代表的学者提出的考察经济行动的认知视角。他对经济学的经济行为的概念，特别是经济理性的概念作出了修正，提出了"有限理性"，意指"当人理性面对现实经济世界的复杂性时，其认识能力是有限度的；因此人们在经济生活中充其量也只能追求'次优'的结局，或是'满意'的行动，而不是新古典经济学一直信奉的'效用最大化'的'最优'的行动"。❶ 这样的认知视角不仅为研究约束经济行动的因素增加了新的维度，也再次强调了经济学中所谓"理性"的内涵，即"效用最大化"。

可以说，加里·贝克尔及其所代表的研究方向，即用理性选择理论分析人类社会生活，是具有重要意义的。因为这种分析展示了人们社会行动中理性计算的层面，而这一层面对于理解身处市场社会情景之下的经济行动者来说是不可或缺的。但是仅仅用经济学的方法研究社会生活，而不将经济行动中的理性计算的维度与社会关系网络、文化、制度与认知等视角结合，将理性因素与非理性因素结合，就不可能全面真实地解释经济行动。如果仅仅强调其中的一个视角，也就丧失了对问题根源的解读。安东尼·吉登斯曾说："所谓成为人类中的一员，就是成为一个有目的的行动者，无论采

---

❶ 沈原. 论新经济社会学的市场研究［D］. 北京：中国社会科学院，1998：107.

用什么说法，他们的活动都自有其理由，如果被问及，也都能通过话语阐述这些理由（包括对此撒谎）。"❶ 这也就意味着，只要是社会学意义上的经济行动，对行动者本人来说它都是理性的，因为行动者可以为自己的行动提供充足的理由，并加以解释。❷ 不过，这里需要明确的一点是何为"理性"。

实际上，在经济学那里，狭义的"理性"概念被等同于经济效益最大化，而行动者的行动原则就是最大限度地追求经济效益。社会学家尼尔·斯梅尔瑟、哈里森·怀特、罗纳德·伯特和马克·格兰诺维特等人则倾向于弱化经济行动是否为理性的表达，把理性看成一个不仅仅包含"经济效益最大化"的变量，认为经济行动者在做出行动时，纳入理性思考范围的因素除了经济因素，还包括其他社会性因素。也就是说，经济学领域的理性选择理论并没有错，只是其假设"太狭窄"，需要补充社会情境的解释变量。❸

具体到本书涉及的中俄（苏）边境地区的商人群体，无法否认他们的经济行动是以追求最大限度的经济效益为目标的，在这个层面上，我们可以说他们是经济学意义上狭义的"理性经济人"。埃哈尔·费埃德伯格（Erhard Friedberg）认为行动者的行动是建立在一种"投机性"基础之上的，"行动的自由，受到他们所在的行动领域中的物质条件和社会条件的限制，这些条件是通过一系列包罗万象的，抑或是统一性结构和规则来维系的。然而，即使所有这些因素都能充分地限制行动者的选择范围，他们也无法消除行动者选

---

❶ 安东尼·吉登斯. 社会的构成：结构化理论大纲 ［M］. 李康，李猛，译. 北京：生活·读书·新知三联书店，1998：62.

❷ 彭文兵. 经济社会学理论方法与运用——社会关系网络和社会资本视角下的企业研究 ［D］. 上海：上海财经大学，2001：29.

❸ 马克·格兰诺维特. 镶嵌：社会网与经济行动 ［M］. 罗家德，等译. 北京：社会科学文献出版社，2015：译者序6.

择的投机性"。这里的"投机性"说明行动者的行动并不是经济学意义上广义的"理性经济人"。

笔者想要强调的是，虽然每一个社会个体固然有自己的理性算计与个人偏好，但在实际的经济行动中，商人是实实在在的一种市场境遇中的"鲜活的人"，他们行动的抉择是建立在综合考虑多种因素基础之上，既有"自主"的体现，也受社会结构的制约。❶ 因此，从社会学的角度来思考，我们又不能说中俄边境地区商人群体的经济行动是非理性的，因为他们的选择是建立在经济、文化、制度等多种因素基础之上的。笔者认为，在对商人群体经济行动进行是否为"理性"的界定时，要首先明确"理性"在经济学与社会学学科中的不同含义，避免造成无序化的争论。这样才能使不同学科的学者在"跨界"行动中更好地促进各学科之间的交流，为多学科综合视角分析问题奠定基础，进而在学科的"分化"与"整合"中促进学术共同体的构建。

二、中俄边境贸易中商人群体的未来发展路径探析

从事边境贸易的商人群体自产生之日起，其生存空间就具有一定的跨国性，这就是为什么笔者将跨国性作为边境地区商人群体的基本特征之一。无论是前文中提到的"倒商"、"坐商"还是"网商"，若边境贸易中没有邻国顾客的参与、通往两国的贸易通道亦困难重重，从事边境贸易的商人群体就不会产生，他们也不会成为黑河地区一个庞大的职业人群。目前，面对边境地区商人群体的发展现状，笔者开始思考他们在未来从事边境贸易中可能遇到的限制

---

❶ 埃哈尔·费埃德伯格. 权力与规则——组织行动的动力 [M]. 张月，等译. 上海：上海人民出版社，2005：8.

性因素，以及个体、社会和政府层面所能作出的应对策略，从而勾画出他们未来可能的生存图景与发展路径。

20世纪80年代中苏关系恢复以来，中国东北边境地区与俄罗斯（苏联）特别是远东地区的贸易往来不断加强，两国边境城市黑河与布市的经济也因跨国贸易的开展而得到了迅速发展。然而20多年两国往来的中断，不仅是政治、经济交流的中断，也是文化交流的中断，这就使恢复交往后的两国民众遇到了两个突出的问题：一是语言不通，二是货币不通。因此，在最初的中苏边境贸易中，两国语言的混用以及各种手势在交易中普遍存在。可以说，两国人民之间的交流并不是十分顺畅，甚至常常发生一些让被访者现在回忆起来还觉得十分有意思的事情。边境贸易发展的黄金时期，黑河曾掀起过学习俄语的热潮。由于经商的需要，各种俄语速成班在黑河遍地开花。当一天的生意结束之后，商人们不是直接回家，而是奔向辅导班先学习俄语。一般连续学习一个月左右，就能掌握做生意所需要的一些市场俄语。然而文化资本的积累和经济资本的获取之间的矛盾，不断在商人的脑海中浮现。由于市场俄语基本能够满足商人的日常生意需要，再加上在市场中语言表达的反复练习，他们中的大多数人后来便放弃了继续在辅导机构学习俄语的念头，而投入更多的精力在市场经营中。然而，现在的市场秩序与过去的完全不同，从卖方市场到买方市场的转变，文化资本的不足给边境地区商人带来的负面效应更加凸显。因此，在边境贸易发展中不得不考虑文化因素的重要性。

在第六章笔者提到，开发副业的国货坐商有一个共同的特点，他们不仅精通"市场俄语"，而且还能够用俄语熟练地与俄罗斯人进行日常交流，这为副业的开展提供了强有力的文化支持。而在不断的运作中，文化资本又转化成了经济资本，从而维持了生意的运转。不过，就像前文中提到的，这样精通"生活俄语"的商人在国际商贸城里毕竟是少数。由于他们面对的顾客的特殊性，边境地区的商人必须使用俄语与顾客交流，因此他们需要努力提升自身的俄语水平，实现从"市场俄语"到"生活俄语"的转变。

如果说倒商经济、坐商经济是 20 世纪 80 年代以来黑河地方经济中的重要组成部分，那么在倒商经济"消失"、坐商经济式微的状况下，笔者在第七章中提到的网商经济则是黑河地区未来新的经济增长点。面对国货坐商的发展境遇，笔者的疑惑是，为什么经营俄罗斯商品的中国人能够发展出微商和电商，而黑河地区经营中国商品的中国人没能通过网络的形式拓展自己的生意呢？笔者认为，这其中一个重要的原因就是前文中提到的语言问题。因为无论是在任何一家平台建立自己的网上商店，必须要用俄语对产品进行介绍，而这对于仅擅长口语交流的黑河商人来说是十分困难的。面对这样的状况，如果黑河当地的翻译机构、互联网公司与个体商人能够深度合作，则会创造出属于黑河人自己的、与俄罗斯顾客密切相关的网上商店，为自己赚取收益的同时，也能多渠道地展示中国制造的商品，进一步推动中国商品走出去。

在制度/结构分析框架下，制度或结构因素是影响个人行动的决定性因素。❶ 为了激发商人群体的能动性，政府层面创造一定的有利于边贸发展的社会政策便是必不可少的，而这突出的表现就是地方政府关于进境商品免税额度和免税商品目录的界定。前文提到，1993 年黑河海关就制定了《对边民互市贸易监管验放的试行办法》，文件中规定：对进境物品除禁止、限制物品外，3000 元人民币以下免税；2013 年黑河市政府制定的《黑河中俄边民互市贸易区管理办法》中规定：口岸查验部门凭边民证执行国家赋予边境

❶ 李路路，朱斌，李才香. 走向成熟的经验研究——写于《社会学研究》创刊三十周年 [J]. 社会学研究，2016，31（6）：31.

地区互市贸易边民携带进境生活用品 8000 元免税政策。然而很长一段时间内，黑龙江省并没有出台边民互市进口生活用品名录，这给黑河海关、检验检疫部门对边民进口生活用品实行免税验收增加了难度，边民受惠范围也不大。直到 2013 年，《黑河市中俄边民互市贸易区进口生活用品名录》才在黑河市商务、海关、检验检疫部门的研究下出台，这为俄罗斯商品免税进入中国提供了重要渠道，也进一步催生了跨境电商"俄品多"在黑河落户并在全国遍地开花。另外，在目前卢布贬值的状况下，专门做中国商品出口生意的黑河当地企业频频遇到困境，他们也开始转向进口俄罗斯商品的业务，为中国顾客提供了更多物美价廉的俄罗斯商品。在综合考虑各种利弊因素之后，如果黑河市政府能够在政策许可的范围内，进一步扩大中俄边民互市贸易区进口生活用品名录，这对于加强中国商人与俄罗斯商人的紧密联系，以及营造黑河地区商人群体更好的生存与发展空间都具有重大意义。

随着"美味生意"渐成中俄合作的新热点，俄货网商群体的作用也日益凸显。作为边境贸易中具有划时代特征的新型商人群体，网商群体借助于移动互联网的空间来实现俄罗斯商品的交易，具有良好的发展势头，这实际上与中俄食品贸易的快速发展是一致的。就国内因素而言，近年来我国居民收入水平不断提高，对进口食品的需求也不断增加；就国外环境而言，俄罗斯在寻求经济转型过程加大对农业的扶持，卢布贬值也给俄罗斯扩大对中国的食品出口带来了契机。俄罗斯大规模对华出口食品虽相对较晚，但凭借适中的价格和良好的口碑，俄产食品已经从边境行销到内地，这样的发展趋势给边境地区网商群体的事业发展带来了一定的机遇。相信，在未来相当长的一段时期内，国货坐商能够继续不断调整自身的经营策略，俄货网商能够继续依托互联网拓展"线上"市场经营空间，多渠道共同推动中俄边境地区民间贸易市场的繁荣发展。

可以说，全书写到这里，笔者的内心终于稍许平静。从进入田野到民族志文本写作，笔者无时无刻怀着一颗理解的心去分析身处黄金时代的"倒商"、发展困境中的"坐商"，以及迅猛发展中的"网商"。面对千变万化的社会经济结构因素，处在边境地区的商人群体通常会有两种心态：一是生意兴隆、门庭若市状况下自我价值得到实现的心态，二是生意萧条、门可罗雀状况下一种身心憔悴的心态。而如何将第二种心态转化成第一种心态并不断保持下去，需要的不仅是勇气与魄力，也有一定的机遇。实际上，在整个研究的准备过程中，笔者的心态也在不断变化，从最初选题时的忐忑不安到调研中的焦思苦虑，再到写作中的从容不迫和成稿后的豁然开朗。不过，与边境地区商人群体所不同的是，他们依然朝着前景未卜的道路前进，而本书的出版标志着笔者将要抵达期待已久的彼岸。

参考文献

（一）著作类

[1] 加里·贝克尔. 人类行为的经济分析 [M]. 王业宇，陈琪，译. 上海：格致出版社，上海三联书店，上海人民出版社，2008.

[2] 罗纳德·伯特. 结构洞：竞争的社会结构 [M]. 任敏，李璐，林虹，译. 上海：格致出版社，上海人民出版社，2008.

[3] 皮埃尔·布迪厄. 文化资本与社会炼金术：布尔迪厄访谈录 [M]. 包亚明，译. 上海：上海人民出版社，1997.

[4] 皮埃尔·布迪厄. 实践感 [M]. 蒋梓骅，译. 南京：译林出版社，2003：80.

[5] 陈林生. 市场的社会结构：市场社会学的当代理论与中国经验 [M]. 北京：中国社会科学出版社，2015.

[6] 陈向明. 质的研究方法与社会科学研究 [M]. 北京：教育科学出版社，2000.

[7] 弗兰克·道宾. 经济社会学 [M]. 冯秋石，王星，译. 上海：上海人民出版社，2008.

[8] 弗兰克·道宾. 打造产业政策：铁路时代的美国、英国和法国 [M]. 上海：上海人民出版社，2008.

[9] 丁书文. 阿穆尔州 [M]. 哈尔滨：黑龙江人民出版社，1988.

[10] 埃哈尔·费埃德伯格. 权力与规则：组织行动的动力 [M]. 张月，等译. 上海：上海人民出版社，2005.

[11] 费孝通. 乡土中国 [M]. 北京：北京大学出版社，2012.

[12] 符平. 市场的社会逻辑 [M]. 上海：上海三联书店，2013.

[13] 克利福德·格尔兹. 文化的解释 [M]. 韩莉，译. 南京：译林出版社，1999.

[14] 马克·格兰诺维特. 镶嵌：社会网与经济行动 [M]. 罗家德，等译. 北京：社会科学文献出版社，2015.

[15] 迈克尔·格伦菲尔. 布迪厄：关键概念（原书第2版）[M]. 林云柯，译. 重庆：重庆大学出版社，2018.

[16] 郭慧君，士立，余丰，等. 黑河历史 [M]. 北京：中国矿业大学出版社，1989.

[17] 郭心田. 边境开放城市的希望：黑河、绥芬河、珲春、满洲里对外开放政策法规要览 [M]. 延边：延边人民出版社，1992.

[18] 黑河地区新闻中心，黑河地区新闻工作者协会. 外地记者看黑河 [M]. 哈尔滨：黑龙江人民出版社，1992.

[19] 黑河市地方志编撰委员会. 黑河地区志 [M]. 北京：生活·读书·新知三联书店，1996.

[20] 黄宗智. 华北的小农经济与社会变迁 [M]. 北京：中华书局，2000.

[21] 安东尼·吉登斯. 社会的构成：结构化理论大纲 [M]. 李康，李猛，译. 北京：生活·读书·新知三联书店，1998.

[22] 安东尼·吉登斯. 现代性与自我认同：晚期现代中的自我与社会 [M]. 赵旭东，方文，王铭铭，译. 北京：生活·读书·新知三联书店，1998.

[23] 安东尼·吉登斯. 社会学 [M]. 4版. 赵旭东，齐心，王兵，等译. 北京：北京大学出版社，2003.

[24] 安东尼·吉登斯. 社会学：批判的导论 [M]. 郭忠华，译. 上海：上海译文出版社，2013.

[25] 《嘉荫县志》编纂委员会. 嘉荫县志 [M]. 哈尔滨：黑龙江人民出版社，1988.

[26] 蒋泽中. 新潮一族：当代中国的个体户 [M]. 太原：山西经济出版社，1993.

[27] 曼纽尔·卡斯特．网络社会的崛起［M］．夏铸九，王志弘，等译．北京：社会科学文献出版社，2001.

[28] 詹姆斯·科尔曼．社会理论的基础［M］．邓方，译．北京：社会科学文献出版社，1999.

[29] 孔经纬．新编中国东北地区经济史［M］．长春：吉林教育出版社，1994.

[30] 保罗·拉比诺．摩洛哥田野作业反思［M］．高丙中，康敏，译．北京：商务印书馆，2008.

[31] 李宝书．黑河简史［M］．哈尔滨：黑龙江人民出版社，1999.

[32] 李澍田．宋小濂集［M］．长春：吉林文史出版社，1989.

[33] 刘少杰．经济社会学的新视野：理性选择与感性选择［M］．北京：社会科学文献出版社，2005.

[34] 刘少杰．国外社会学理论［M］．北京：高等教育出版社，2006.

[35] 刘少杰．西方经济社会学史［M］．北京：中国人民大学出版社，2013.

[36] 刘少玉．中俄边境开放城市：黑河［M］．哈尔滨：黑龙江人民出版社，1993.

[37] 柳邦坤．带你游黑河［M］．哈尔滨：黑龙江人民出版社，2000.

[38] 柳邦坤．大黑河岛，你独领风骚［M］．北京：中央广播电视大学出版社，2005.

[39] 马敏．商人精神的嬗变：辛亥革命前后中国商人观念研究［M］．武汉：华中师范大学出版社，2011.

[40] 罗伊·麦德维杰夫．苏联的最后一年［M］．童师群，王晓玉，姚强，译．北京：社会科学文献出版社，2013.

[41] 戴维·米勒．社会正义原则［M］．应奇，译．南京：江苏人民出版社，2008.

[42] 西美尔．货币哲学［M］．陈戎女，耿开君，文聘元，译．北京：华夏出版社，2002.

[43] 祁学俊．黑河史话［M］．哈尔滨：黑龙江人民出版社，1997.

[44] 秦洁．重庆棒棒：都市感知与乡土性［M］．北京：生活·读书·新知

三联书店，2015.

［45］时宪民．体制的突破：北京市西城区个体户研究［M］．北京：中国社会科学出版社，1993.

［46］米·约·斯拉德科夫斯基．俄国各民族与中国贸易经济关系史（1917 年以前）［M］．宿丰林，译．北京：社会科学文献出版社，2008.

［47］斯梅尔瑟，斯维德伯格．经济社会学手册［M］．2 版．罗教讲，张永宏，等译．北京：华夏出版社，2009.

［48］唐力行．商人与中国近世社会［M］．北京：商务印书馆，2017.

［49］陶庆．福街的现代"商人部落"：走出转型期社会重建的合法化危机［M］．北京：社会科学文献出版社，2007.

［50］乔纳森·特纳．社会学理论的结构：下［M］．6 版．邱泽奇，译．北京：华夏出版社，2001.

［51］王春光．巴黎的温州人：一个移民群体的跨社会建构行动［M］．南昌：江西人民出版社，2000.

［52］王春光．移民空间的建构：巴黎温州人跟踪研究［M］．北京：社会科学文献出版社，2017.

［53］王居卿．东北亚的呼唤：黑河开放纪实［M］．哈尔滨：黑龙江教育出版社，1992.

［54］马克斯·韦伯．经济与社会：上卷［M］．林荣远，译．北京：商务印书馆，1997.

［55］马克斯·韦伯．经济行动与社会团体［M］．康乐，简惠美，译．桂林：广西师范大学出版社，2011.

［56］夏重伟．黑河大写意［M］．哈尔滨：黑龙江人民出版社，1994.

［57］项飚．跨越边界的社区：北京"浙江村"的生活史［M］．北京：三联书店，2000.

［58］谢元媛．生态移民政策与地方政府实践：以敖鲁古雅鄂温克生态移民为例［M］．北京：北京大学出版社，2010.

［59］约瑟夫·熊彼特．经济发展理论：对于利润、资本、信贷、利息和经济周期的考察［M］．何畏，易家详，张军扩，等译．北京：商务印书

馆，2014.

［60］徐宗亮．黑龙江述略［M］．哈尔滨：黑龙江人民出版社，1985.

［61］阎云翔．礼物的流动：一个中国村庄中的互惠原则与社会网络［M］．
李放春，刘瑜，译．上海：上海人民出版社，2017.

［62］杨善华，谢立中．西方社会学理论：下［M］．北京：北京大学出版
社，2006.

［63］于涛．华商淘金莫斯科：一个迁移群体的跨国生存行动［M］．北京：
社会科学文献出版社，2016.

［64］张凤鸣．中国东北与俄国（苏联）经济关系史［M］．北京：中国社会
科学出版社，2003.

［65］张静．国家与社会［M］．杭州：浙江人民出版社，1998.

［66］张雅文．玩命俄罗斯：中国人在俄罗斯纪实［M］．北京：群众出版
社，1994.

［67］赵桂卿，陈苍山．天鹅项下的明珠：黑河［M］．哈尔滨：黑龙江人民
出版社，1997.

［68］赵立行．商人阶层的形成与西欧社会转型［M］．北京：中国社会科学
出版社，2004.

［69］中国人民银行总行参事室金融史料组．中国近代货币史资料［M］．北
京：中华书局，1964.

［70］中华人民共和国黑河海关．黑河海关志（1909—1998）［M］．北京：中
国社会科学出版社，1999.

［71］中华人民共和国黑河海关．黑河海关志（1999—2012）［M］．哈尔滨：
黑龙江人民出版社，2014.

［72］周敏．唐人街：深具社会经济潜质的华人社区［M］．鲍霭斌，译．北
京：商务印书馆，1995.

［73］朱国宏．经济社会学［M］．上海：复旦大学出版社，1999.

［74］朱国宏，桂勇．经济社会学导论［M］．上海：复旦大学出版社，2005.

［75］朱英．近代中国商人与社会［M］．武汉：湖北教育出版社，2002.

［76］BASCH L, SCHILLER N, BLANC C. Nations Unbound：Transnational Projects, Postcolonial Predicaments and Deterritorialized Nation-states [M]. London: Routledge, 1994.

[77] FRIEDLAND R, ROBERTSON A, eds. Beyond the Marketplace: Rethinking Economy and Society [M]. New York: Aldine de Gruyter, 1990.

[78] GUILLEN M, COLLINS R, ENGLAND P, eds. The New Economic Sociology: Developments in an Emerging Field [M]. New York: Russell Sage Foundation, 2002.

[79] KNIGHT F. Risk, Uncertainty and Profit [M]. Chicago: University of Chicago Press, 1985.

[80] PÁL N. Chinese in Eastern Europe and Russia: a middleman minority in a transnational *era* [M]. London: Routledge, 2007.

[81] SMELSER N, SWEDBERG R, eds. The Handbook of Economic Sociology [M]. New York and Princeton: Russell Sage Foundation and Princeton University Press, 1994.

（二）论文类

[1] 曹喜凤，樊红云. 俄罗斯食品在中国市场的发展研究 [J]. 对外经贸，2017 (8).

[2] 陈泊昊. 新形势下中俄经贸合作发展研究 [D]. 大连：东北财经大学，2016.

[3] 陈文超. 经济行动的支配机制："劳动—生活"均衡与农村外出打工者返乡创业选择 [D]. 武汉：华中师范大学，2012.

[4] 董明. 新兴商人群体形成与社会的转型：以义乌为例 [D]. 上海：上海大学，2010.

[5] 费驰. 论清代中国东北与俄国贸易的变迁 [J]. 中国边疆史地研究，2009, 19 (3).

[6] 高柏. 中国经济发展模式转型与经济社会学制度学派 [J]. 社会学研究，2008 (4).

[7] 郭洪亮. 论建设黑河黑龙江国际大桥的必要性 [J]. 黑河学刊，1990 (4).

［8］郭晓琼. 危机与应对：普京第三任期俄罗斯经济发展［J］. 东北亚论坛，2017，26（6）.

［9］郝世光. 中俄边境口岸城市民贸市场发展浅析：以黑龙江省绥芬河市为例［J］. 黑龙江社会科学，2013（5）.

［10］何绿野."休克疗法"与俄罗斯经济的危机综合症［J］. 北京大学学报（哲学社会科学版），1993（6）.

［11］侯永信，王世伟，孙丽. 关于黑河市个体私营经济发展情况的调查报告［J］. 黑河学刊，1995（1）.

［12］金小红. 吉登斯的结构化理论与建构主义思潮［J］. 江汉论坛，2007（12）.

［13］李菲. 早期黑河城市内部空间结构研究（1858—1930）［D］. 沈阳：东北大学，2012.

［14］李华. 中俄民间贸易中的"灰色清关"问题及其解决路径［J］. 西伯利亚研究，2005（6）.

［15］李靖宇，林靖. 俄罗斯远东区域开发中的中国移民问题探讨［J］. 西伯利亚研究，2012，39（2）.

［16］李路路，朱斌，李才香. 走向成熟的经验研究：写于《社会学研究》创刊三十周年［J］. 社会学研究，2016，31（6）.

［17］李青. 我国边境贸易的历史回顾与"十三五"发展的新特征［J］. 区域经济评论，2015（2）.

［18］李亚平. 客商"在地化"的概念、进程与其意义：以近代兰州客商为中心［J］. 兰州学刊，2014（4）.

［19］李志学. 中俄民间贸易的转型［J］. 俄罗斯中亚东欧市场，2011（10）.

［20］刘敏. 公地、公德与公共制度：南非鲍鱼偷猎的实地研究［D］. 北京：中央民族大学，2017.

［21］刘少杰. 陌生关系熟悉化的市场意义：关于培育市场交易秩序的本土化探索［J］. 天津社会科学，2010（4）.

［22］刘少杰. 网络空间的现实性、实践性与群体性［J］. 学习与探索，2017（2）.

［23］刘玉照. 家庭经营的成本核算与经营决策：以白洋淀塑料加工户为例［J］. 社会，2009，29（2）.

[24] 罗大钧，张德宏，肖坤．完善对苏边贸立法　依法加强边贸管理 [J]．求是学刊，1990 (3)．

[25] 麻国庆．家庭策略研究与社会转型 [J]．思想战线，2016，42 (3)．

[26] 马长泉．清代卡伦职能简论 [J]．新疆大学学报（哲学社会科学版），2003 (2)．

[27] 孟文柱，孟月贤．晚清时期黑河边境贸易简况 [J]．黑河学刊，2007 (2)．

[28] 宁文晓，程舒伟．解放战争时期东北解放区对苏贸易研究 [J]．社会科学战线，2019 (10)．

[29] 彭传勇．论晚清黑龙江沿岸的中俄贸易 [J]．边疆经济与文化，2009 (1)．

[30] 彭文兵．经济社会学理论方法与运用：社会关系网络和社会资本视角下的企业研究 [D]．上海：上海财经大学，2001．

[31] 祁学俊，韩来兴．民国时期的黑河与海兰泡边境贸易 [J]．黑河学刊，1989 (4)．

[32] 翟立强，潘胤州，王小琬．"一带一路"视域下黑河市对俄贸易发展的现状、问题及建议 [J]．黑河学院学报，2018，9 (9)．

[33] 沈原．论新经济社会学的市场研究 [D]．北京：中国社会科学院，1998．

[34] 石金群．转型期家庭代际关系流变：机制、逻辑与张力 [J]．社会学研究，2016，31 (6)．

[35] 时宪民．个体户发展的社会学思考 [J]．中国社会科学，1993 (2)．

[36] 汤洪庆．清代黑龙江地区卡伦贸易考述 [J]．中国边疆史地研究，1995 (1)．

[37] 佟景洋．中俄开展直接贸易的开端：《尼布楚条约》签订以前的中俄贸易 [J]．对外经贸，2018 (3)．

[38] 汪丁丁，贾拥民．一个嵌入社会网络的市场经济：义乌案例 [J]．社会科学战线，2007 (1)．

[39] 汪和建．自我行动与自主经营：理解中国人何以将自主经营当作其参与市场实践的首选方式 [J]．社会，2007 (6)．

[40] 王明亮，高殿辉．从黑河市边贸数据看当前中俄贸易发展现状 [J]．黑龙江金融，2016 (1)．

[41] 温锦华. 巨大的市场 广阔的前景：中国对俄民贸的过去、现在与未来 [J]. 俄罗斯中亚东欧市场，2003（4）.

[42] 谢春河. 黑龙江中上游沿岸地区俄侨早期历史探源 [J]. 齐齐哈尔大学学报（哲学社会科学版），2010（1）.

[43] 谢贵安. 边城瑷珲的中俄碰撞与交往：《清实录》中黑河古城的历史书写 [J]. 地域文化研究，2018（3）.

[44] 宿丰林. 中俄贸易史溯源 [J]. 黑河学刊，1990（3）.

[45] 宿丰林，许光. 中俄民间贸易"灰色清关"问题的考查与反思：莫斯科"艾米拉"大市场华商货物被查抄事件透视 [J]. 学术交流，2004（12）.

[46] 许敏. 论晚明商人侨寓、定居化趋向与社会变迁 [J]. 江海学刊，2002（1）.

[47] 薛明. 二十世纪初东北北部的对外贸易及特点 [J]. 学习与探索，1993（3）.

[48] 杨承辉. "坐曰贾"质疑 [J]. 中国史研究，1986（2）.

[49] 杨昕沭. 20世纪黑龙江地区中俄边境贸易史国内研究述评 [J]. 西伯利亚研究，2014，41（5）.

[50] 杨玉林. 解放战争时期东北解放区的对苏贸易 [J]. 黑河学刊，1991（1）.

[51] 殷剑平. 浅析俄罗斯商品市场上的制假、售假与打假 [J]. 俄罗斯中亚东欧市场，2003（12）.

[52] 曾祥铎. 黑龙江省中俄边民互市贸易区建设初探 [J]. 黑龙江对外经贸，2004（1）.

[53] 翟立强，刘漫与，丁振辉. 中俄边境贸易发展的现状、问题及建议：基于满洲里、绥芬河和黑河三地的分析 [J]. 经济问题探索，2013（10）.

[54] 赵月梅. 中俄跨国移民比较研究：以当前俄罗斯远东地区和中国东北地区为例 [J]. 北方民族大学学报，2020（5）.

[55] 张凤鸣. 19世纪后半期黑龙江地区与俄国远东地区的贸易 [J]. 学习与探索，1994（1）.

[56] 张军. 在熟人与陌生人之间：中关村电子市场交易秩序研究 [D]. 北京：中国人民大学，2010.

[57] 张康琴. 略论俄罗斯的"休克疗法" [J]. 北京大学学报（哲学社会科学版），1994（5）.

［58］张利俊. 边境贸易法律保障研究：以内蒙古自治区为例［D］. 北京：中央民族大学，2012.

［59］张喜琴. 清代中俄边境贸易中的主要商人团体［J］. 山西大学学报（哲学社会科学版），2015，38（6）.

［60］张玉华. 关于黑河市个体私营企业发展的现状、问题及建议［J］. 黑河学刊，1999（6）.

［61］张兆曙. 流动的交易：多村社会经济发展的一种内生因素：以浙江省义乌市后乐村为个案的实地研究［J］. 社会，2004（4）.

［62］邹继伟. 清末民初瑷珲（黑河）口岸研究［J］. 黑河学院学报，2019，10（7）.

［63］许敏. 论晚明商人侨寓、定居化趋向与社会变迁［J］. 江海学刊，2002（1）.

［64］ADAMS O. Migration Patterns between the Russian Far East and China's Northeast: Lessons from Experience and Plans for the Future［J］. Contemporary Chinese Political Economy and Strategic Relations: An International Journal, 2015, 1（2）.

［65］BAI G. The State and the Associational Order of the Economy: The Institutionalization of Cartels and Trade Associations in 1931 – 45 Japan［J］. Sociological Forum, 2001, 16（3）.

［66］COLEMAN J. Social Theory, Social Research, and a Theory of Action［J］. American Journal of Sociology, 1986, 91（6）.

［67］GRANOVETTER M. Economic Action and Social Structure: the Problem of Embeddedness［J］. American Journal of Sociology, 1985, 91（11）.

［68］GRANOVETTER M. Economic Institutions as Social Constructions: A Framework for Analysis［J］. Acta Sociologica, 1992. 35（1）.

［69］RYZHOVA N, IOFFC G. Trans-border Exchange between Russia and China: The Case of Blagoveshchensk and Heihe［J］. Eurasian Geography and Economics, 2009, 50（3）.

［70］WHITE H. Where Do Markets Come From［J］. American Journal of Sociology, 1981, 87（3）.

[71] XINLUO Z. Barter Tourism Along the China-Russia Border [J]. Annals of Tourism Reseach, 1993, 21 (2): 402.

[72] ZELIZER V. Beyond the Polemics on the Market: Establishing a Theoretical and Empirical Agenda [J]. Sociological Forum, 1988, 3 (4).

原博士学位论文后记

今天终于有机会写博士学位论文的致谢，内心十分激动。回想起自己在民大求学的三年时光，所有经历过的喜悦与悲伤都历历在目，它们在我的脑海里盘旋，在我的眼前交织出现。幸运的是，在自己的身边有关心我、支持我的敬爱的老师、可爱的同学、珍贵的朋友和最爱的家人，是你们倾听了我的喜悦和悲伤，是你们一次次的鼓励给予了我前进的动力。心怀感恩，唯有不懈努力！

博士学位论文能够按期完稿并且通过预答辩，最后又在匿名评审中得到评审老师的肯定，这都离不开我的导师任国英教授在学习方面给予我的全方位的指导。在论文选题之前，自己非常迷茫，不知道应该去哪里做什么样的研究。后来参与了导师主持的课题，在实地调研中才逐渐找到新的研究方向。在调研过程中，任老师亲自到了黑河，了解我和师弟在黑河的调研进展，及时对我们在调研中遇到的问题进行解答。在论文撰写阶段，我多次去老师办公室与老师探讨论文思路，老师不厌其烦地一一解答我的疑惑，并给予了我很大的鼓励。为了帮助毕业生提升毕业论文的质量，老师两次组织任门大家庭成员一起讨论毕业生的论文，老师治学严谨的态度一直潜移默化地影响着我们。

博士研究生阶段最主要的两项任务是阅读和写作，一篇博士学位论文的完成，离不开广泛的阅读，而我阅读的相当一部分的文献是来自由包智明老师、柴玲老师和王旭辉老师组织的读书会上。三位老师深厚的学术功底和同学们的精彩发言，在读书会上碰撞出了新的思想火花，让我受益匪浅。读书会上的收获是我的博士学位论文能够完成的基础，它直接影响了我思考问题的方式和论文写作的风格，也是自己在今后的学习和工作中能够一直受益的精神食粮。每每回忆起师生围坐在一起上课的情景，不由得发自内心地感恩，感谢三位老师的接纳，感谢所有参与读书会的师生们毫无保留地分享自己的所思所想。同时，我要感谢博士研究生阶段所有授课老师的精彩授课，是你们对学术的热情引导着我更加积极地探索社会学的知识；我也要感谢为我的开题报告提出宝贵修改意见的所有老师，谢谢你们的无私付出。

毕业论文能够顺利完成，也离不开调研对象给予我的大力支持。到达一个举目无亲的陌生城市，如何取得被访者的信任并且与他们保持良好的关系，这是我在调研初期遇到的最大问题。经过自己长期的不懈努力，才终于在被访者那里获得了认可，从而打开了无数被访者的话匣子。虽然我在这里不能一一提及你们的真实姓名，但所有的名字都刻在我的内心，永远不会忘记。谢谢你们的真情诉说，谢谢你们对我的信任、理解与包容。可以说，在黑河与你们相处的点点滴滴，是我学生生涯中的一段美好回忆。我还记得与你们的约定，2018 年 8 月，我们不见不散！

我还要感谢一直陪在我身边的朋友。感谢一同去调研的师弟给予我的大力支持，如果没有你在调研地的陪伴，我的田野生活必将缺少很多乐趣，也会面临更多困难。感谢朔姐、艳雪和欢欢能够在百忙之中抽出时间帮助我修改论文，你们是我论文的第一批读者，如果没有你们的付出，我的论文可能会存在更多的文字性错误。感谢任门的所有兄弟姐妹，是你们让我在民大校园中感受到了家庭般的温暖；想想大家在一起讨论论文、聚餐的场景，仿佛就在昨天。

最后，感谢一如既往爱我的家人。我的父母都是地地道道的农民，最关心我的就是安全问题。每次去调研地之前，我都会跟父母说我什么时候从北京出发，怎么去调研地，大概什么时间回北京，父母每次都会说注意安全。近三年，每年我在家待的时间加起来仅有 1 个月左右，没有能够陪伴在父母身边，深感愧疚。我的两个姐姐在我读博之前都已经工作，她们非常关心我的学业和生活，常常能够在我迷茫的时候给予我正确而及时的帮助。感恩家人，是你们的支持与鼓励，成就了今天的我。

后　记

几经修改，书稿终成，个中滋味，唯有自知。

三年前的 3 月，是决定我能否按期毕业的第一个关键月份。预答辩前，忐忑不安，不知自己能否通过这场大考；预答辩后，焦头烂额，论文修改陷入僵局。虽顺利通过预答辩，但我并未感觉到任何轻松，因为我深知自己的论文距离送审的要求还差一大截。现在想想，真不知自己当时是怎么熬过修改论文的那段时间的。

三年前的 5 月，是决定我能否按期毕业的第二个关键月份。我先是结合导师意见和三位匿名评审专家的意见对论文再次修改，然后又认真准备答辩所需的 PPT 和讲稿，希望在答辩当日能够正常发挥。2018 年 5 月 24 日，毕业论文答辩顺利通过。我能否按期毕业，终于有了答案。

毕业之后，我进入北华航天工业学院工作，是社会工作教研室的一名专任教师。2019 年 1 月，本人主持的北华航天工业学院博士科研启动金项目"经济行动与社会结构——基于中俄边境城市商人群体的研究"（课题编号 BKY – 2018 – 27）正式立项，该项目为本书的出版提供了资金支持。感谢工作单位的慷慨支持！此外，本研究还得到了中央民族大学任国英教授主持的"东北、内蒙古边境地区民族人口流动状况研究"项目的支持，为我读博期间的田野调查提供了充足经费，深表感谢！

　　毕业已将近三年，终于完成这部在博士学位论文基础上修改、补充的作品，内心无比感慨，终于可以松一口气了。由于自己做事拖延，仅在寒暑假集中时间写书，故进度十分缓慢，能在今日完成实属不易，甚是激动。

　　由于自身能力所限，调研资料的呈现与理论提炼不尽完美，书中可能还有其他不足和疏漏之处，也希望各位读者多多批评指正。

2021 年 5 月 4 日